Ein Buch
über die Welt
—

Das Kloster
Disentis
—

Ein Buch
über die Welt
—

Das Kloster
Disentis
—

Fotografie
Giorgio von Arb
—

Text
Erwin Koch
—

Benteli

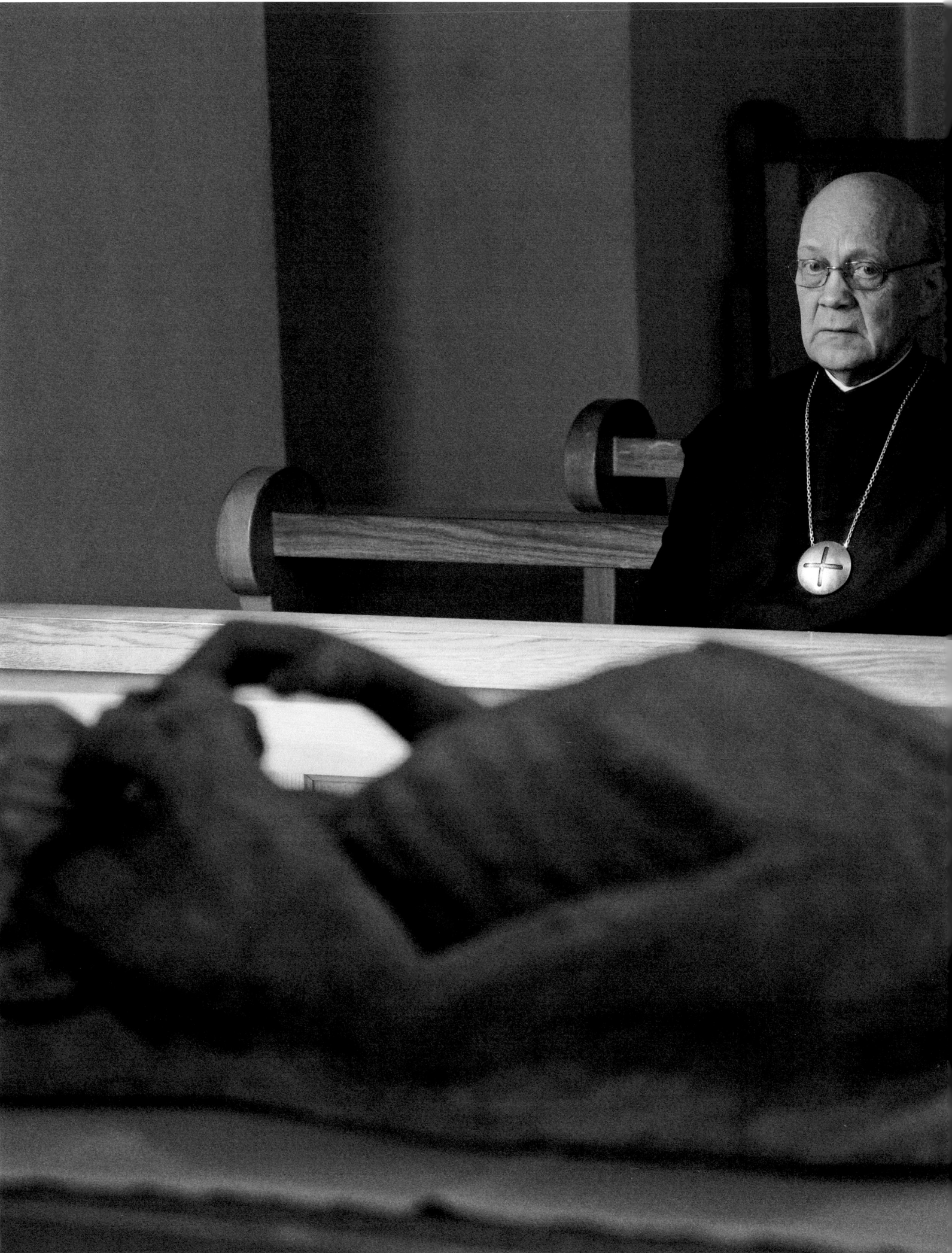

Das ewig Gleiche setzt dir Flügel
—

Bruder Urs Probst, 57,
von Wettingen AG,
ausgebildeter Kaufmann, Bankangestellter,
heute Finanzverwalter, Pförtner und Sekretär des Abts,
im Kloster seit 35 Jahren
—

Der Wecker schellt um 4 Uhr 37 — gnädiger Gott.
Er steht auf dem Pult.
Damit ich aufstehen muss, um das Unabwendbare zu beenden.
So einer bin ich.
Also stehe ich auf, beende das Unvermeidliche und lege mich wieder ins Bett.
Sieben Minuten später schellt er von Neuem.
Dann ist Schluss, die Nacht vorüber.
Normalerweise.
Heute aber war vieles anders. Heute Morgen erwachte ich bereits um Viertel vor vier, 3 Uhr 45, und ich dachte: Was machst du jetzt, lieber Bruder Urs? Bist so wach und frisch! Daliegen und der Folter harren?
Und siehe, um vier Uhr stand ich vor dem Kloster, den Trainingsanzug am Mönchsleib, begrüsst vom neuesten Gast, einem Graureiher, der da vorne im Wäldchen lebt.
War das ein Hallo!
Und noch lauter, als ich zurückkam von meiner Traberei.
Der mag mich, dieser Vogel.
So weit oben in der Surselva, meines Wissens, war der Graureiher noch nie. Zumindest nicht in den letzten fünfunddreissig Jahren. So lange bin ich schon im Kloster, und wenn ich mir manchmal, zwar selten, überlege, was ich in meinem Leben anders täte, wenn ich könnte, dann klopfte ich hier vielleicht erst mit dreissig an, wie die Jungen dies heute tun, nicht mit zweiundzwanzig wie ich damals, fast noch ein Kind, mutlos und stumm.
Trotzdem, ich habe nichts verpasst.
Ich ging dann auf mein Zimmer, rasierte mich, duschte, zog die Kutte an und eilte in den Frühchor, 5 Uhr 30.
Tag für Tag.
Ich verpasse wirklich nichts.
Es kann zwar sein, dass ich schnell zufrieden bin, ja.

Manche hier haben irgendwann ihre Krisen, schlimme Krisen. Ich nicht. Eine Krise, die ihren Namen verdient, hatte ich nie.

Obwohl —

Es geht rauf und runter, klar. Wo nicht? Aber das Wertvollste hier ist der geregelte Tag, sein strukturierter Lauf. Selbst wenn ich am Computer sitze, vertieft in Zahlen und Namen oder irgendwas, unterbreche ich meine Arbeit, weil das Gebet ruft, der Gottesdienst. Denn nichts ist wichtiger als der Dienst an Gott.

5 Uhr 30, 7 Uhr 30, 11 Uhr 45, 18 Uhr, 20 Uhr.

Dieser Takt ist wie ein Herzschlag der anderen Art!

Wer ihn je an der eigenen Seele erfahren hat, weiss, wie gut er tut.

Das ewig Gleiche setzt einem Flügel.

Es gibt dir Halt.

Leichtigkeit. Mich auf jeden Fall macht es leicht.

Dann war also Frühstück, jeder geht in den Speisesaal, das Refektorium, verbeugt sich vor dem Kreuz, setzt sich an einen Tisch, isst schweigend ein bisschen Brot, trinkt schweigend eine Tasse Kaffee. Nicht länger als ein paar Minuten.

Dann innerer Dienst, bestehend aus Zähneputzen und dergleichen, schliesslich geistliche Lesung. Ich sass auf meinem Stuhl und las das Evangelium.

Tag für Tag.

Um Viertel nach sieben kommt der Güterzug, ich höre ihn rattern, ob ich will oder nicht. Sofort stehe ich auf und schaue aus dem Fenster meiner Zelle, betrachte die Lokomotive, zähle die Wagen — ich bringe sie nicht weg, diese Heissliebe zur Bahn.

Heute Morgen zum Beispiel war, was nur noch selten vorkommt, das braune Krokodil vorgespannt, ich zählte acht Wagen, Zementwagen, die wie Mohrenköpfe aussahen.

Einfach schön.

Früher träumte ich oft den Traum — vielmehr war es ein Wunsch: Eines Morgens um Viertel vor sechs, wenn der erste Zug Disentis verlässt, sei kein Lokführer am Bahnhof. Der habe verschlafen. Und dann, mein Gott, greife der Stationsvorstand verzweifelt zum Apparat und rufe das Kloster an, 081 929 69 00: Bruder Urs, antraben zum Dienst!

So habe ich mir das vorgestellt, jahrelang.

Einmal Lokführer sein —

Aber keiner rief je an.

Und hier drin, nicht weiter schlimm, begreift das niemand. Nur Pater Bernhard im vierten Stock fragt ab und zu, ob ich es gesehen habe, das braune Krokodil.

Um 7 Uhr 30 war Messe in der Marienkirche. Ich blieb, als sie zu Ende war, noch etwas sitzen, sprach mit Gott, wir beide allein, mein Gott und ich.

Um 8 Uhr 30 begann die Arbeit an der Pforte, ich bin der Pförtner der Benediktinerabtei

Disentis, sitze an einem Tisch, erledige Bürokram — ich war ja einst Bankangestellter — und trete zum Schalter, wenn jemand uns besucht, ich rede und plaudere, gebe Auskunft und so fort.

Ich muss lachen, wenn ich daran denke, dass Benedikt zur Rolle des Pförtners ein eigenes Kapitel schrieb, worin es heisst, zum Pförtner bestimmt werde ein alter Mann, der sich nicht mehr herumtreibe, sondern brav die Pforte bewache.

Ich war der jüngste Mönch, den man hier je an die Pforte stellte. Mein Vorgänger, der Benedikts Gebot fast übererfüllt hatte, sah kaum noch und war fast taub.

Herbst 1977.

Sieben Jahre vor mir und sieben Jahre nach mir war ich der Einzige, der neu ins Kloster eintrat und darin blieb, eine schlimme Zeit.

Seit ich hier bin, sind schon fünfundvierzig Mönche gestorben, aber nur fünfzehn neue gekommen.

Heute Vormittag also war ich, wie jeden Tag, an der Pforte, wenig geschah. Im Winter kann es passieren, dass niemand kommt. Auch die Zahl der Anrufe hat abgenommen, seit jedes Zimmer seinen direkten Anschluss hat. Früher aber gelangten alle Anrufe hierher zur Pforte. Das war kaum auszuhalten — wir hatten hundertfünfzig Schüler im Internat, die nur viermal im Jahr nach Hause durften. Ständig rief jemand an und fragte: Wie geht es unserem Hans, unserem Fritz?

Heute ist es besser, auf jeden Fall anders.

Was nicht heisst, dass ich keine Arbeit hätte. Ich erledige die Buchhaltung und die Finanzverwaltung für den ganzen Betrieb, auch für die Klosterschule. Hier im Haus, muss ich gestehen, hat sonst niemand eine grosse Ahnung von solchen Dingen. Das Klostervermögen lege ich nach Möglichkeit gut an, wir leben nicht von Luft und Gnade.

Aktien, Obligationen, Festgeld —

Darüber hinaus verwalte ich die Adressen der ehemaligen Schüler, 7272 Datensätze, ich verschicke die Zeitschrift *Disentis*, die viermal im Jahr erscheint, ich überwache den Zahlungsverkehr, erledige den zwei Äbten, die wir haben, Altabt Pankraz und Abt Daniel, dies und das, und im Augenblick stellen wir die Buchhaltung von Mac auf Windows um, kein Schleck.

Und schon klingelt es wieder an der Pforte, ich eile zum Schalter, und vielleicht steht jetzt jemand dort, der möchte, dass ein bestimmter Pater des Hauses dreissig Tage lang für eine bestimmte Person dieser Welt die Messe liest.

Trigesimus nennt sich das und kostet 360 Franken.

Oder jemand will Geld.

Die Wahrheit, wohl oder übel, ist: Gibt man einem Fahrenden Geld, kommen am nächsten Tag zwei.

Und unten im Dorf steht ihr Mercedes.

Bis ich irgendwann die Notbremse zog und kein Bargeld mehr gab. Seither arbeiten wir mit der Caritas zusammen und mit der Radgenossenschaft, der Dachorganisation der Fahrenden, der ich jedes Jahr einige Tausender schenke, damit sie damit Essensgutscheine kauft für ihre Leute.

Fahrende sind nicht alle gleich.

Die eine Sippe — ihren Namen will ich nicht nennen — ist recht angenehm und fein, die andere giftig und grob. Auch musste ich schon einmal, weil jemand zu unflätig war, die Polizei rufen. Vorletztes Jahr packte einer, weil ich ihm kein Bargeld gab, den Ansichtskartenständer und schmiss ihn gegen mich. Und neulich taucht jemand auf, einer aus dem Osten, und heult los, das Benzin sei ihm ausgegangen. Ich schicke ihn auf Kosten des Klosters zur Tankstelle hier im Dorf. Da ruft mich der Tankstellenbesitzer an und fragt, ob es stimme, dass der Fremde gleich noch zwei Kanister füllen dürfe.

Kurz, es gibt solche und solche.

Hier wie dort.

Nach dem Mittagessen marschiere ich meistens los, einen Stock links, einen rechts. Mein Problem ist, dass mich kaum einer begleitet. Den Mitbrüdern bin ich zu schnell. Langsam gehen, das kann ich nicht. Ich muss schwitzen. Früher, ja, da machte ich noch Ausflüge auf dem Velo, im Windschatten von Pater Daniel, jetzt Abt. Wir fuhren über den Lukmanierpass nach Olivone und zurück, bei Sonne, Regen, Schnee.

Tempi passati.

Egal.

Ich marschiere täglich los, weil ich zuckerkrank bin. So rette ich mich vor Medikamenten. Von zwei bis sechs am Nachmittag ist wieder Pforte. Am Montag und am Donnerstag probt der Schülerchor. Dort bin ich dabei, seit ich im Kloster bin, Montag und Donnerstag seit vierunddreissig Jahren. Dann ersetzt mich hier, während ich singe, Bruder Stefan, ein Aargauer. Manchmal, ohne dass ich es will, höre ich die Rhätische Bahn frohlocken. Dann stehe ich auf und schaue aus dem Fenster.

Es ist die Bahn, die mich ins Kloster brachte, es ist zum Lachen.

Eines Tages — ich arbeitete damals in Genf in einer Bank — entschloss ich mich zu einer Bahnrundreise. Ein Kollege erzählte, in Disentis stehe ein Kloster, dort könne man übernachten. Doch als ich hier war, hatte ich nicht den Mut, an der Pforte zu läuten. Ich schlich mich ins Hotel Cristalina, ich war sehr schüchtern damals. Allerdings besuchte ich in der Klosterkirche die Vesper, ich kannte niemanden, wollte niemanden kennen, ich hörte die Glocken, und sie klangen wunderbar, die erste begann zu läuten, dann die zweite, die erste setzte aus, dann begann die dritte, die zweite setzte aus, dann läuteten zwei miteinander und so fort.

Eine wundersame Musik war das —

Zwei, drei Wochen später machte ich die gleiche Reise noch einmal. Wieder ging ich in die Klosterkirche. Ich beichtete. Und hatte vielleicht das grosse Glück, nicht im Beichtstuhl von Pater Pius zu landen, streng und berüchtigt für seine ruppige Art. Ich kniete im Beichtstuhl des Dorfpfarrers, der wohl sofort merkte, wie nervös und jung ich war, als ich fragte, ob man das Kloster so einfach besuchen dürfe.
Selbstverständlich, sagte der Dorfpfarrer, schreiben Sie dem Abt einen netten Brief.
So schrieb ich Abt Viktor einen Brief, er lud mich ein, Oktober 1974, ich war einundzwanzig, eine ganze Woche war ich hier.
Und danach wusste ich: Ich muss da rein!
Am 13. September 1975 war es so weit. Es war ein Samstag, im Aargau regnete es, hier schien die Sonne. Bruder Fridolin hatte gewurstet, fetttriefende Würste, die spritzten, kaum stach man mit der Gabel durch ihre Haut, dazu Kopfwehkartoffeln, also Salzkartoffeln, und Kohl — alles, was ich nicht mochte.
Und immer noch bin ich hier! —
Keinen Tag bedauernd —
Um sechs Uhr abends ist Vesper, dann das Nachtessen. Dann die Tagesschau. Die gönne ich mir. Dann Komplet.
Und um halb neun bin ich wieder auf dem Posten und halte dort bis neun Uhr aus. Schliesslich stelle ich auf den Piepser um — den Bruder Pförtner von Disentis erreicht man auch nachts.
Vor einigen Sommern lag ich nachts im Bett, das Fenster stand offen, ich schlief meinen tiefen Schlaf. Irgendwann, von weit weg, hörte ich jemanden rufen. Hilfe! Hilfe! Es war vielleicht halb zwölf, ich schlief weiter. Gegen zwei Uhr meldete sich mein Piepser, das Zeichen dafür, dass jemand an der Pforte stand und klingelte. Aber ich baute, statt nachzuschauen, das Geräusch in meinen Traum ein, den ich gerade träumte. Schliesslich erwachte ich doch, zog mich an und ging zur Pforte.
Und sah dort jemanden liegen.
Ein Mann, der seit einigen Tagen im Kloster zu Gast war, lag jammernd in seinem Blut. Ich dachte, er sei im Suff gestürzt. Sofort rief ich Bruder Franz, den Krankenbruder im vierten Stock. Maulend kam der herunter, besah sich den Fall und holte einen Arzt.
Schliesslich ging Bruder Franz wieder ins Haus, um irgendetwas zu holen oder zu suchen, und als er zurückkam, hielt er den Abschiedsbrief in der Hand, den unser Gast geschrieben hatte.
Aus dem dritten Stock war er gesprungen.
Und, so blöd das klingt, in den Radieschen gelandet —
Glücklich der, denke ich seither, der nie in solche Verzweiflung rutscht —
Und also, wenn Gott will, im weichen Bett sein Ende findet, ein Eisenbahnheft in Griffnähe.

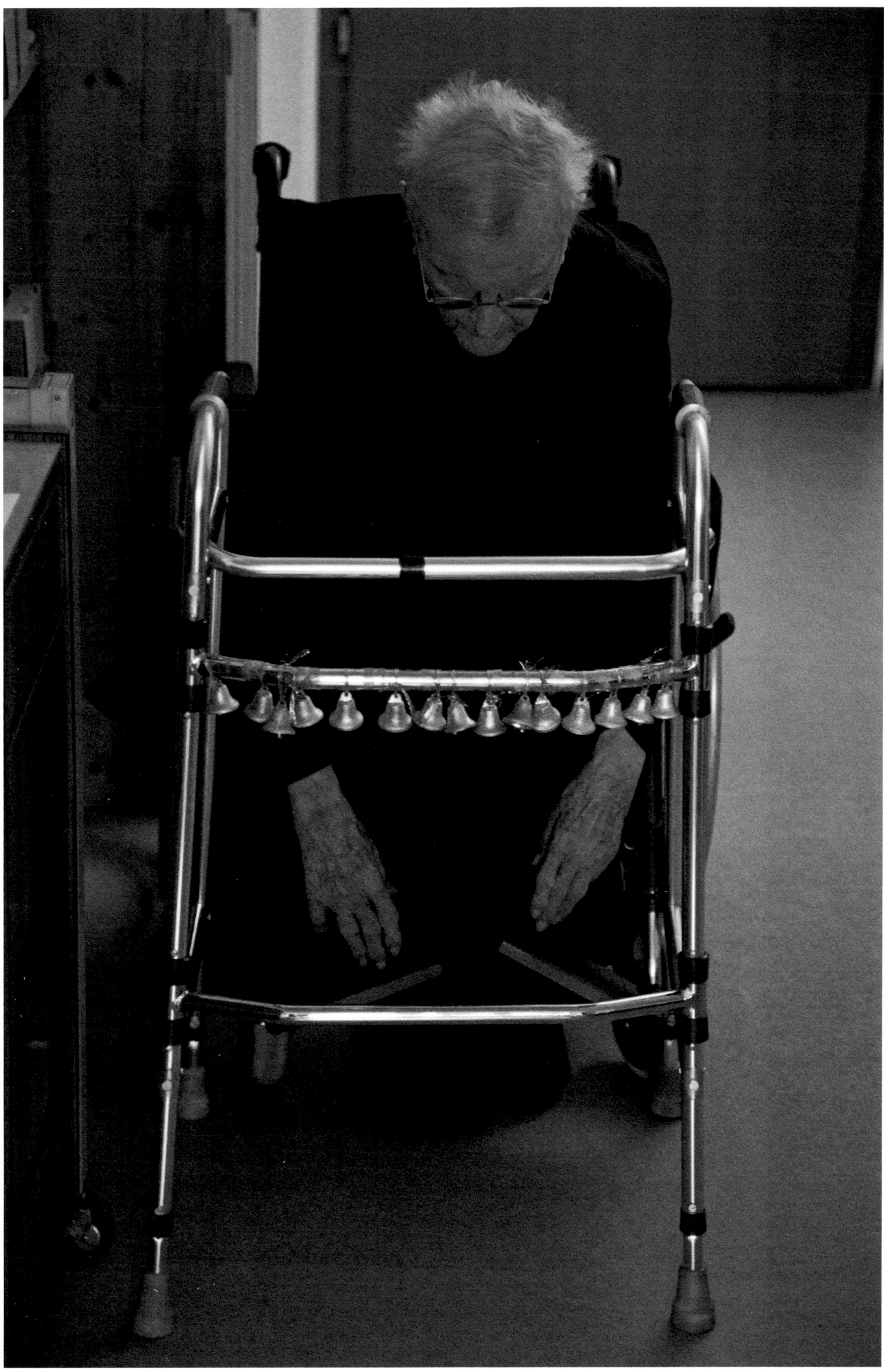

1 Bruder Luci Cavegn in seiner Chorstalle
2 Das Kloster über dem Dorf: Neuzeit und Barock
3 Klosterkirche St. Martin
4 Bruder Stefan Keusch an der grossen Orgel
5 Bruder Gerhard Alig, Zeremoniar, und Ministrantinnen aus der Dorfpfarrei
6 Abt Daniel Schönbächler vor dem Karsamstags-Christus
7 Beerdigung eines Ehrenmitbruders
8 Pater Theo Theiler
9 Bruder Urs Probst beim täglichen Marsch
10 Abtei
11 Bruder Urs Probst in seiner Zelle
12 Arbeitszimmer von Bruder Magnus Bosshard
13 Pater Ambros Widmer
14 Bruder Franz Bommer in der Krankenstation
15 Internatsschüler zu Besuch bei Bruder Franz

15

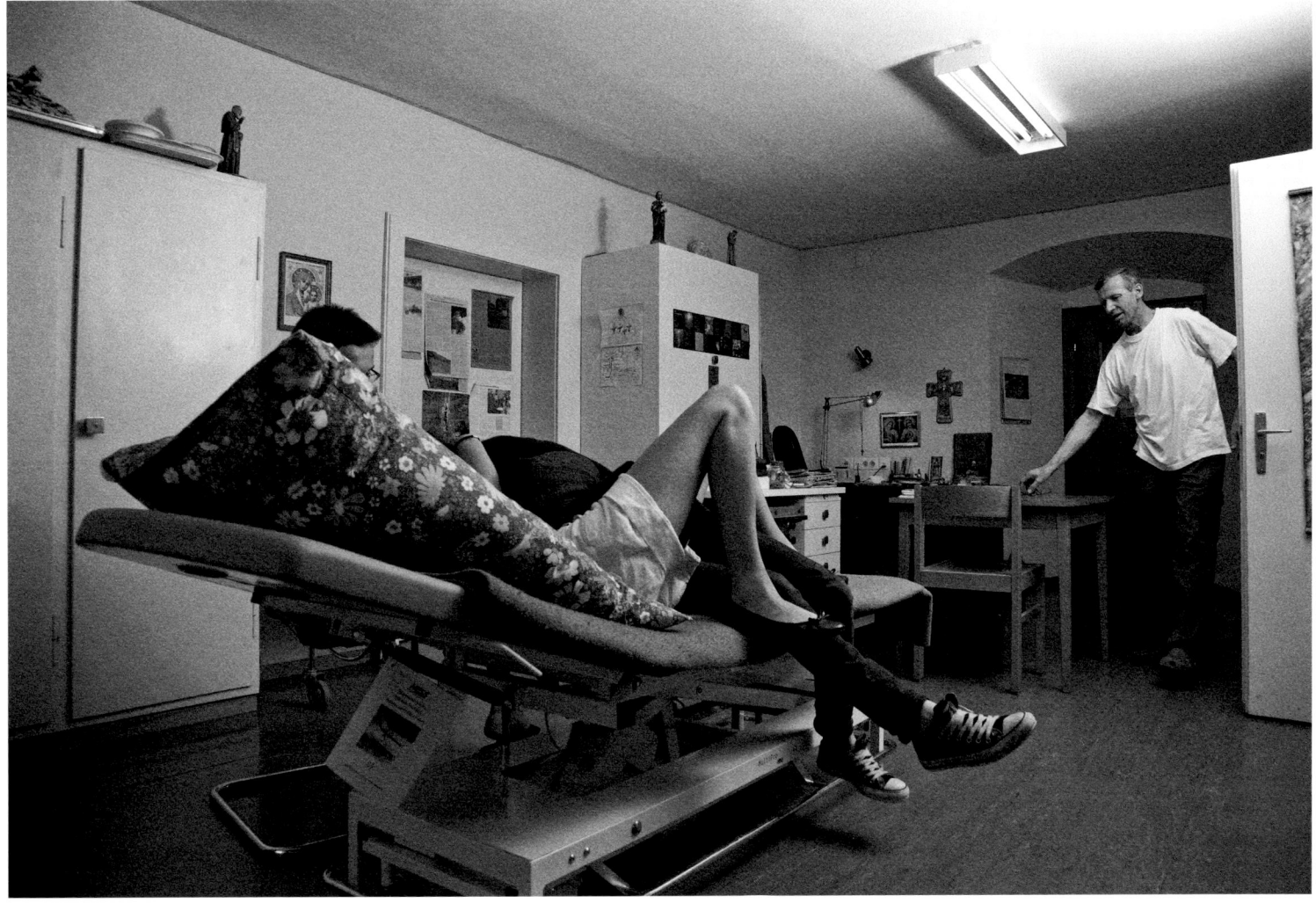

16 Bruder Magnus Bosshard und seine Vergangenheit
17 Pater Bernhard Bürke
18 Bruder Jakob Löpfe

17

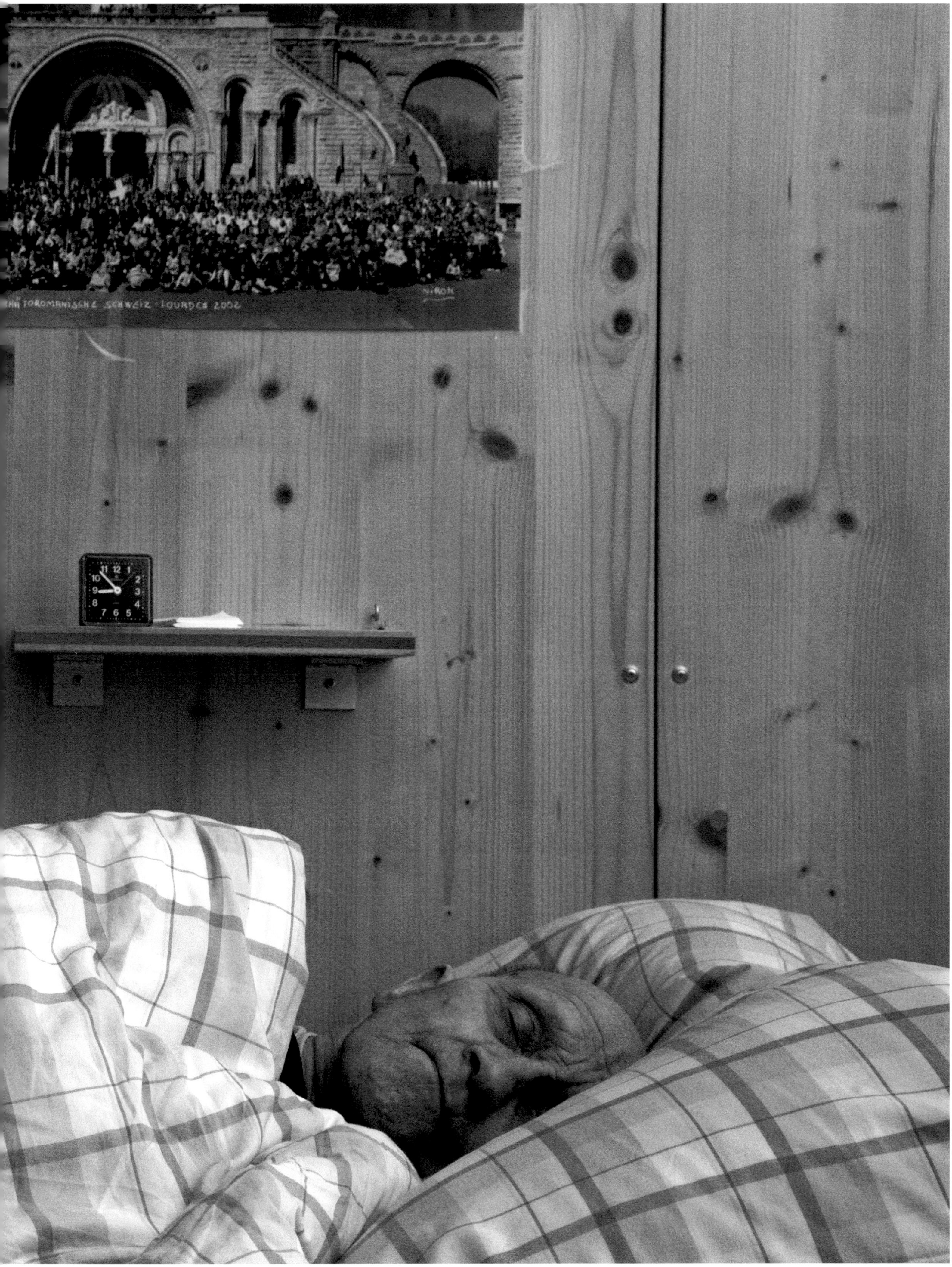
TOROMANISCHE SCHWEIZ · LOURDES 2002

Ich bin nicht das Kloster
—

**Abt Daniel Schönbächler, 68,
getauft auf den Namen Martin,
von Winterthur ZH,
Lic. theol. und Dr. phil.,
heute Vorsteher des Klosters,
Lehrer und Persönlichkeitsentwickler,
im Kloster seit 47 Jahren**
—

Wir sind hier, ohne Umschweife, ein Querschnitt der Gesellschaft. Es lebt im Kloster das Menschenmögliche — wir sind Glückliche, Unglückliche, Mutige, Feige, eher Kluge, eher Dumme, Komplizierte, Einfache, Gesunde, Kranke, Beschwingte in jeder Beziehung, Nüchterne genauso. Aber das war bei den zwölf Aposteln nicht anders.

Ein gemeinsames Ziel und doch ganz verschieden —

Das tröstet.

Abt des Klosters Disentis, der fünfundsechzigste in seiner langen Geschichte, bin ich nun seit zehn Jahren, und manchmal, je nach Laune, entfährt mir der Scherz: Ich hüte einen Sack voller Flöhe, nur fehlt mir der Sack.

Benedikt, unser Ordensgründer, rät dem Abt: Er suche, mehr geliebt als gefürchtet zu werden, er sei nicht stürmisch und nicht ängstlich, nicht eifersüchtig und allzu argwöhnisch, sonst kommt er nie zur Ruhe.

Benedikt war ein Menschenkenner.

Als sich damals, im Jahr 2000, abzeichnete, dass ich Abt werden könnte, besprach ich mich mit einem Freund. Der sagte: Denk daran, keiner kann gleichzeitig Medizinmann und Häuptling sein.

Ich begriff die Botschaft —

Als Abt kann ich nicht der geistliche Vater, der Vertraute oder Freund aller sein. Ich bin, wenn schon, der geistliche Vater der Gemeinschaft. Der Brennpunkt meines Abtseins ist das Ganze, die Summe aller Teile. Der Wahlspruch, den ich annahm, heisst Unitas in diversitate, Einheit in Vielfalt. Dies bedeutet, dass ich versuche, die Einheit dieser Klostergemeinschaft in die Vielfalt der Mönche und ihrer Talente auszufächern — aber auch umgekehrt, die Flöhe im Sack zu halten.

Es gibt hier, wie in jedem Betrieb und in jedem Verein, auch die Fraktion der Unzufriedenen, jene, die Trotz zum Lebensinhalt machen. Das lässt sich nicht ändern.

Und das macht es nicht leichter. Ich versuche, darüber hinwegzusehen, ich versuche es — Abt sein ist schön und schwierig, und Abt sein, in letzter Konsequenz, macht einsam, gerade dann, wenn jemand, wie ich, dem Konsens verlobt ist. Nicht im Traum fiele es mir ein, tyrannisch irgendwelche Gebote durchzusetzen. Das ist kein besonderes Verdienst! — Ich bin schlicht nicht der Typ dazu. Unsere Satzungen sehen vor, wann der Abt sich dem Beschluss der Mitbrüder zu unterwerfen hat. Zum Beispiel findet nur Aufnahme in der klösterlichen Gemeinschaft, wer die Zustimmung der Mehrheit hat. Man stimmt ab. Findet also jemand die Zustimmung der Mehrheit, wird er zuerst Novize. Und nach dem Noviziat, das ein Jahr dauert, kommt es wieder zur geheimen Abstimmung. Und abermals nach drei weiteren Jahren. Doch dann, laut Satzung, müsste sich der Abt nicht mehr an die Entscheidung der Mitbrüder halten, er könnte jemanden aufnehmen, obwohl die Mehrheit dagegen ist. Aber so blöd ist kein Abt.

Festgeschrieben ist auch, dass der Abt von Disentis, wenn er im Kloster ein wichtiges Amt besetzt, vorab mit jedem Mitbruder ein Gespräch zu führen hat. Schliesslich aber entscheidet er, der Abt, allein.

Manchmal, je nach Laune, pflege ich anzumerken, die Benediktinerabtei Disentis sei ein subversiver spiritueller Kraftort. Subversiv deshalb, weil wir nicht zum Bistum Chur gehören, wir sind autonom, zwar nicht völlig, aber zu einem grossen Teil. Der Bischof von Chur, um es salopp zu sagen, hat, was unsere Gemeinschaft angeht, nichts zu bestellen. Zwar weiht er normalerweise den Abt und besucht ab und an das Kloster, aber wir unterstehen nicht seiner Gerichtsbarkeit. Was den schmerzhaften Nachteil hat, dass der Labetrunk der Kirchensteuer an uns vorbeifliesst. Und daran, gerade in der heutigen Zeit, täten wir gern ein bisschen nippen.

Rom hingegen ist misstrauischer, Rom sucht die Kontrolle auch über die Benediktiner, Rom befahl, uns zu sogenannten Kongregationen zusammenzuschliessen. Deswegen gibt es die Schweizerische Benediktinerkongregation, 1602 gegründet. Die hat einen Vorsteher, Präses genannt, und derzeit ist dies der Abt von Muri-Gries. Der Präses leitet jeweils die Abtwahl in einem Schweizer Benediktinerkloster und meldet dann den Namen des Gewählten nach Rom.

Benediktiner ist man nicht global. Wer Benediktiner ist, legte sein Gelübde nicht auf den Orden ab, sondern auf sein Kloster, dem er schliesslich angehört, selbst dann, wenn er es verlässt, um anderswo zu leben.

Einmal Disentiser, immer Disentiser.

Ein Disentiser Mönch liest in der Profess laut das Versprechen vom Blatt: Vor Gott und vor seinen Heiligen, vor der Mutter der Barmherzigkeit, vor dem Heiligen Vater Benedikt, den Heiligen Placidus und Sigisbert und Martin, den Patronen dieses Klosters, in Gegenwart unseres Abtes Soundso und vor euch, Patres und Brüder, gelobe ich, Bruder Soundso,

Beständigkeit, klösterlichen Lebenswandel und Gehorsam, nach der Regel des heiligen Benedikt und den Konstitutionen der Schweizerischen Benediktinerkongregation im Kloster Disentis.

Der Mönch ist ein menschlicher Archetyp.

Das Kloster des heiligen Benedikt ist ein Angebot, diesem Archetyp Gestalt zu geben.

Benediktiner ist man nicht temporär, man ist es definitiv und sein Leben lang —

Im achtundfünfzigsten Kapitel von Benedikts Regel steht, wenn einer ins Kloster wolle, sei einzig zu prüfen, ob der, der da anklopfe, wirklich Gott suche.

Drei Grundbedingungen stellt der heilige Benedikt —

Erstens den Eifer für den Gottesdienst.

Zweitens die Bereitschaft, zu gehorchen.

Drittens die Bereitschaft, Widerwärtiges auszuhalten.

Ins Heutige übersetzt meinen diese drei Gebote Emotionsfähigkeit, Beziehungsfähigkeit, Leistungsfähigkeit.

Emotionsfähigkeit, im benediktinischen Sinn, ist die Fähigkeit, im wechselchörigen Gebet gleichsam aus sich herauszutreten und abzusinken in eine tiefe Schicht seiner selbst, um sich dem Herrgott zur Verfügung zu stellen. Die Kontemplation, also Betrachtung, ist im Kloster Beruf.

Beziehungsfähigkeit meint, aufeinander zu hören, einander wahrzunehmen, zu achten, um das Ganze zu befördern, die Gemeinschaft als solche.

Und Leistungsfähigkeit heisst, den Pickel nicht vorschnell wegschmeissen, wenn es einmal nicht läuft wie gewünscht.

Sinn und Zweck unseres Klosters, um es auf einen Nenner zu bringen, ist nichts anderes als die Suche nach Gott — in Gebet, Lesung und Arbeit.

So!

Was mich angeht, so hatte ich wohl viele Gründe, ins Kloster zu gehen. Aber für sich allein genügte keiner.

In der Maturaklasse — ich war ja hier im Internat, 1955 bis 1962 — hatten wir einmal das Magnificat zu üben, den Lobgesang Marias auf die Ankündigung der Geburt Jesu, und die hinterste Seite des Gesangbuchs, das wir benutzten, war überschrieben mit Für Primizen. Diese Seite können wir rausreissen, meinte ich zu meinem Nachbarn, weil ich dachte, freiwillig tritt keiner mehr in dieses merkwürdige Kloster ein.

Und ein Jahr später war ich drin!

Man geht ins Kloster, weil man dazu berufen ist!

Weiss ein Mann, warum er seine Frau heiratet?

Aus Liebe!

Ist das Grund genug?

Eigentlich nicht!

Oder doch?

Ja was?

Ja eben!

Die Tibeter unterscheiden einundzwanzig Wörter für den Begriff Bewusstsein. Also nehmen sie einundzwanzig Schichten von Bewusstsein wahr.

Unsereins, hier im Westen, hat und kann das nicht.

Der Mensch ist wie ein Eisberg. Nur ein kleines Stück schaut aus dem Wasser, und dann meint er, dies sei alles, was ihm zur Verfügung stehe, sein ganzes Bewusstsein, sein Leben. Aber das meiste liegt verdeckt. Wohl auch das, was ich Berufung nenne.

Ich bin diesen Weg gegangen in ehrlicher Absicht. Und also muss ich annehmen, es sei der richtige.

Das ist meine Aufgabe als Mönch. Und jetzt als Abt.

Das Schwierigste, zumindest für mich, ist es, einen Konsens zu finden. Wir sind rund dreissig Patres und Brüder. Und ich leide wohl zu schnell, wenn wir uns nicht treffen.

Nein, das Schwierigste vielleicht ist es, zu merken, wann man Verantwortung trägt und wann nicht. Ich stehe dem Kloster zwar vor, aber ich bin nicht das Kloster. Glaubt man, immer und überall verantwortlich zu sein, geht man zugrunde. Doch diese Gabe der Unterscheidung hat nicht jeder. Sie hängt wohl vom Charakter ab, auch von der Erziehung.

Bei Gelegenheit halte ich mich gern an eine kleine hübsche Anekdote: Ein französischer Bischof, überladen mit Arbeit und Sorgen, verzweifelnd in seinem Amt, setzte sich eines Abends hin und sagte: So, mein lieber Herrgott, wem gehört eigentlich diese Diözese, he? Gehört die dir oder mir? Die gehört doch eindeutig dir! Also pass gut auf sie auf, ich geh jetzt schlafen.

So souverän möchte man sein.

Eigentlich wäre das Leben ganz einfach! — So heisst eines der Persönlichkeitsseminare, die ich hier im Kloster anbiete.

Ein anderes heisst: Das kreative Potenzial unserer Schwächen.

Bruder Magnus, in der Werbung tätig, bevor er Mönch wurde, hilft mir dabei. Aber das sind nicht Seminare, die flott unterhalten, es geht um Veränderung, und die, die daran teilnehmen, sind oft Menschen, die krank wurden in der Gesellschaft, die sie umgibt. Auch Manager waren schon hier, Führungskräfte, Frauen und Männer. Es gibt Gruppen, die kommen jedes Jahr wieder. Ausserdem arbeite ich mit Spitzensportlern, ich löse, um es einfach auszudrücken, blockierte Programme, ich befreie Energie, empfange eigentlich jeden, der meine Hilfe sucht.

Heilen will ich das nicht nennen. Eher ist es eine moderne Form der Seelsorge.

Was mein eigenes Gehäuse betrifft, so habe ich neunzehn Operationen hinter mir, sechs am linken Knie, zwei am rechten, der Rest ist schön verteilt. Vom Fliegen — früher flog ich ja Gleitschirm — stammen nur zwei. Nach dem ersten Unfall sagte ich mir: So hört man nicht auf! Nach dem zweiten: So hört man sofort auf!

Gewählt ist ein Abt auf Lebenszeit, was nicht bedeutet, dass er bis zu seinem Tod im Amt verharrt. Mit siebzig, hoffe ich, werde ich zurücktreten ins Glied. Mein Onkel, Abt Viktor, hielt es bis fünfundsiebzig aus und auch mein Vorgänger, Abt Pankraz. Ich werde keine Mühe haben, mich nicht einzumischen in die Dinge, die mich nichts mehr angehen. Werde glücklich Altabt sein und ein kleiner Floh im Sack meines Nachfolgers.

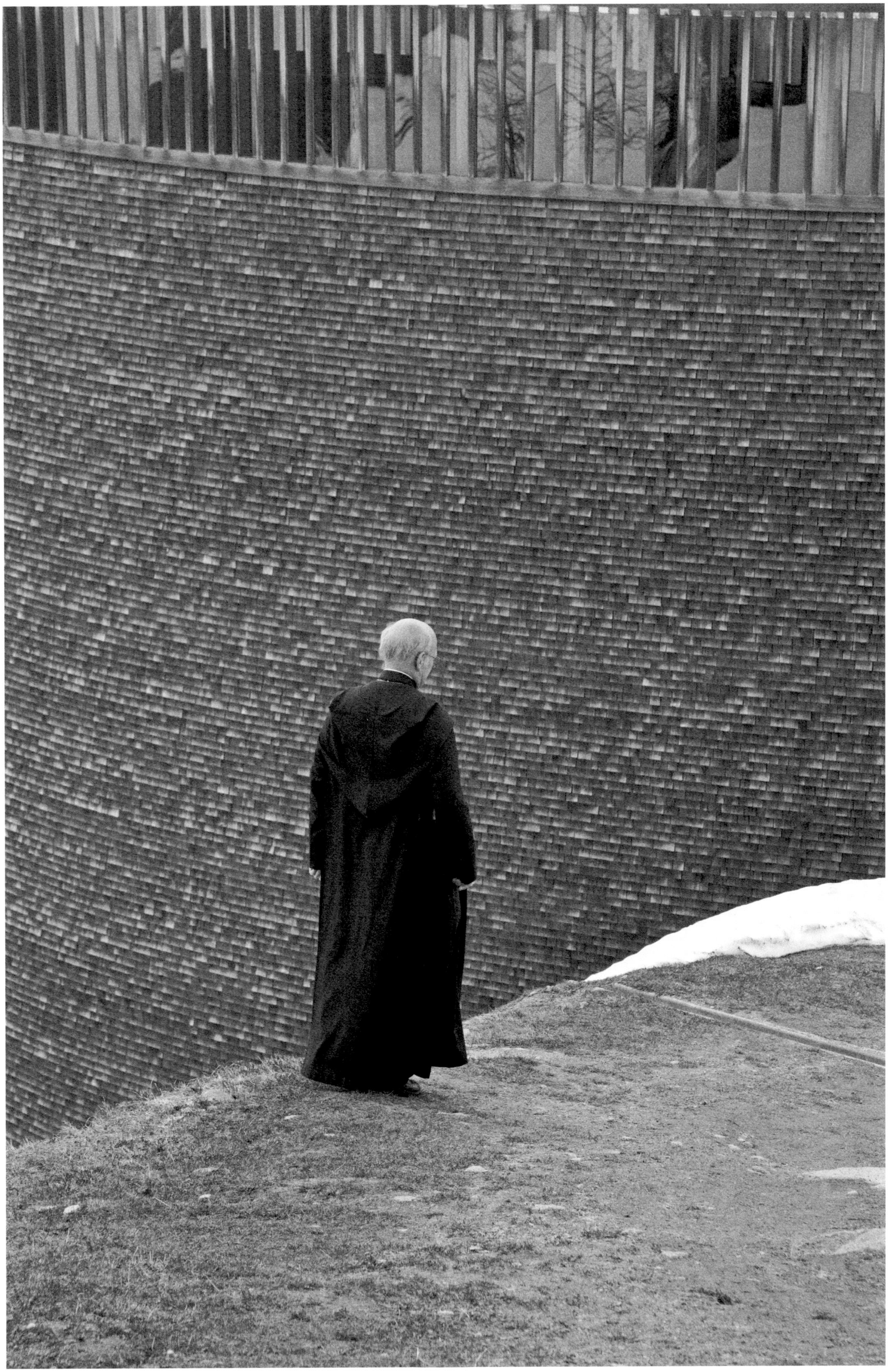

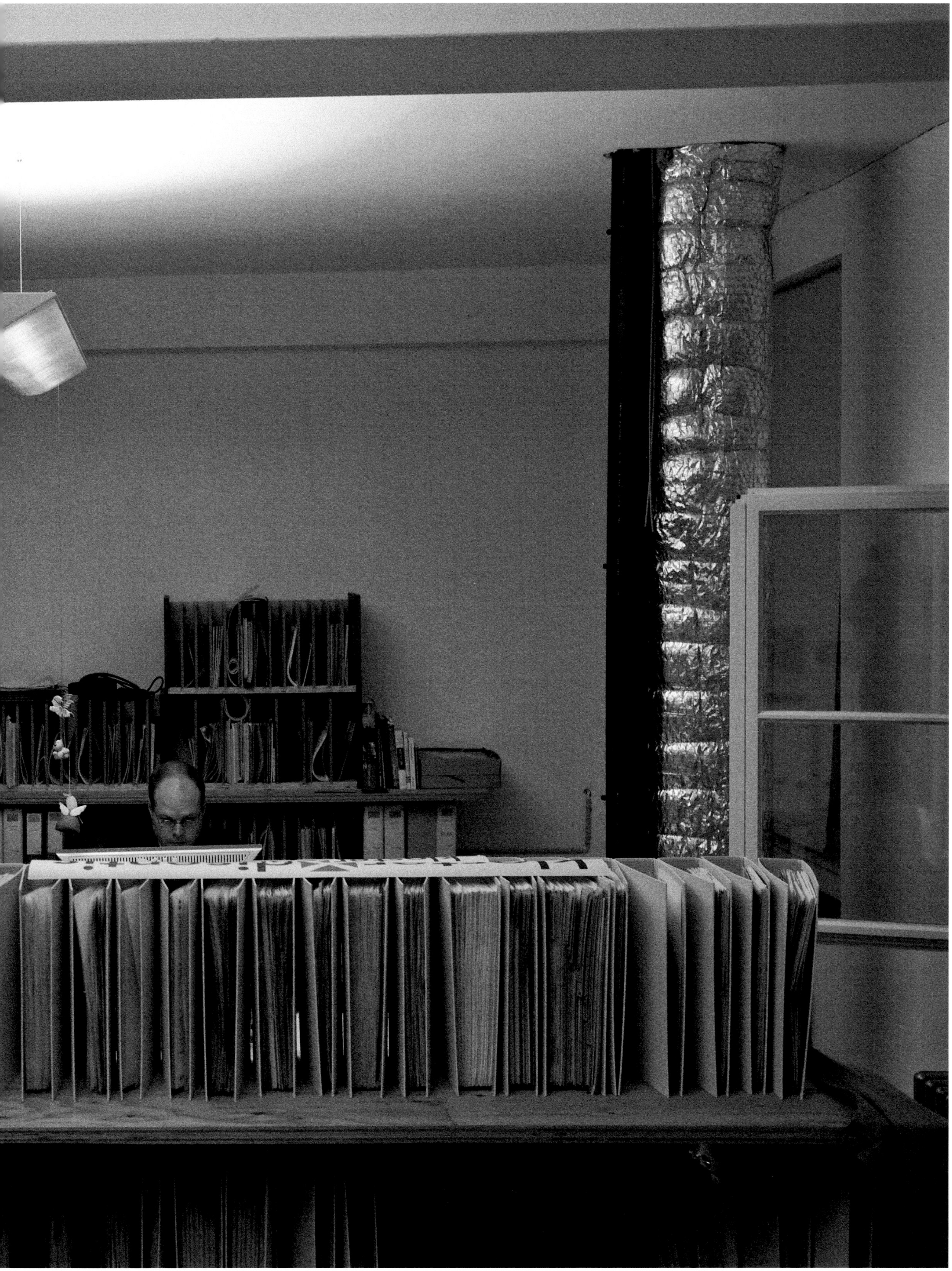

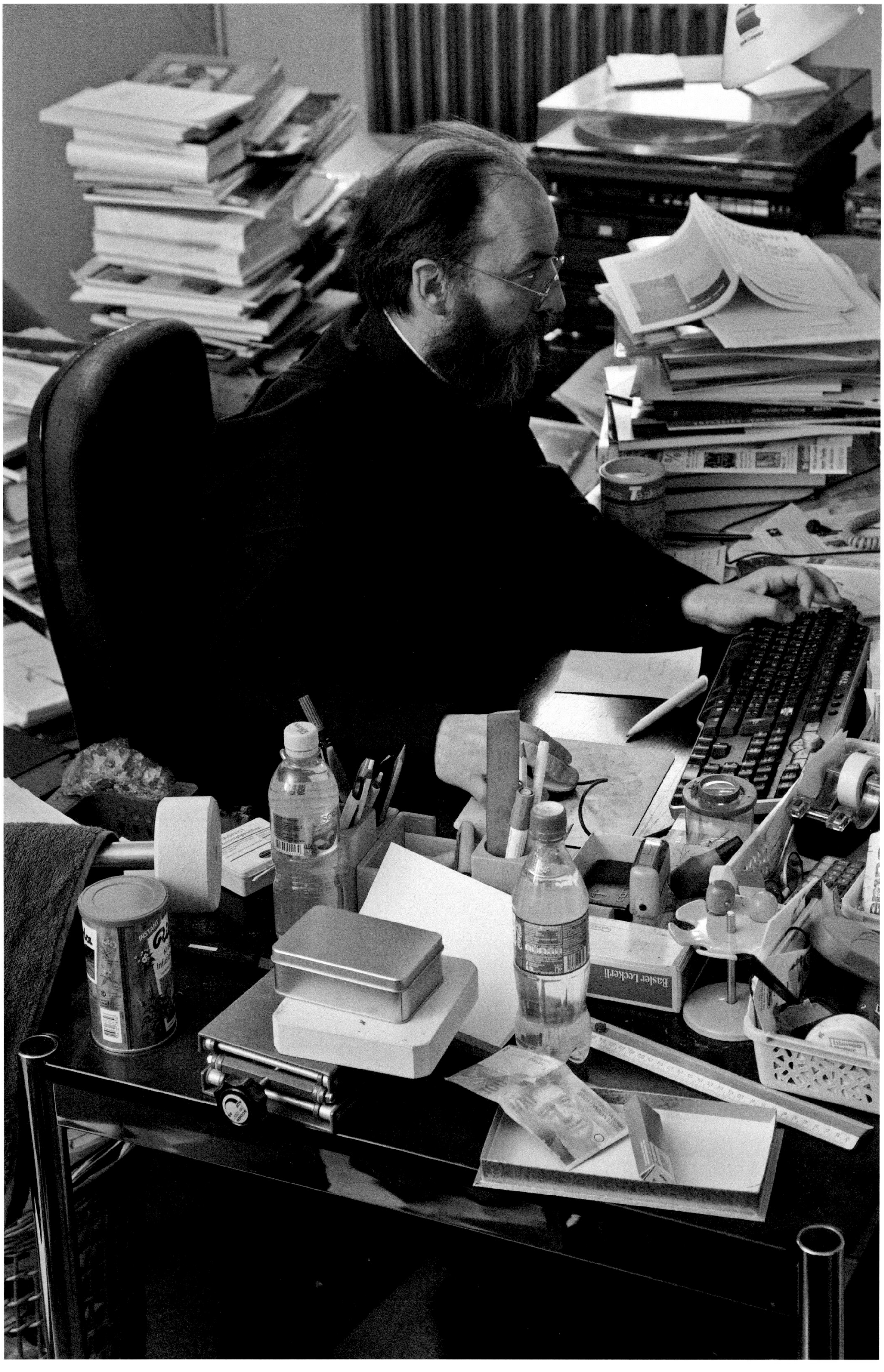
Basler Leckerli

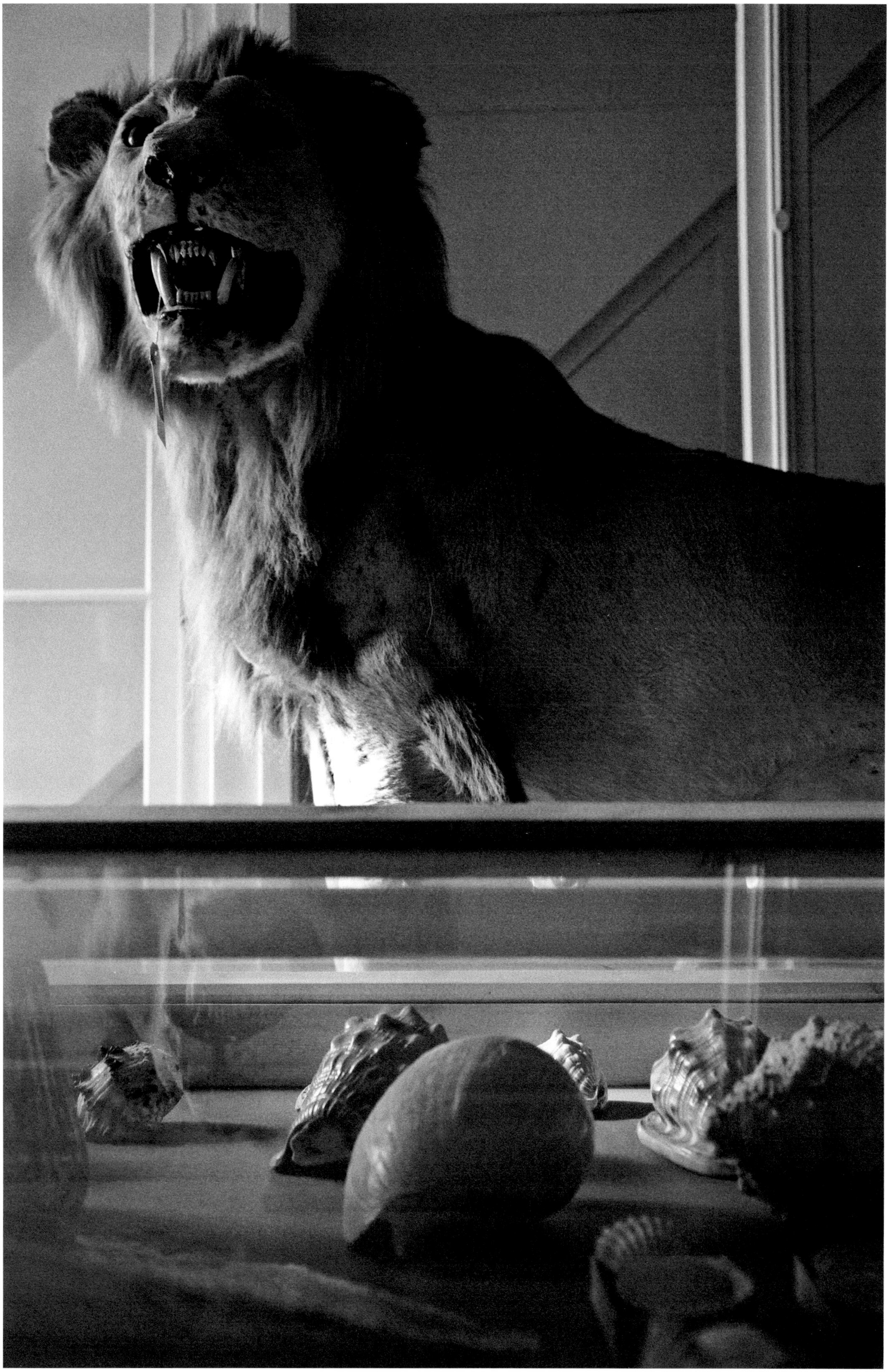

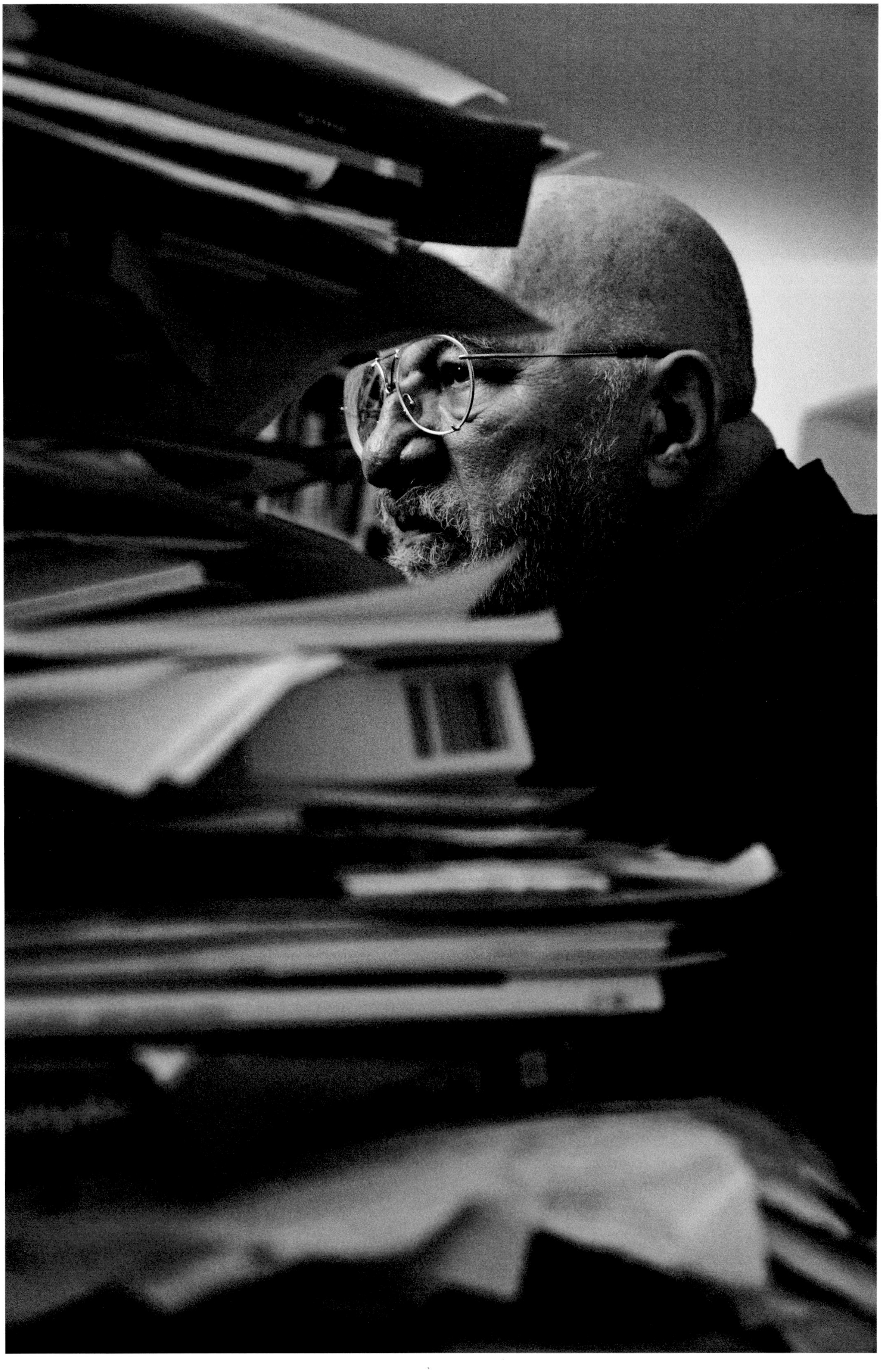

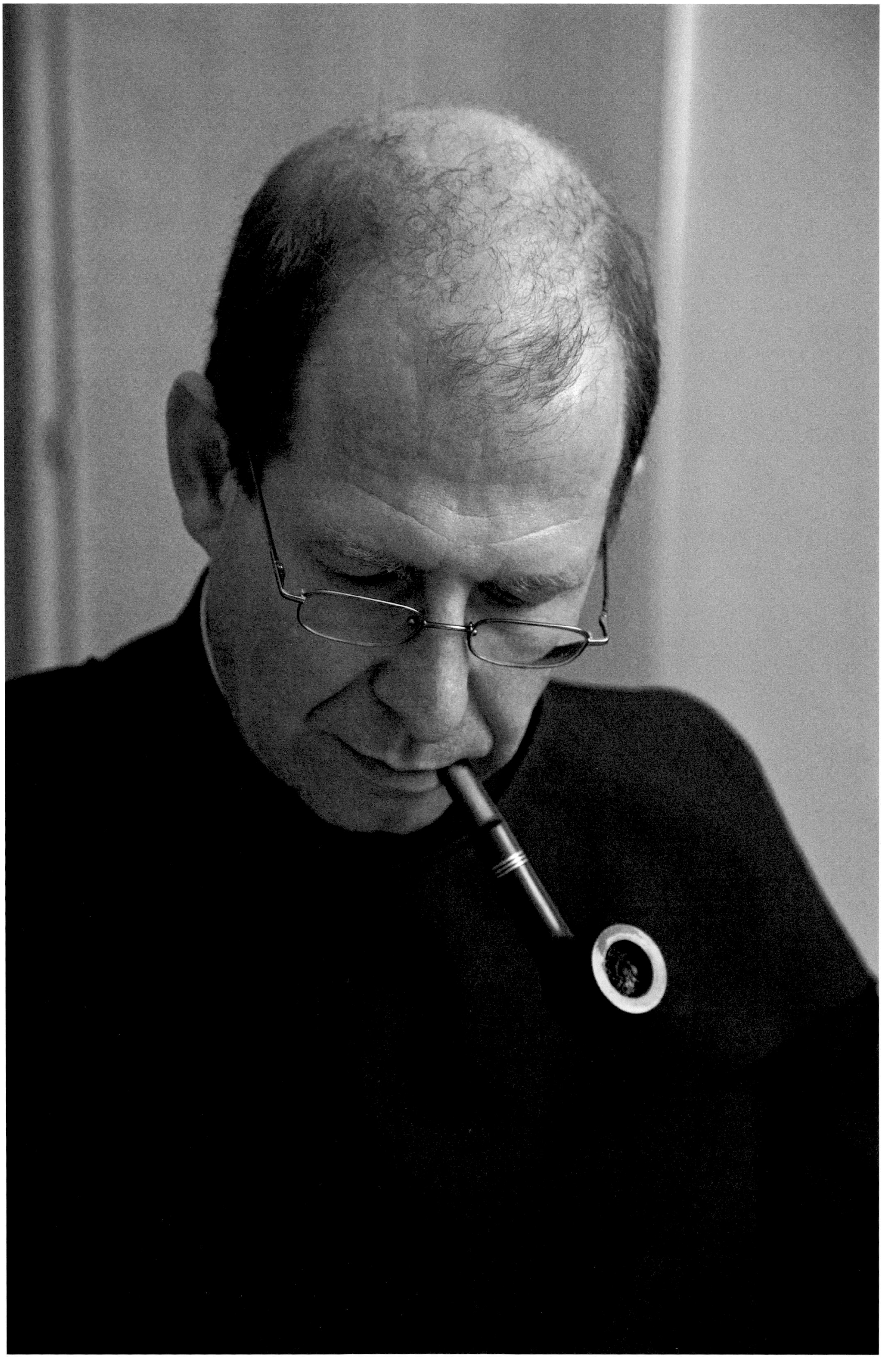

25

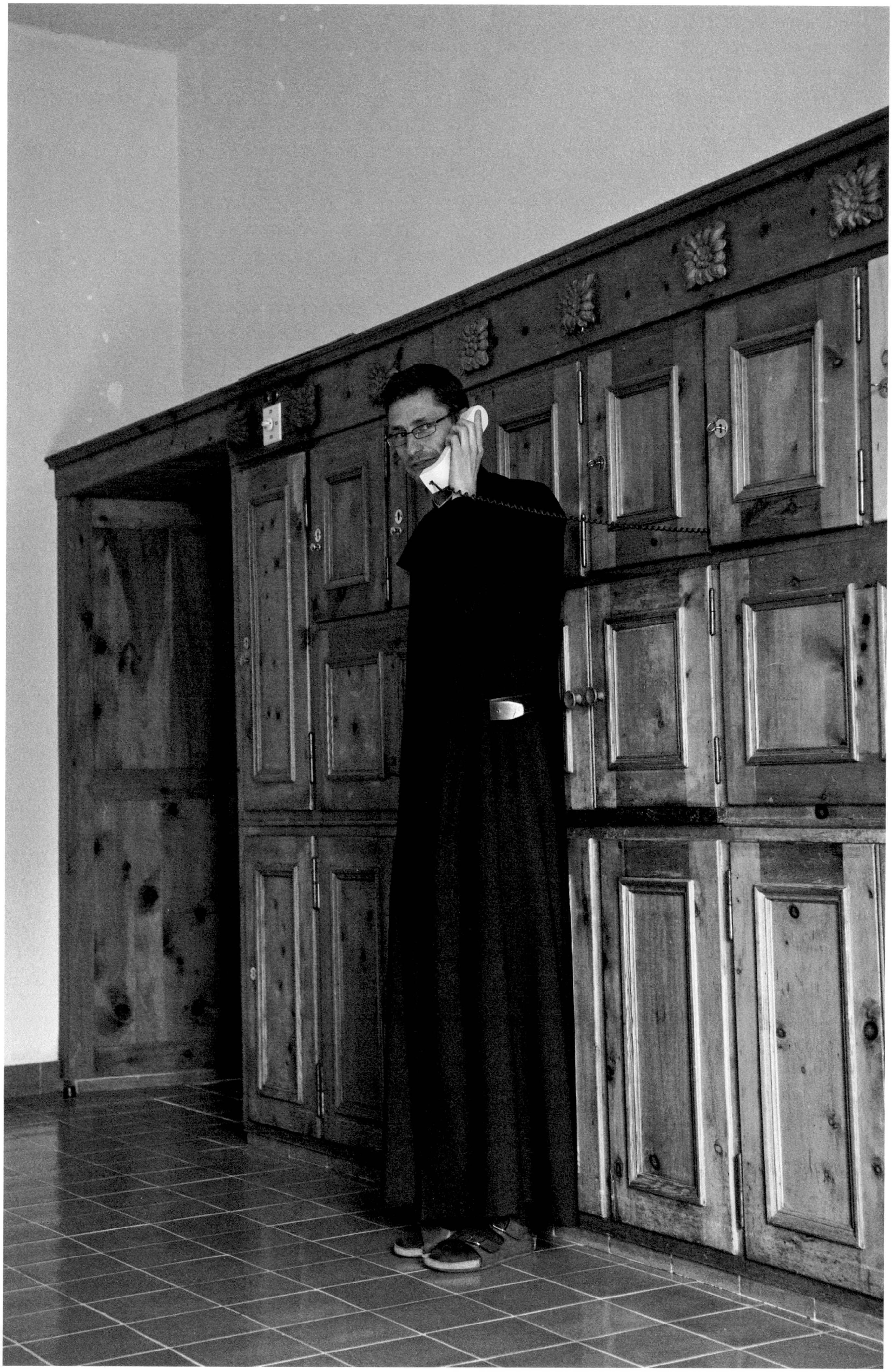

19 Abt Daniel Schönbächler vor Peter Zumthors Caplutta Sogn Benedetg
20 Bruder Niklaus Schwegler im Baubüro
21 Pater Theo Theiler, Bibliothekar und Kustos der naturhistorischen Sammlung
22 Präparate im Naturalienkabinett
23 Bruder Magnus Bosshard, Graphic Designer
24 Dekan Pater Vigeli Monn
25 Guerino Monn, Küchenangestellter
26 Pater Jean-Marie Frey
27 Bruder Gerhard Alig, Klosterbäcker
28 Bruder Franz Bommer im Refektorium

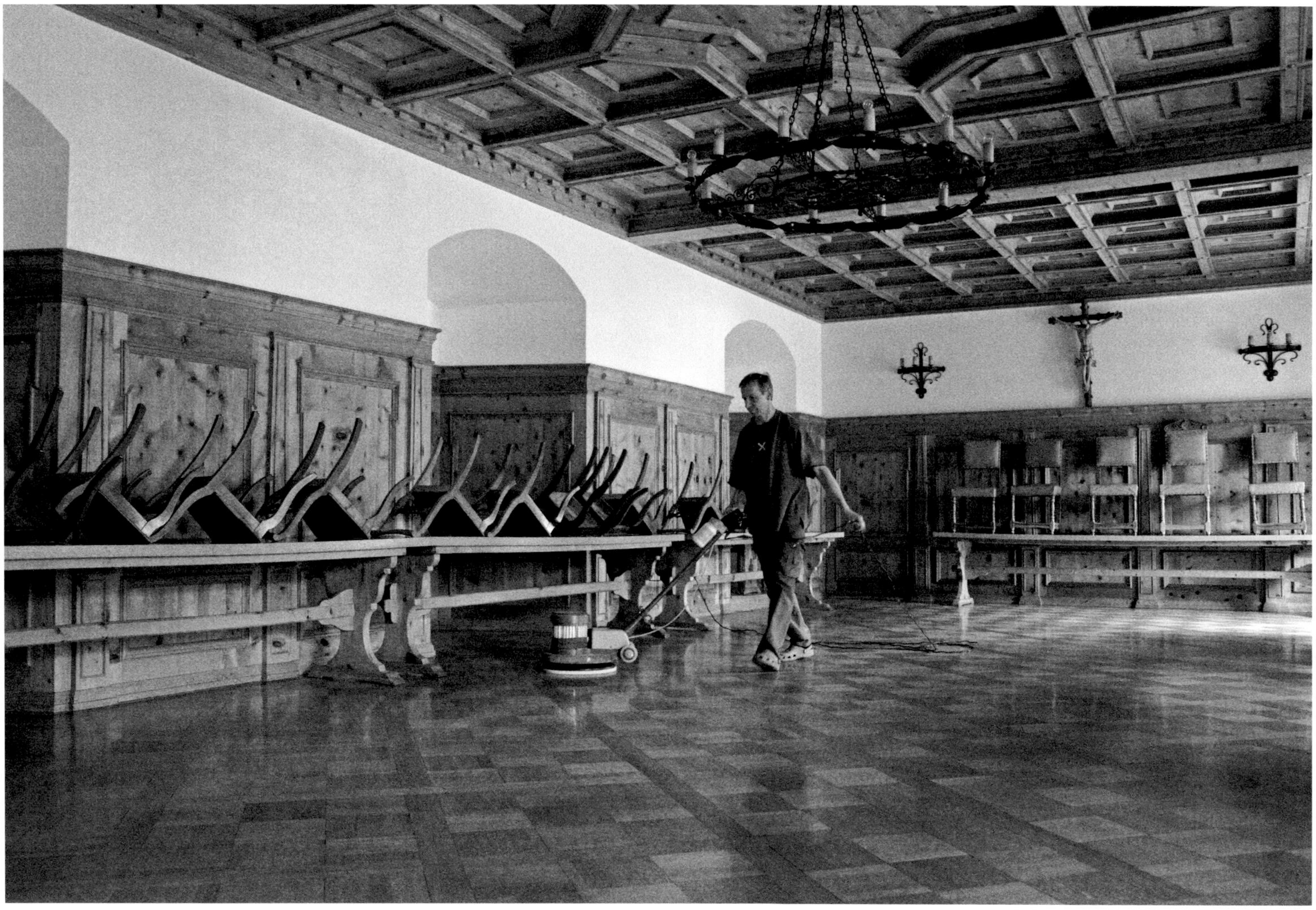

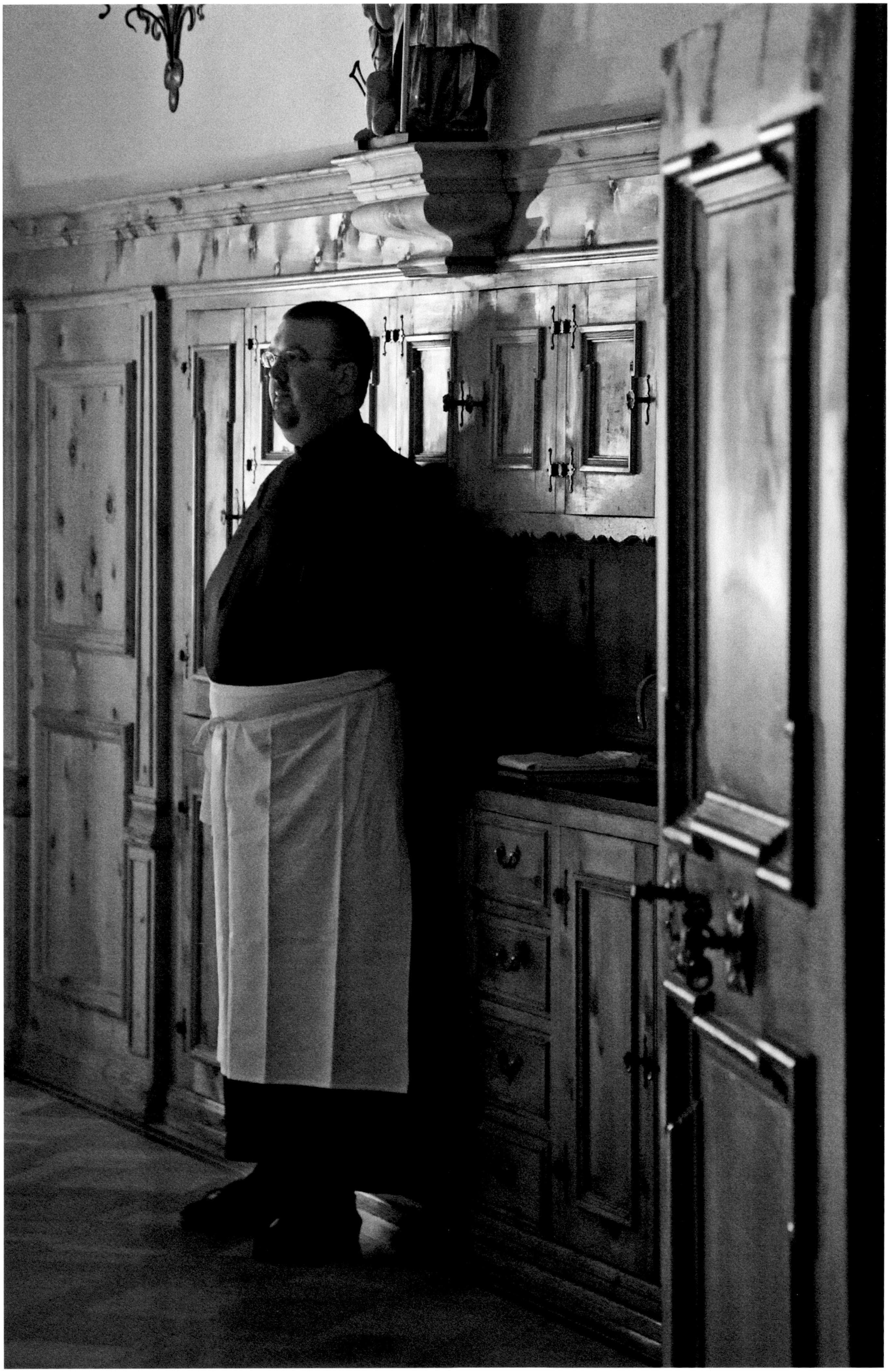

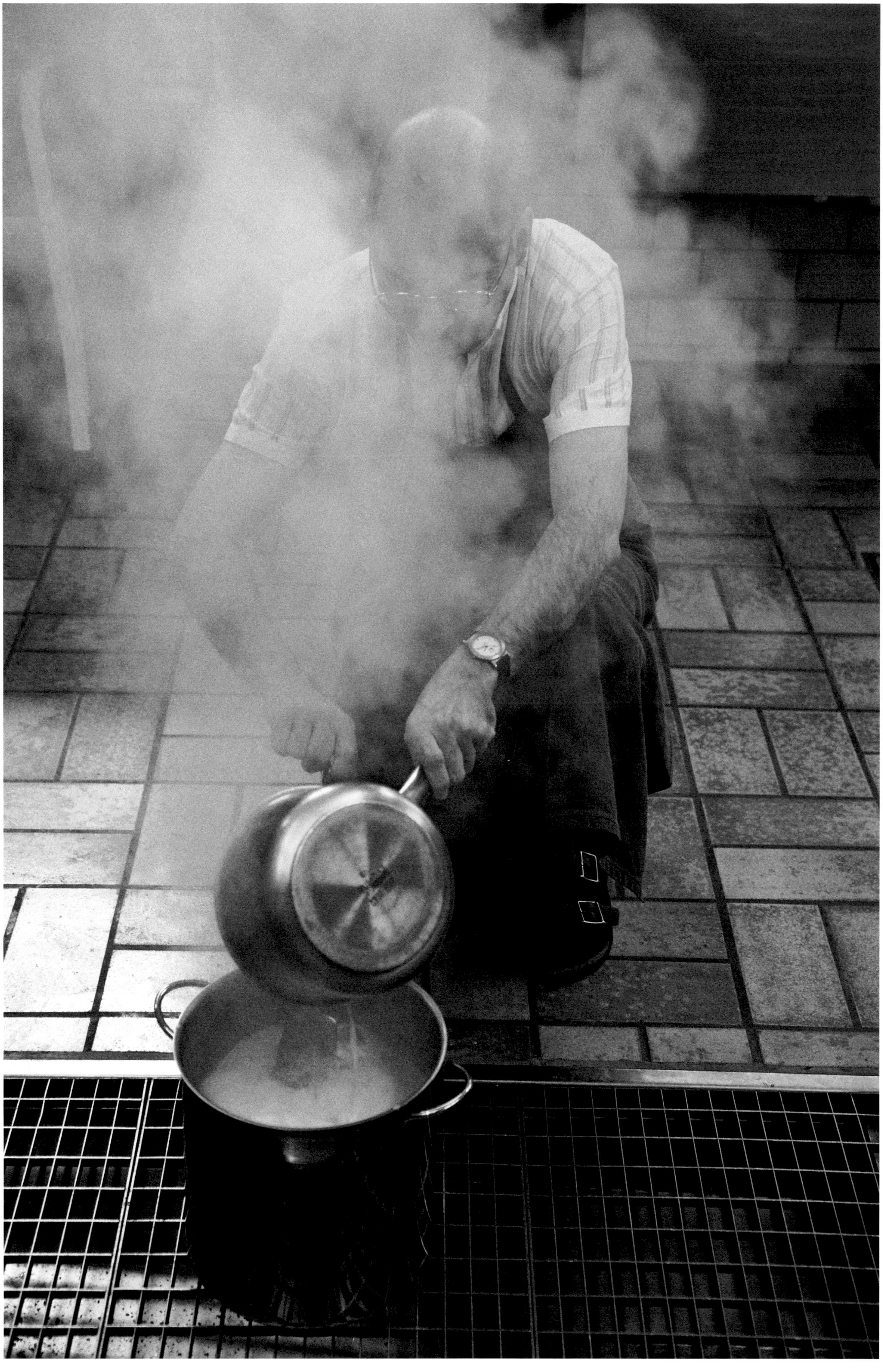

31

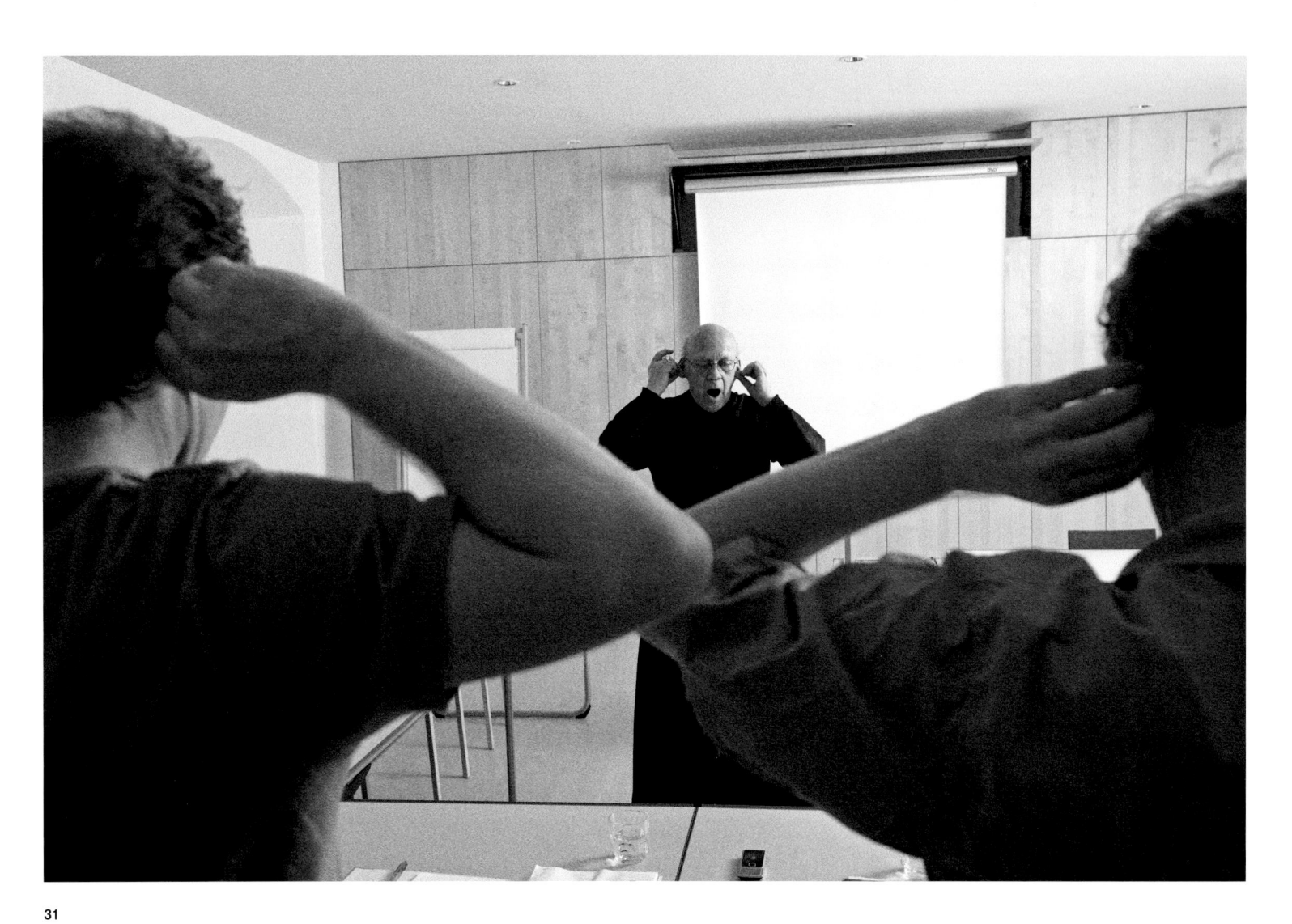

29 Bruder Maximilian Deutscher beim wöchentlichen Tischdienst
30 Bruder Gerhard Alig bei der Herstellung von Nusstorten
31 Abt Daniel Schönbächler, Energieübung bei einem seiner Seminare
32 Bruder Franz Bommer und Bruder Stefan Keusch beim Haareschneiden
33 Pater Athanasius Dudli als Tischleser
34 Bruder Urs Probst im Refektorium

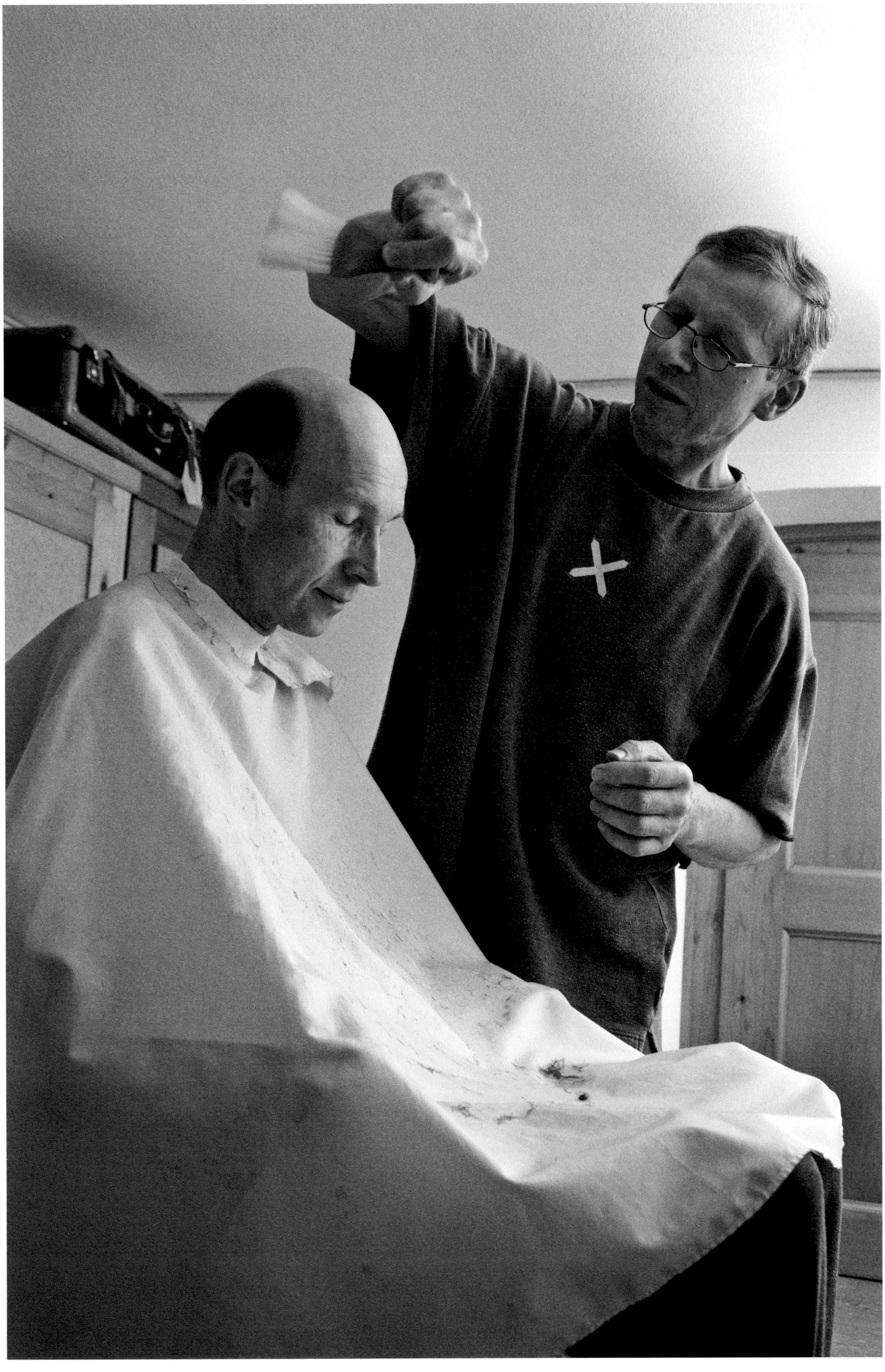

33

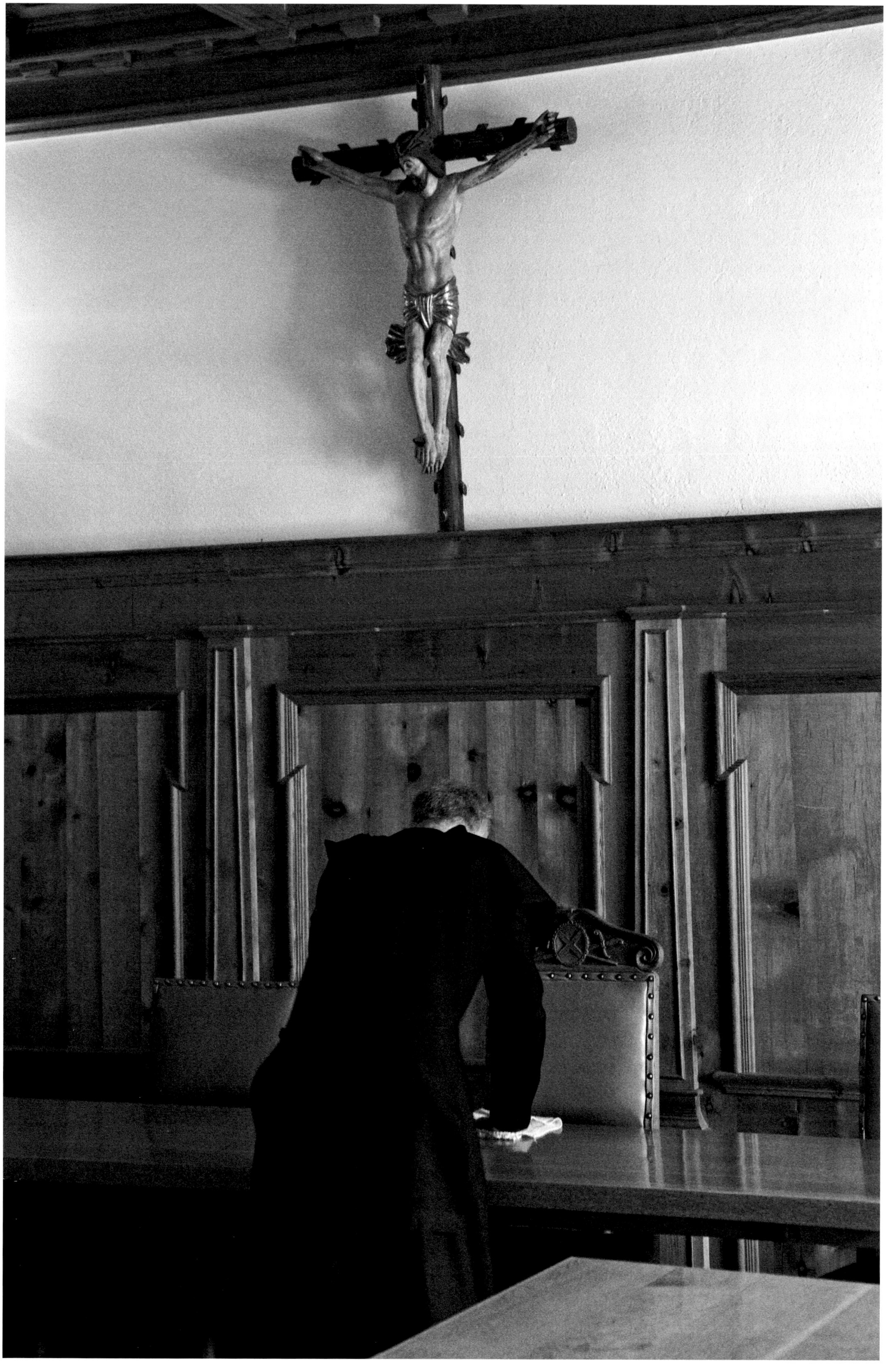

Warum nicht?, sagte ich

**Bruder Gerhard Alig, 41,
von Obersaxen GR,
ausgebildeter Bäcker,
heute Bäcker, Konventbruder
und Zeremoniar,
im Kloster seit 21 Jahren**

—

Da bin ich recht brutal: Bevor das Frische auf den Tisch kommt, muss zuerst das Alte weg. Scharf sind sie vor allem auf frisches Wurzelbrot. Vielleicht deshalb, weil ich es nicht jeden Tag backe. Wurzelbrot ist Spezialbrot, es hat wenig Hefe, und sein Teig gärt eine ganze Klosternacht.

Der Morgen, jeder Morgen, gestehe ich, ist ein Kampf. Aber am Morgen führt kein Weg vorbei.

Bin ja nicht in den Ferien hier —

Um Viertel nach fünf also stehe ich auf, ziehe die Kutte an und rausche — ja, zeitlich knapp — in den oberen Chor zu Vigil und Laudes. Dort singen wir Psalmen, ganz bestimmte Psalmen, der erste Satz heisst: Herr, öffne meinen Mund. Wir lesen aus der Schrift, drei Viertelstunden lang, jeden Morgen. Im Winter ist es saukalt da oben, das Holz, auf dem wir sitzen, ist kalt, die Luft, das Licht, Dampf steht dir vor dem Mund.

Bin ja im Kloster hier.

Was ich brauche, ist hier.

Ins Kloster kam ich — wie soll ich sagen? — von Gott gelenkt.

Bäcker war ich schon früher, meine Lehre machte ich bei Bäckermeister Simmen in Meierhof, Gemeinde Obersaxen, wo ich geboren bin, eine halbe Stunde von hier, mittlere Surselva. Nach der Lehre, Frühling 1984 bis Frühling 1986, blieb ich noch drei Jahre beim Chef, ich war froh, dass ich bleiben konnte. Ich wohnte zu Hause bei meinen Eltern, die damals noch lebten, eine schöne Zeit.

Aber eines Tages, wir waren in der Backstube, kneteten Teig und gackerten über irgendwas, fragt mich plötzlich der Herr Simmen: Das Kloster, wäre das nichts für dich?

Warum nicht?, sage ich und weiss nicht, weshalb ich das sage.

Wenn du willst, sagt der Chef, dann rufe ich dort an und bestelle eine Broschüre.

Warum nicht?, sage ich.

Ich war damals, gestehe ich, noch schüchterner als heute. Ich war nie der Mensch, der

Auftritte liebte und suchte, Auftritte sind mir ein Graus, ich bin keiner, der gern an der Sonne steht und Reden schwingt, ich brauche keinen Applaus.

Zumindest keinen lauten.

Glaube ich.

Auf jeden Fall rief mein Chef das Kloster an, sagte, er kenne da einen, der vielleicht Mönch werden möchte, und liess eine Broschüre schicken.

Ich besprach mich dann mit meiner Mutter, die damals noch lebte. Meine liebe Mutter war eigentlich eine Österreicherin, aus Kärnten, die in der Fremde Arbeit gefunden hatte, Mama war Serviertochter. Mein Vater, ein gelernter Maurer, ist in Obersaxen geboren. Später zog er ins Unterland und baute den neuen Flughafen von Kloten mit. Dort, irgendwo und irgendwann, lernten sich meine Eltern kennen. Mama führte dann einen kleinen Laden, zuerst in Sursee, dann in Bassersdorf, Papa war auf dem Bau, hier und dort. Zwei meiner drei Geschwister kamen im Flachen zur Welt, ich bin der Jüngste, mit Abstand geboren am 7. Januar 1969.

Und irgendwann hielten sie es im Unterland nicht mehr aus und zogen wieder in die Berge, Obersaxen, Meierhof, mittlere Surselva.

Getauft bin ich auf den Namen Gerhard.

Meine Geschwister waren schon weg, als ich gross wurde.

Zu Hause war es mir recht.

Dort war es mir am wohlsten.

Zu Hause hatte ich alles, was ich brauchte —

Ich denke, wir waren eine normale Familie, nicht anders als andere. Man war halt katholisch. Im Marienmonat Mai hatte jede Familie des Dorfes drei Tage lang die Statue der Muttergottes von Fatima zu Hause, man betete den Rosenkranz, und nach drei Tagen wanderte die Statue zum Nachbar.

So war das in Meierhof, zumindest am Anfang.

Später, glaube ich, gab es das nicht mehr. Man hatte Fernsehen.

Ausserdem war ich Ministrant, Altardiener, jeden Werktag, mehr oder weniger, war ich in der Messe, ich genierte mich ein bisschen, weil ich der Einzige war, der jeden Tag zur Messe ging. Manchmal machte ich einen Umweg und hoffte, die andern sähen nicht, dass ich zur Messe ging und ministrierte.

Lange her und fast vergessen —

Zur Schule ging ich in Meierhof, die Real machte ich in St. Martin. Und dann wurde ich Bäcker.

Eigentlich wollte ich Maler werden. Eine Schnupperlehre hatte ich bereits gemacht, die Lehrstelle schon im Sack. Da befahl uns der Lehrer am Ende der Schulzeit, einen Aufsatz zu schreiben, eine Art Zusammenfassung der vergangenen drei Jahre Real. Ich schrieb, wie schön es gewesen sei, als wir im Unterricht einmal Brot backen durften, Holzofenbrot. Und jetzt fragt mich der Lehrer, ob ich, statt Maler, nicht lieber Bäcker werden möchte.

Warum nicht?, sage ich.

Also ging der Lehrer zu Bäckermeister Simmen und bot mich dort als Lehrling an, das war an einem Mittwoch. Am Donnerstag um vier Uhr morgens sollte ich zum Beck.

Mutter sagte: Geh und mach dir keine Sorgen.

Ich ging.

Und es gefiel mir.

Es gefiel mir so sehr, dass ich sofort blieb und die zwei Wochen, die ich noch hätte zur Schule gehen müssen, sausen liess.

Das Leben macht manchmal scharfe Ränke —

Das Kloster schickte dann die Broschüre, Mama und ich lasen sie, wir sprachen darüber, Mama rief schliesslich das Kloster an, ich selbst getraute mich nicht. Und schliesslich, Anfang Dezember 1986, brachte sie mich nach Disentis, wir fuhren im Zug, Ilanz, Rueun, Tavanasa, Trun, Rabius, Disentis, ein bisschen Herzklopfen oder so, klar, das hatte ich schon.

Ich war siebzehn.

Und blieb dann eine ganze Woche.

Es gefiel mir so sehr, dass ich wusste, ich wollte für immer bleiben, wollte ins Kloster, Mönch sein.

Aber ich war zu jung, ging wieder nach Hause, war Bäcker und Lektor in der Kirche, auch den Kommunionshelferkurs machte ich, half in der Sakristei aus.

Nachdem ich wusste, was ich wollte, wo ich mein Leben verbringen würde, war ich irgendwie ein anderer. Nur merkte das niemand, ausser vielleicht Mama.

1988 war ich wieder zwei Wochen im Kloster, Abt Pankraz riet mir, zuerst die Rekrutenschule zu bestehen, bevor ich endgültig einträte.

Also sollte ich in die RS.

Boltigen im Simmental —

Bäckersoldat der Versorgungstruppen.

Einrücken musste ich in Thun.

So eine weite Reise aber hatte ich allein noch nie getan. Schüchternheit ist eine Plage, grausam, zäh.

Mein lieber Vater, um mich zu trösten, brachte mich hin, wir fuhren im Zug, Chur, Zürich, Bern. In Thun lieferte er mich in der Kaserne ab, alles war neu, anders, laut, fremd, und ich stand da und sollte grüssen und reden und wusste nicht wie. Zum Glück war einer aus Sumvitg, ein anderer aus Sagogn, Bäcker wie ich, beide aus der Surselva. An den Wochenenden durften wir nach Hause, am Sonntagnachmittag aber, wenn ich wieder nach Thun musste, war mir vor Angst fast schlecht, dieser Schiss, in Chur den Anschluss zu verpassen, oder in Zürich oder in Bern.

Weltreisen! —

Das Gewehr hätte ich verweigern können.

Einmal erzählte ich einem, nach der RS ginge ich ins Kloster. Der krächzte es sofort weiter. Und schliesslich wussten es alle. Sie lachten und machten ihre Sprüche. Und ich hätte mich gern gewehrt.

Am 10. Dezember 1989, zweiter Sonntag im Advent, fuhr ich mit meinen Eltern nach Disentis. Ich hatte einen Koffer dabei. Dann gingen sie wieder, Mutter und Vater, nahmen den leeren Koffer mit, Mama weinte.

Die erste Nacht.

Wahrscheinlich betete ich.

Dann der grosse Schmerz, die Enttäuschung, als Abt Pankraz sagte, an Weihnachten dürfe ich nicht nach Hause, einen wie mich brauche das Kloster in der Küche.

Kann sein, dass ich weinte vor Unglück und Verwirrung.

So, Herrgott, du hast mich gewollt, jetzt hilf mir in meiner Not!

Und er half.

Ich bin, kann ich sagen, glücklich, ich bin ein glücklicher Mönch.

Was ich brauche, habe ich hier.

Hier bin ich, hier bleibe ich. Das ist das Schöne am Benediktinischen. Zeit seines Lebens bleibt man Mönch seines Klosters, hüpft nicht durch die Gegend wie die Kapuziner.

Dann, am 13. Juni 1990, war Einkleidung. Abt Pankraz übergab mir die schwarze Kutte, ich zog sie an, er schloss das oberste Häkchen am Hals, ich war so stolz. Zugegeben, man muss sich an diesen Rock zuerst gewöhnen. Beim Treppenlaufen tritt, wer nicht aufpasst, auf seinen Saum, man muss üben, bis man die Kutte beherrscht.

Jetzt war ich Novize, der heutige Abt Daniel mein Novizenmeister. Im Unterricht sass Bruder Magnus neben mir, ein wunderbarer Mensch und Mitbruder, der gut reden kann und das Reden geniesst, Vater eines Sohnes, der so alt ist wie ich.

Die Ränke seines Lebens! —

Am 24. Juni 1991, zusammen mit Bruder Magnus, erlebte ich die einfache Profess, es war ein grosser Tag.

Dann übernahm ich die Backstube.

Täglich backe ich sechzehn Kilo normales Ruchbrot für die Schüler und zehn Pfünder für uns, die Mönche. An Festtagen gibt es Zopf, manchmal auch Cremeschnitten und Torten, Kirsch oder Schwarzwälder.

Aber ich bin nicht nur Bäcker, sondern auch Konventbruder, früher hiess das Refektoriar. Meine Aufgabe ist es, die Tische im Refektorium, wo wir schweigend essen, in der richtigen

Abfolge richtig zu decken, jede Serviette an ihrem Platz. Ich trage Wasser und Brot auf, das alte zuerst, das frische danach, da kann ich fast brutal sein. Und nach dem Essen sammle ich die Servietten in der richtigen Reihenfolge, eine korrekt nach der andern, damit kein Getto entsteht, putze schliesslich die Tische mit Besen und Lappen.

Klar, man regt sich auf, wenn jemand sagt, mein Brot sei das Glück der Bündner Zahntechniker.

Ich sollte mich wehren.

Ich möchte mich wehren.

Aber ich bin, wie ich bin, ich nehme es, wie es ist.

Die Wahrheit ist: Ich bin happy hier im Kloster Disentis, wo die Morgen ein Kampf sind.

Ein anderes Leben kann ich mir nicht vorstellen, ein anderes Leben will ich nicht.

Und ausserdem bin ich Zeremoniar, eine Art Personalchef oder Dramaturg, der bei den Pontifikalämtern die Leute einteilt und bestimmt, wer ministriert, wer die Kommunion verteilt, wer was macht, wie wo wann.

Nun bin ich einundvierzig und hatte in meinem Leben nur Glück.

Wie sie mich trösteten, als die Mutter starb, zwei Wochen vor meiner feierlichen Profess.

Wie sie beteten, als vor vier Jahren der Vater starb.

Manchmal, nach der Nachthore um acht Uhr abends in der Marienkirche, setze ich mich ins Fernsehzimmer, ich allein, und sehe mir einen Krimi an, Siska oder CSI — Den Tätern auf der Spur, manchmal einen Film von Rosamunde Pilcher.

Oder Sissi.

Dann muss ich heulen.

Das habe ich von Mama —

35

36

35 Bruder Gerhard Alig in seiner Zelle
36 Reto Schuoler, Küchenangestellter
37 Rosmarie Jacomet, Klosterwäscherei

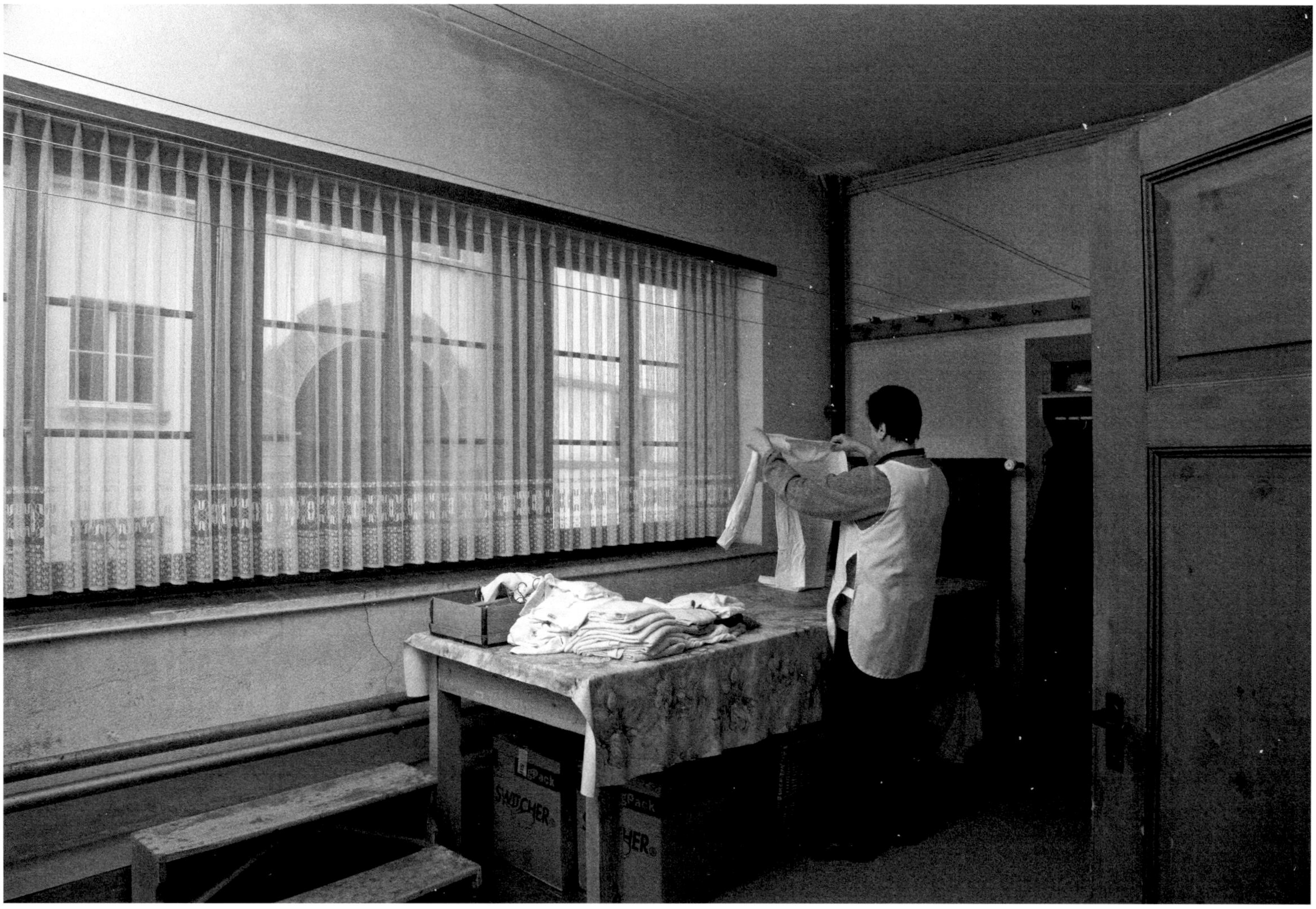

38 Paramentendepot
39 Bruder Ursicin Schindler, Sakristan

38

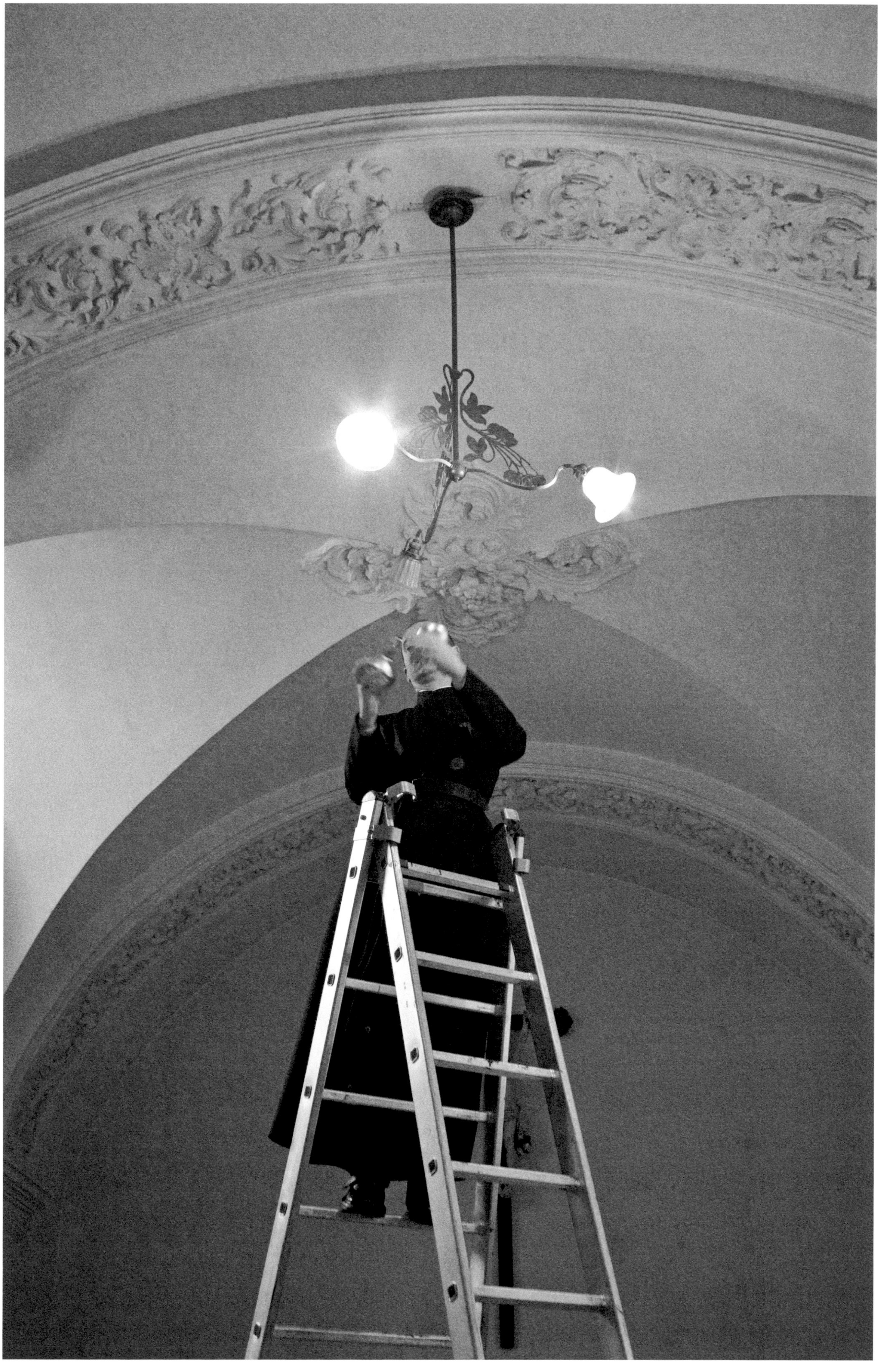

40

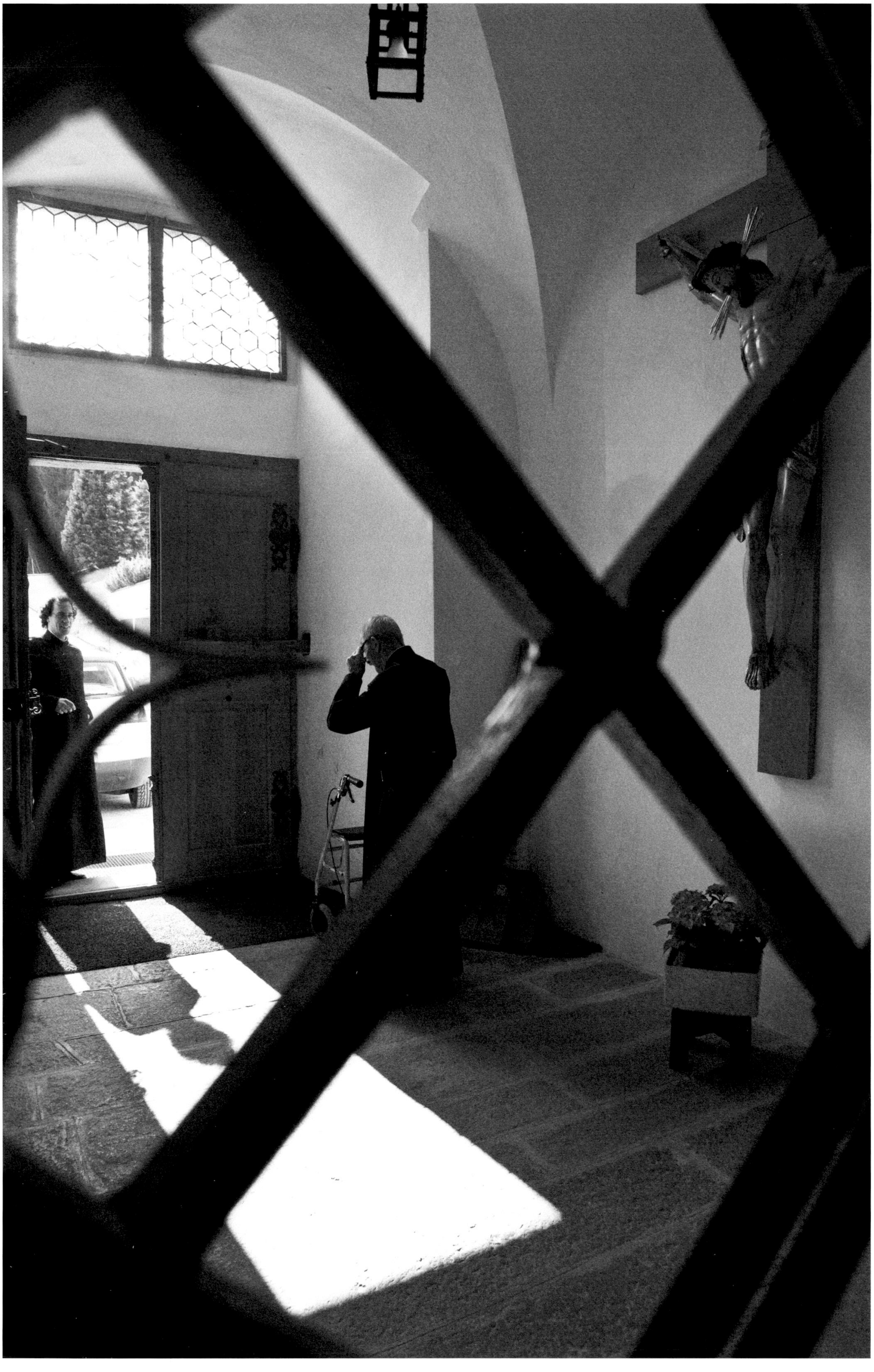

40 Wendelin Jacomet, Klosterschreiner
41 Bruder Martin Hieronymi und Pater Bernhard Bürke an der Klosterpforte
42 Bruder Niklaus Schwegler, Architekt Gion A. Caminada, Pächter Pascal Scheuber
    und Architekt Timon Reichle vor dem Modell des neuen Stalls
43 Neubau Klosterhof Salaplauna
44 Bauplatzbegehung mit Statthalter Bruder Niklaus Schwegler

43

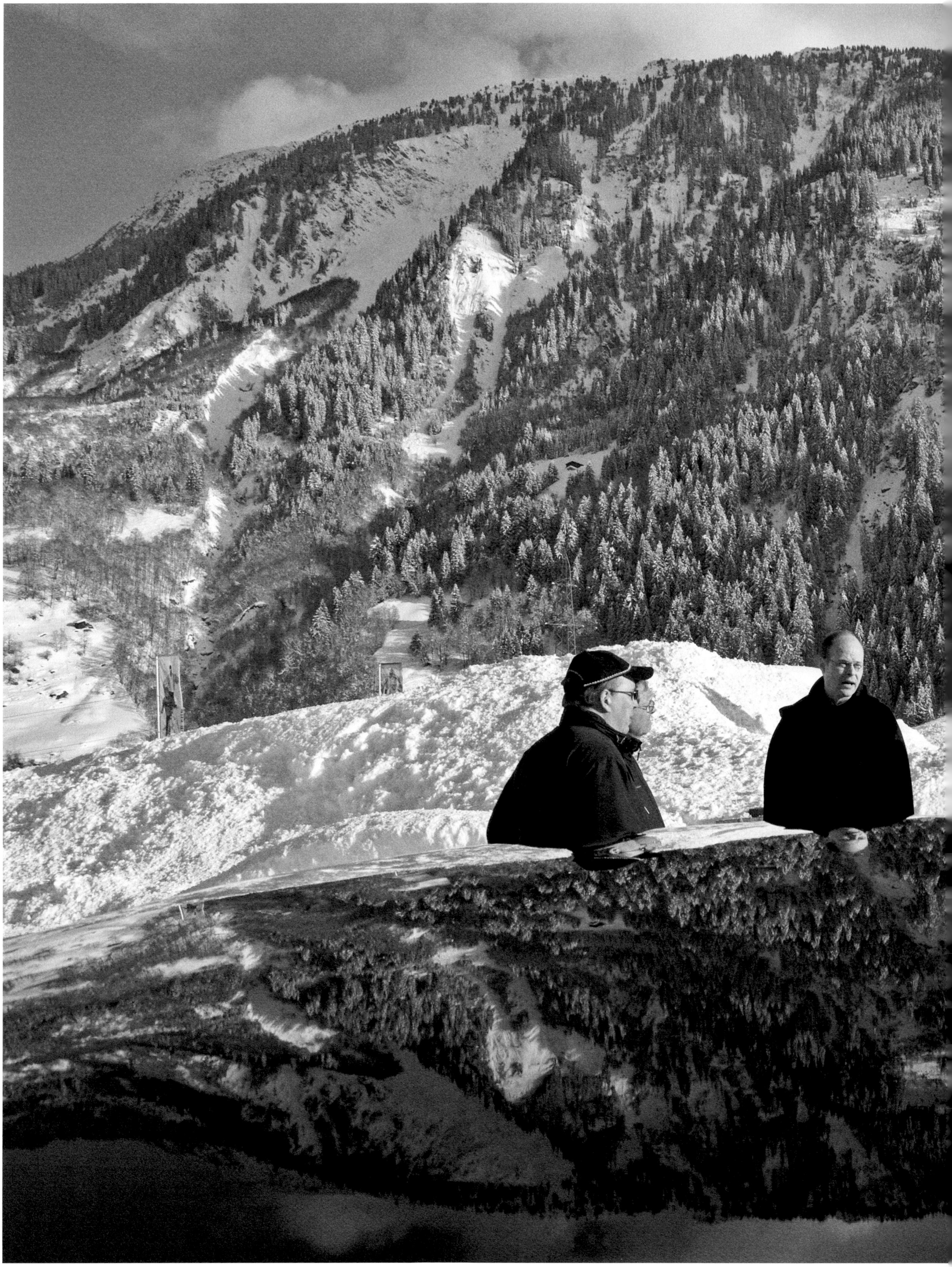

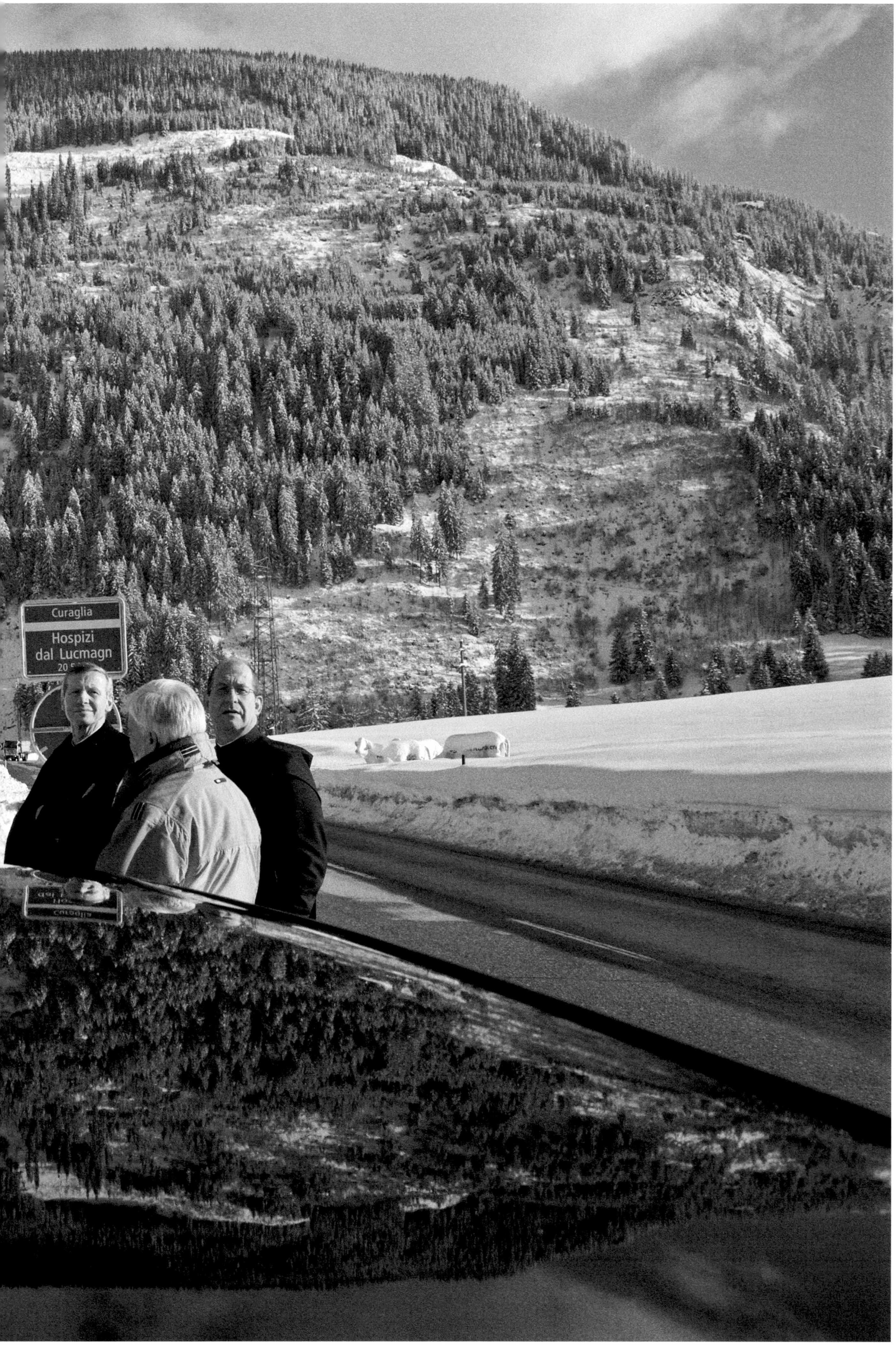
Curaglia
Hospizi
dal Lucmagn

Es war halt so
—
Pater Bernhard Bürke, 86,
getauft auf den Namen Joachim,
von St. Gallen,
Dr. phil., ehemaliger Lehrer und Präfekt,
Profess- und Priesterjubilar,
Mitarbeiter im Klostermuseum,
im Kloster während 67 Jahren,
gestorben am 25. August 2009
—

Ich bin glücklicher denn je.

Dem Tod so nahe.

Weil ich nicht weiss, ob ich morgen noch lebe, rege ich mich kaum noch auf. Viermal stand ich bereits am Rand des Grabes, zwei Herzinfarkte habe ich hinter mir, zwei Bypässe in den Beinen, einer funktioniert noch, der andere längst nicht mehr, egal.

Es ist schön hier, wo ich seit siebenundsechzig Jahren bin, im Grunde paradiesisch.

Ich werde verwöhnt, Bruder Franz, unser Krankenbruder, salbt mir die Beine ein, macht mir Tee, kümmert sich darum, dass ich täglich meine dreizehn Pillen schlucke. Ich bin umgeben von Mitbrüdern, jungen und alten, jeden Abend trinke ich mit Bruder Luci eine letzte Tasse Tee, gehe dann zu Bett und bete.

Und seit ich diesen Rollator habe, dieses gerädertes Gestell, auf das ich mich beim Gehen stütze, hält mir mancher sogar die Tür auf.

Mönche können auch höflich sein —

Die Gelassenheit, derer ich mich nun so schamlos rühme, hatte ich nicht immer. Gott weiss es.

Was konnte ich mich aufregen in jungen Jahren —

Wenig ging mir schnell genug —

Heute, im fälligen Alter, habe ich begriffen, dass man im Kloster alles erreichen kann —, wenn man wartet.

Wer, wie ich, nicht weiss, ob er am anderen Morgen wieder erwacht, züchtet Erinnerungen wie Blumen, zuerst solche, die keine Dornen haben.

Ich bin zum Beispiel sechs oder sieben Jahre alt, es ist Samstagabend im Bayrischen zwischen Rosenheim und Kufstein am Inn. An der Hand meiner Mutter, die früh Witwe wurde, spaziere ich übers Feld zu einem Karmeliterkloster, sieben Minuten dauert die Reise, ich bin leicht und glücklich, ich hüpfe an der Hand meiner Mama, wir setzen uns in die Klosterkirche, und irgendwann, von Mönchen gesungen, von Engeln verstärkt, hebt das Salve Regina an.

Jetzt kann ich nicht mehr dorthin, wo meine Mutter herkam, kann nicht mehr nach Binningen, wo ich gross wurde — alles hat seine Zeit. Wie ich.

Die Ausflüge, die mir noch möglich sind, führen mich durch die breiten Gänge der Abtei, manchmal sogar ins Freie, und ab und zu packt Bruder Franz mich ins Auto, und dann fahren wir durch die Gegend.

Es ist eine Freude, gestützt auf den Rollator, durch die Gänge zu schlurfen, vor jeder Tür, hinter der ein Mitbruder lebt, haltzumachen und lautlos zu bitten: Herr, segne ihn.

Das ist mein kleiner grosser Trick, um hier mit allen im Reinen zu sein.

Denn wir sind kein Heiligenverein! —

Ich war Gymnasiast an der Schule der Benediktiner von Muri-Gries. Heute noch bin ich dankbar für diese Zeit in Sarnen. Erst spät wusste ich, dass ich Mönch werden wollte.

Am Eidgenössischen Buss- und Bettag 1942, mitten im Krieg, trat ich in Disentis ein. Dann ging es rasch. Zuerst Exerzitien, dann Einkleidung, dann Beginn des Noviziats. Jeder — wir waren einige Junge — hatte sein Amt, seine Aufgabe. Einmal in der Woche zum Beispiel reinigten wir die Gänge mit feuchten Lappen, jeden zweiten Tag staubten wir das Chorgestühl ab, wir halfen in der Küche — damals kochte noch ein Mönch —, tagelang sassen wir Jungen in der Küche und rüsteten Bohnen, machten Kirschen, Zwetschgen, Beeren ein.

Es war halt so.

Ich vermisste meine Mutter, meine Geschwister. Bis zur Primiz, der ersten Messe, die ich als Priester selbst feierte, bis zur Primiz also, fünfeinhalb Jahre lang, durfte ich nie mehr nach Hause. Meine Mutter schrieb mir jede Woche eine Karte, ich aber durfte nur einmal im Monat.

Das tat weh.

Weil ich wusste, wie sehr sie darunter litt.

Getauft bin ich auf den Namen Joachim. Zum Bernhard, ganz einfach, wurde ich, weil mein Namensvorgänger in Disentis gerade gestorben war, der Name also frei war.

Als ich anfing, waren Brüder und Patres beim Chorgebet noch getrennt. Die Brüder waren im Kapitelsaal und beteten deutsch, die Patres in der Klosterkirche lateinisch. Brüder sind Mönche ohne Priesterweihe, Patres sind solche mit. Damals, ich kann es nicht anders nennen, waren wir noch eine Zweiklassengesellschaft. Hie die, die mit den Händen arbeiten, hie die Studierten. Heute ist das nicht mehr so. Heute ist ein Bruder, unser Krankenbruder Franz, sogar Konventoberer. Abt werden aber kann nach wie vor nur ein Pater.

Damals hatten wir grossartige Handerwerkerbrüder, Bruder Markus, der den Leuchter im Speisesaal schuf, war Kunstschmied, Bruder Alfons war Elektriker mit eidgenössischer

Konzession, Bruder Andreas ein genialer Maurer, wir hatten noch einen eigenen Koch, einen Schneider, einen Schreiner, der das Refektorium so wunderbar verkleidete.

Alle im Himmel.

Und die Jahre eilen dahin.

Momente der Verzweiflung gab es keine —

Es gab Zeiten der Unruhe, der Irritation.

Während der Sechzigerjahre war ich Präfekt im oberen Haus, also Internatsleiter der Unterstufe, Ersatzvater von hundert Buben aus der ganzen Schweiz. Wecken um Viertel nach fünf, dann Studium im Studiensaal, dann Messe um halb sieben, täglich.

Und ich merkte, diese Strenge, diese Zucht war nicht länger zu halten.

Im Mai, dem Marienmonat, mussten die Buben zur Maiandacht, Abend für Abend, immer das Gleiche.

Zu viel!

Für den Konvent war das gut, nicht aber für die Studenten.

Ich merkte das. Und machte meine Oberen darauf aufmerksam.

Das tat ich vielleicht zu wenig vorsichtig, vielleicht zu forsch, zu laut.

Und plötzlich war ich der Schuldige. Und wurde abgesetzt.

Da hat man schon auf die Zähne beissen müssen.

Aber Verzweiflung, nein! —

Ich war ja auch Lehrer und Seelsorger, und das Kloster steckte mitten in der Planung des neuen Schulgebäudes, ein grosses Projekt, das mich sehr in Beschlag nahm.

Aber der gleiche Abt, der mich abgesetzt hatte, bat mich zwei Jahre später, Präfekt im unteren Haus zu werden, wo die Schüler der Oberstufe wohnten.

Ich gehorchte.

Benedikt sagt: Nicht weglaufen, sondern weitermachen!

Und so rasten die Jahre dahin.

Mit vierundsechzig gab ich in der Schule das Latein auf, ein Jahr danach auch die Philosophie und die Religion.

Ich habe Grund, glücklich zu sein.

Wenn ich am Morgen aufstehe, aus dem Fenster schaue und diese Berge sehe — paradiesisch!

Und doch weiss ich, dass jedes Paradies bedroht ist, das äussere wie das innere. Ein Geschenk des Alters, neben vielem anderen, ist die Einsicht in die Wirklichkeit des Teufels. Das sah ich früher weniger klar. Hinter den Missetaten der Menschen steckt oft auch der Teufel. Das ist Realität. Tut jemand dir Böses, ist es nicht immer nur der Mensch, sondern der Teufel dahinter.

Unser Krankenbruder Franz lud dreimal schon einen Heiler ein, mit Zustimmung des

Konvents. Dieser Heiler, ein Australier, kam also ins Kloster und heilte, fünfhundert, sechshundert Menschen waren in der Klosterkirche versammelt.

Der Teufel rächte sich sofort.

Dreimal innerhalb von vierundzwanzig Stunden.

Ein Zimmerbrand und zwei Verkehrsunfälle —

Der liebe Gott liess den Teufel gewähren bis zu einem gewissen Grad. Der Zimmerbrand wurde schnell entdeckt und gelöscht, und bei den Verkehrsunfällen, von einigen Schürfungen abgesehen, ergab sich nur Materialschaden, obwohl in einem Fall das Auto sich überschlug. Im zweiten Fall, an einem Sonntagmorgen, war unser Dekan, Pater Vigeli, unterwegs auf den Lukmanierpass, um dort eine Messe zu feiern — im Mittelalter war das Hospiz unser Besitz. Pater Vigeli ist ein ruhiger Mensch, man kennt sein Temperament. Und oben in der Galerie, aus unerklärlichen Gründen, donnert sein Wagen in die Wand, der Wagen schleudert zurück, hin und her, der Motor stirbt ab, Pater Vigeli kann das Auto, weil die Strasse leicht abschüssig ist, noch bis zum Hospiz fahren.

Unverletzt.

Also wieder! — Bis zum Äussersten geht der Teufel, dann stoppt ihn Gott.

Seit siebzehn Jahren wohne ich nun in dieser Zelle im vierten Stock, mein letztes Zuhause.

Vater, in deine Hände empfehle ich meinen Geist — Jesu Sterbegebet.

Ich spreche es täglich und schlafe gut.

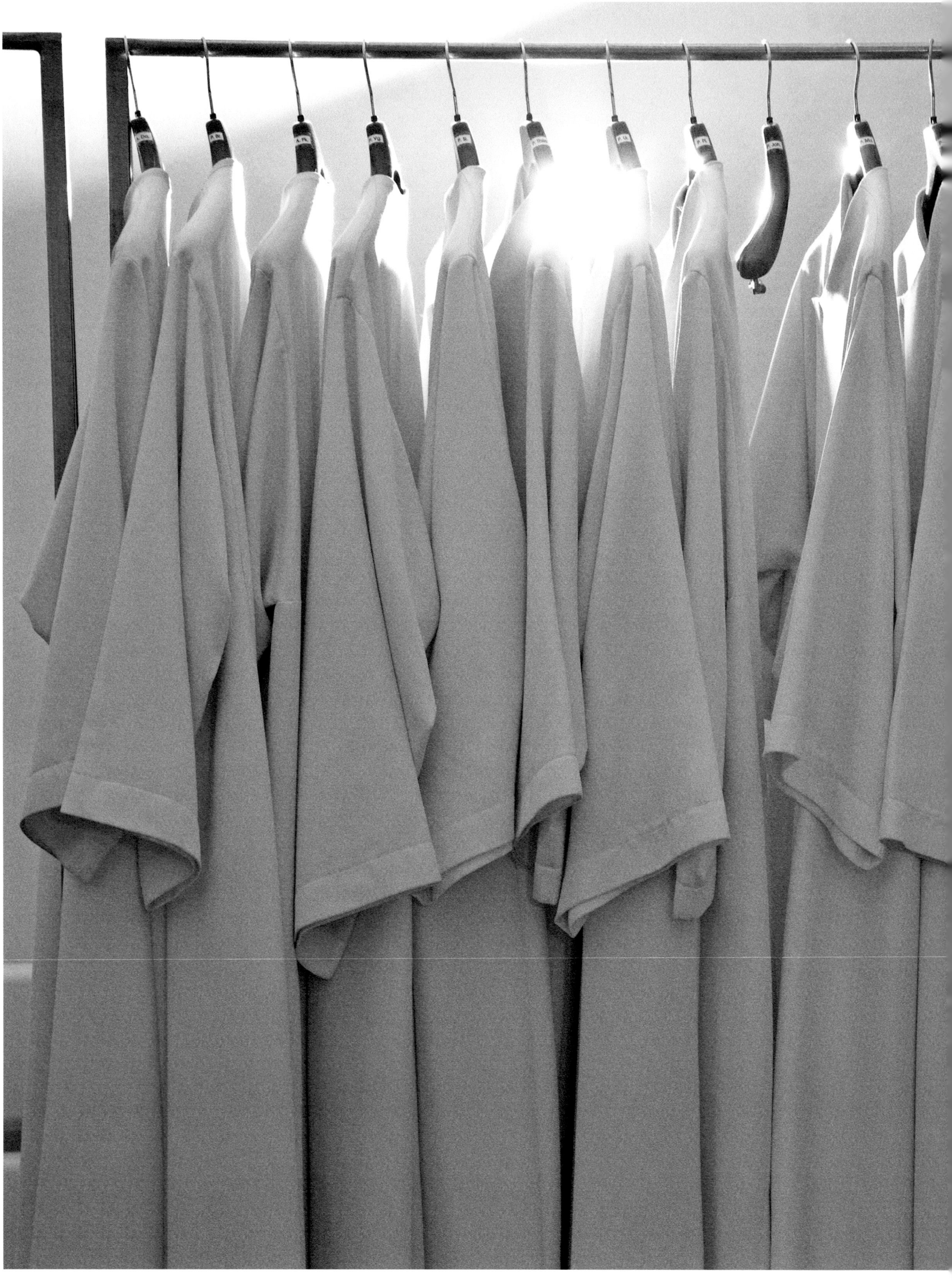

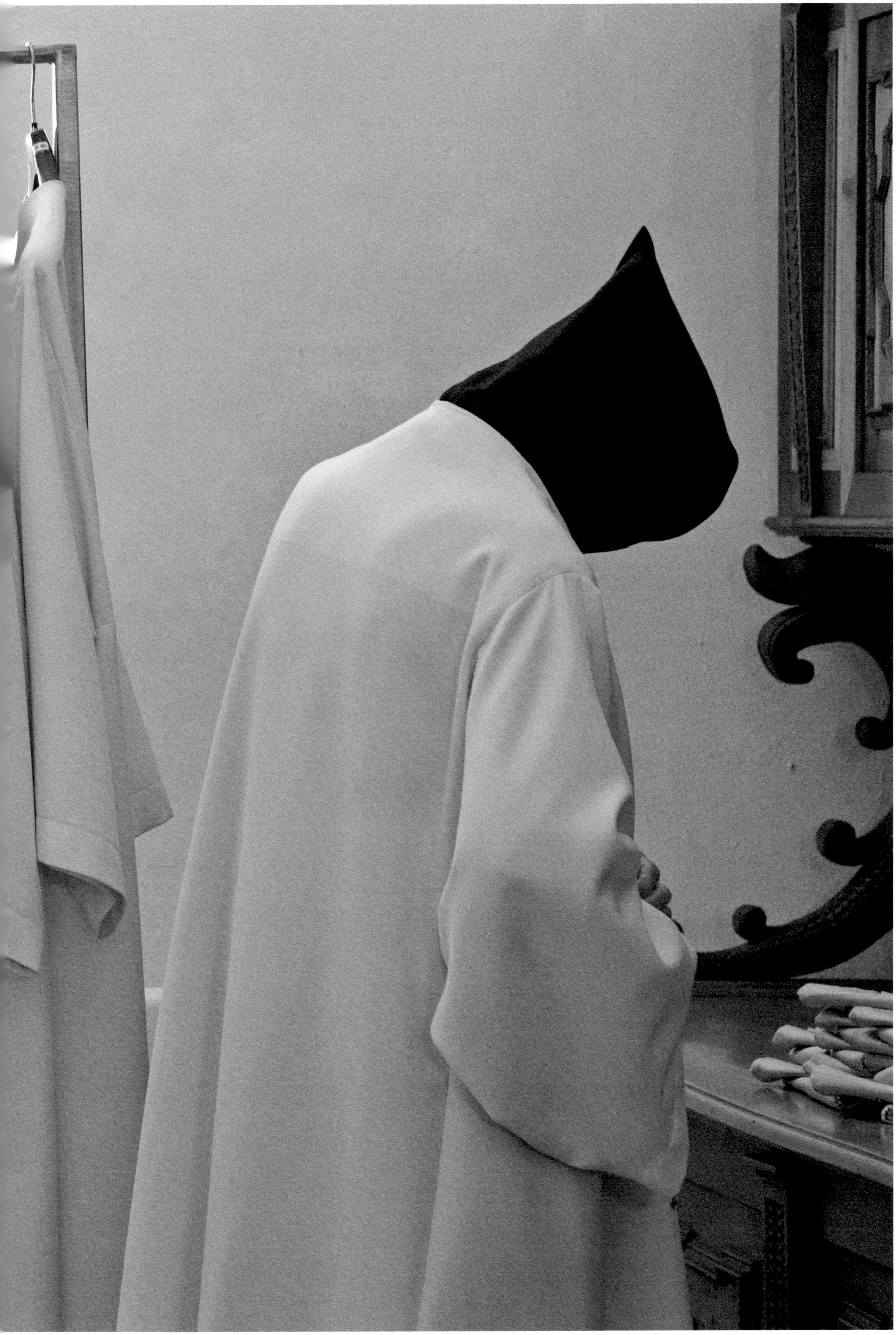

46

45 Pater Johannes Held in der Sakristei
46 Sakristei
47 Bruder Ursicin Schindler
48 Bruder Ursicin Schindler
49 Pater Jean-Marie Frey und Bruder Martin Hieronymi im unteren Chor
50 Chorgebet

47

48

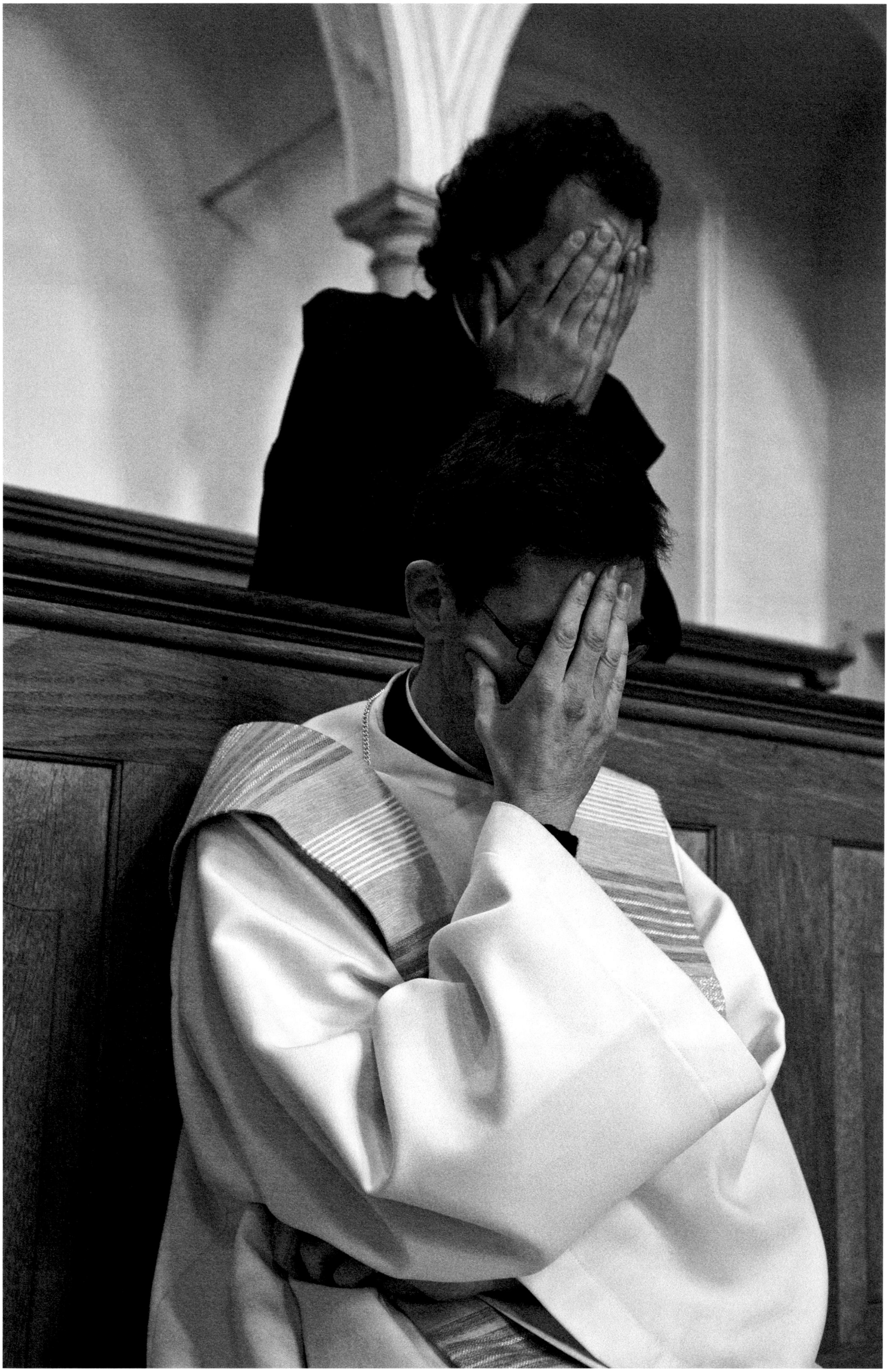

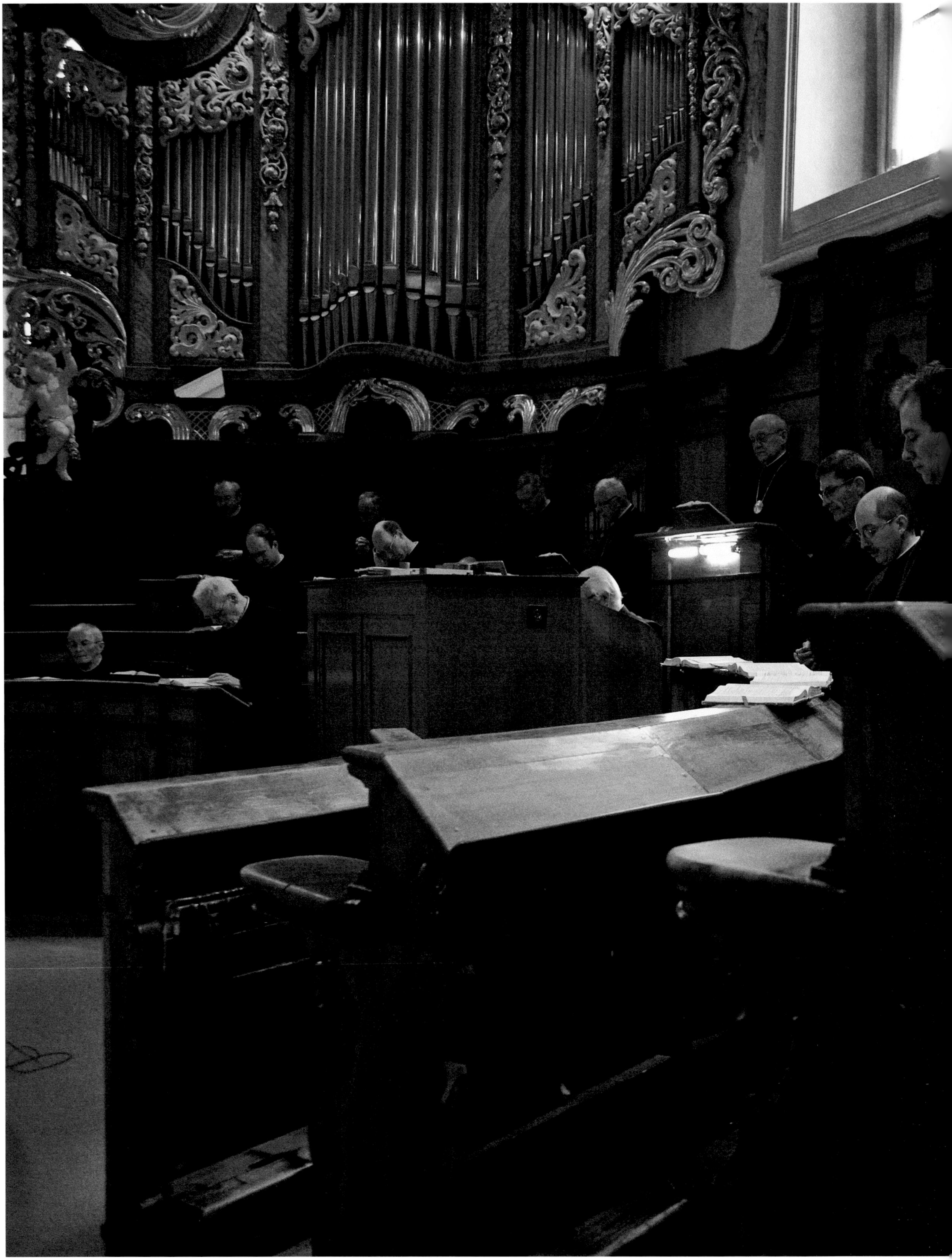

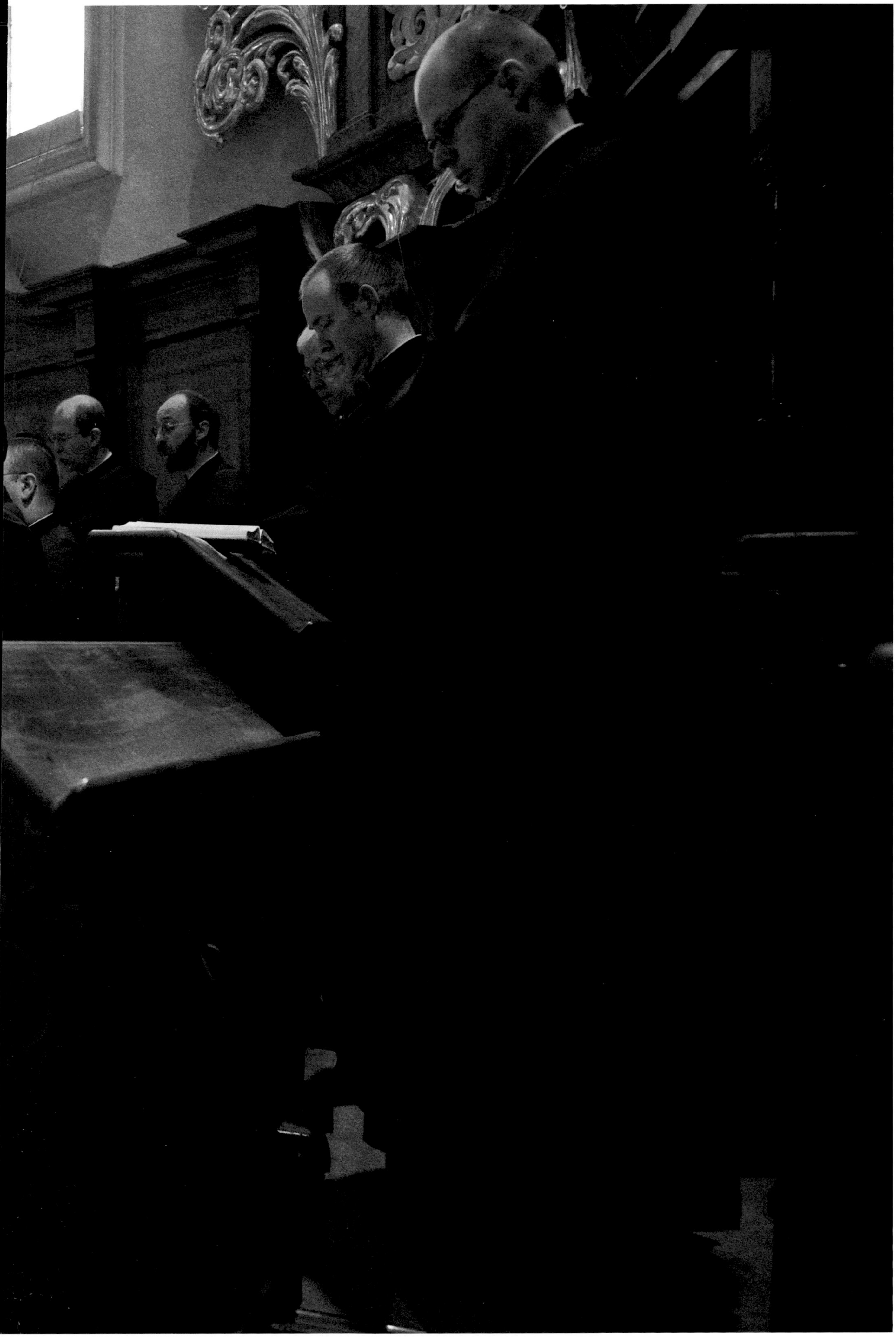

Benedikt bestraft das Murren

Bruder Franz Bommer, 53,
getauft auf den Namen Martin,
von Wängi TG,
ausgebildeter Postbeamter und Krankenpfleger,
heute Subprior und Krankenbruder,
im Kloster seit 28 Jahren

—

Am Morgen brauche ich etwas Zeit für mich, zwar wenig — dann gehe ich zu Pater Ambros, helfe ihm aus dem Bett und führe ihn zur Toilette, gehe dann zu Bruder Lukas, der ein erstes Medikament braucht, dann zu Bruder Jakob, dann zu Pater Bernhard, dem ich das Bein verbinde, dann, falls er hustet oder redet, zu Bruder Lucius, genannt Bruder Luci, ich schaue, wie es ihm geht, dann ist es halb sechs, ich renne in den Oberen Chor zu Vigil und Laudes, danach hole ich in der Küche das Frühstück für Pater Ambros und mich, das essen wir gemeinsam in seinem Zimmer, Pater Ambros ist dreiundneunzig, Bruder Jakob auch, Bruder Lukas ist neunzig, Pater Bernhard sechsundachtzig, Bruder Luci, unser Kompaniekalb, sechsundachtzig.
Ich bin der Krankenpfleger.
Seit ich hier bin, begleitete ich zweiunddreissig Mitbrüder in den Tod. Das ist vielleicht der grösste Schatz meines Lebens. Früher, als junger Mensch, lief ich Marathon, ich lief über alle Distanzen, die Ausdauer verlangen, von drei Kilometern bis zweiundvierzig — heute, so kommt es mir vor, sind meine Läufe anderer Art, ich begleite meine Mitbrüder zum Gipfel, der Tod ist der Gipfel eines jeden Lebens, und ist man endlich oben, ergibt sich eine neue Sicht der Dinge, klarer denn je.
Stundenlang könnte ich hier in unserem kleinen Friedhof stehen, von Grab zu Grab gehen und in Erinnerung rufen, wie die starben, die nun hier liegen, jeder anders.
Fast auf die Minute genau weiss ich, wer wann ging.
Und wie.
Dieses Wissen ist der Vorrat meines Lebens —
Nach dem Frühstück gehe ich zu Pater Bernhard und mache sein Bett, gehe zurück zu Pater Ambros, der nun von der Toilette kommt, dann bringe ich Bruder Jakob sein Frühstück, helfe ihm, wenn er will, aus dem Bett, dann wecke ich, wenn er noch schläft, Bruder Luci und erkläre ihm, wie spät es ist. Dann ist es halb acht, Konventamt in der Marienkirche. Danach gehe ich zu Bruder Jakob und schaue, ob er mit dem Frühstück zu Ende ist, ich erkläre ihm,

wie spät es ist und dass er um neun in die Messe soll, denn Bruder Jakob ist dement, ständig sage ich ihm, wie sein Leben weitergeht, dann zu Pater Ambros, damit er sich bereit macht für die Messe, zurück zu Bruder Jakob, um ihn anzuziehen für die Messe, ich setze Bruder Jakob in den Rollstuhl, bringe ihn und Pater Ambros zur Messe, Bruder Luci trottet hinterher, Bruder Luci geht meistens zweimal täglich, weil er so gerne betet. Und dann, während die Senioren in der Kapelle sind, habe ich eine halbe Stunde für mich — nicht viel.

Klagen verbiete ich mir —

Benedikt bestraft das Murren —

Ich bin das jüngste von sieben Bauernkindern aus dem Thurgau. Mit zwölf wollte ich Krankenpfleger werden, mit siebzehn wurde ich Pöstler, mit achtzehn dachte ich ans Heiraten, mit zwanzig lief ich den Marathon von São Paulo. Fünf Jahre lang war ich schliesslich Pöstler in Kloten und ahnte: Das ist nicht dein Leben.

Ich bot mich dem Leiter eines Pflegeheims an, war bereit, dort zu arbeiten ohne Lohn. Einen Lohn bekam ich dann doch, ich wurde Pfleger — und fuhr irgendwann, 1982, nach Disentis, klopfte, ohne vorher anzurufen, an die Pforte des Klosters.

Bruder Urs öffnete, ich blieb zwei Tage und hinterliess den Wunsch, bald wiederzukommen.

Und dann geschah es: Der Krankenbruder von Disentis starb.

Man rief mich an, ich ging — Eintritt am 8. Dezember 1982.

Ein Jahr später übernahm ich die Verantwortung auf der Krankenstation.

Das Untersuchungszimmer ist meine Werkstatt. Die Werkstatt ist mein Vorhimmel.

Jeder hier, auch Schülerinnen und Schüler, die meinen, körperlich sei etwas nicht in Ordnung, kreuzen bei mir auf. Manche kommen nur, um zu reden, sich zu erleichtern und abzuwerfen, was sie drückt.

Dann höre ich zu — das ist das Wichtigste. Schweigen können im richtigen Moment und reden, wenn es Sinn macht, das ist das Wichtigste.

Und wenn jemand es will, helfe ich mit Bohnen.

Monstranzbohnen!

Das sind besondere Wesen —

Ihre Wirkung reicht von null bis wundermässig.

Es war im Krieg 1918, sagt die Legende, als eines Abends in einer Kirche die Monstranz gestohlen wurde, jenes reich geschmückte Gefäss also, in dem der Leib des Auferstandenen ausgestellt ist in der Gestalt von Brot. Ein Bauer, der Bohnen gepflanzt hatte, pflügte nach der Ernte das Feld, als seine Pferde, den Pflug ziehend, plötzlich stehen blieben und scheuten. Der Bauer wunderte sich. Und entdeckte einige Bohnen, noch in ihren Hülsen. Er hob sie auf und nahm sie mit nach Hause, öffnete sie endlich. Und was er sah, war ein Wunder — eine kleine Monstranz auf jeder Bohne. Aufgeregt zeigte er seinen Fund den Menschen im Dorf, und sofort begann man zu graben, genau dort, wo die Pferde gescheut hatten. Und fand, tief in der Erde, die verschollene Monstranz.

Monstranzbohnen züchte ich seit zwanzig Jahren. Ich begann mit fünfundzwanzig Bohnen, bei zunehmendem Mond, heute gehen jährlich dreissig- bis fünfzigtausend durch meine Hände.

Ob als Kette getragen oder direkt auf der Haut, ob als Pulver oder Tropfen — ihre Wirkung, wie gesagt, reicht von null bis Wunder.

Ich kann es nicht erklären —

Aber es nützt.

Meistens.

Sogar Pater Bernhard, der kritische Geist, Dr. phil., Anhänger der Nouvelle Théologie, trägt ein Monstranzbohnenkettchen am Arm. Wie so viele hier. Auch Schülerinnen und Schüler kommen und verlangen danach, wenn vielleicht eine wichtige Prüfung ansteht. Oder wenn sie Liebeskummer haben. Oder Bauchschmerzen.

Selbst eine kranke Ziege haben wir hier schon behandelt, sie lag auf Bruder Lucis Bett, am Hinterteil eine Windel, um den Hals eine Kette aus Bohnen.

Bruder Luci, unser greiser Lausbub, verstand sich glänzend mit dem Vieh, es ging ihm bald besser.

Auch Katzen haben wir geheilt, Hunde, ein Rennpferd, um es zu beruhigen vor den Rennen.

Mein bester Monstranzbohnenkettenfabrikant ist Bruder Lucius Cavegn, Jahrgang 1924. Fast täglich sitzt er an seinem Tisch, stundenlang über Bohnen gekrümmt, glücklich bohrt er Löcher und fädelt sie zu Ketten.

Bruder Luci ist — und das meine ich sehr neutral — die Attraktion der Krankenstation. Er liebt Menschen, und die Menschen lieben ihn. Fast jeden Abend sitzen Schüler, die hier im Internat sind, auf seinem Bett, necken ihn, kitzeln ihn, umarmen, schmusen, plappern, krächzen. Einmal haben sie Bruder Luci verkleidet, als König oder Scheich, er macht gern mit, lässt sich vieles gefallen. Kommt einmal niemand, ist er traurig. Und ist Bruder Luci einmal nicht hier, sind die Schüler enttäuscht.

Meine Schwierigkeit ist es, ihn zu bremsen. Manchmal, wenn es nicht anders geht, packe ich ihn, lege ihn auf den Boden, bis er sich beruhigt.

Oder ich reiche ihm eine Tasse Tee.

Bruder Luci wollte schon mit zwanzig ins Kloster, durfte aber erst mit zweiundvierzig, nach dem Tod des Vaters. Hier war er dann der König der klösterlichen Hühner, er sprach mit ihnen, fütterte sie mit Liebe — und schlug jedem, wenn es alt war, genüsslich den Kopf ab.

Vielleicht deshalb sagt Bruder Luci jetzt so oft: Hau mir den Kopf ab, ich will sterben.

Das bringt er nicht weg.

Hau mir den Kopf ab —

Vor Jahren einmal hatte er grosse Angst, es stehe, wenn er tot sei, kein passender Sarg bereit.

Also gingen wir zum Schreiner und bestellten Bruder Luci einen schönen Sarg, Bruder Luci legte sich hinein und grinste froh, ich fotografierte — eine Angst weniger.

Und ein ehemaliger Schüler, der Bruder Luci ab und zu ein Ei gestohlen hatte, bastelte ihm einen kleinen schwarzen Sarg, vielleicht zur Busse, vielleicht aus Reue, Massstab eins zu zwanzig, ungefähr.

Bruder Luci weinte fast vor Freude.

Und stellte die Überraschung auf seinen Nachttisch.

Wo sie heute noch steht.

Wehe, es käme einem in den Sinn, Bruder Lucis Särglein zu verrutschen.

Theologisches kann ich mit Bruder Lucius Cavegn nicht bereden. Das kann man mit andern. Abt Daniel, aus was für Gründen auch immer, hat mich zum Subprior gemacht, zum Konventoberen, also zum Stellvertreter seines Stellvertreters. Damit bin ich Teil der klösterlichen Führung.

Zum ersten Mal in Disentis ist ein Bruder Subprior. Bis anhin war das immer ein Pater gewesen, einer mit Theologiestudium und Priesterweihe.

Spätestens um Viertel vor zehn ist Schluss. Dann sammle ich die Tassen ein, Bruder Luci muss ins Bett und Pater Bernhard in den vierten Stock, Augentropfen, Kleber auf die Brust, Nitroglyzerin fürs Herz.

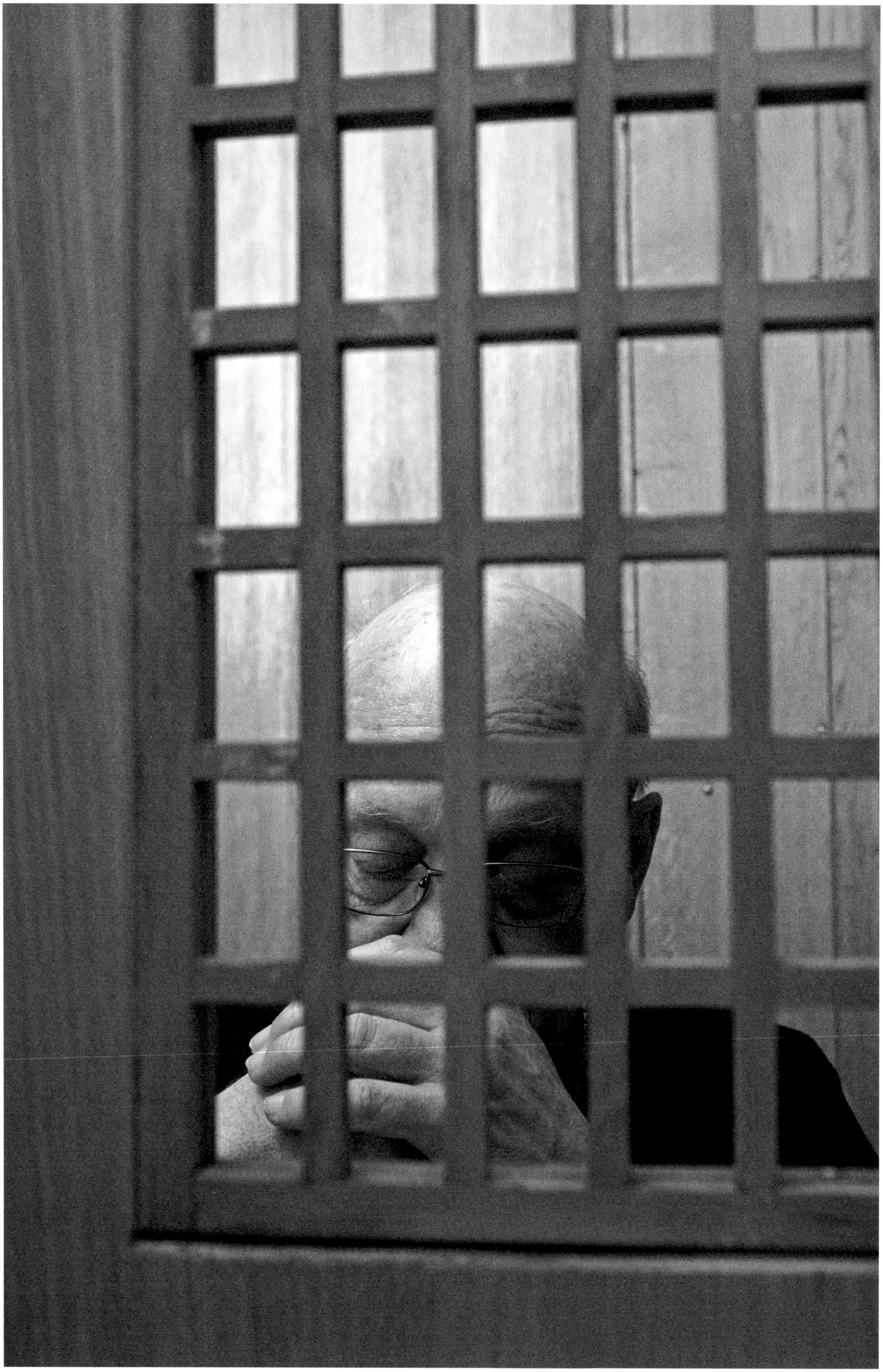

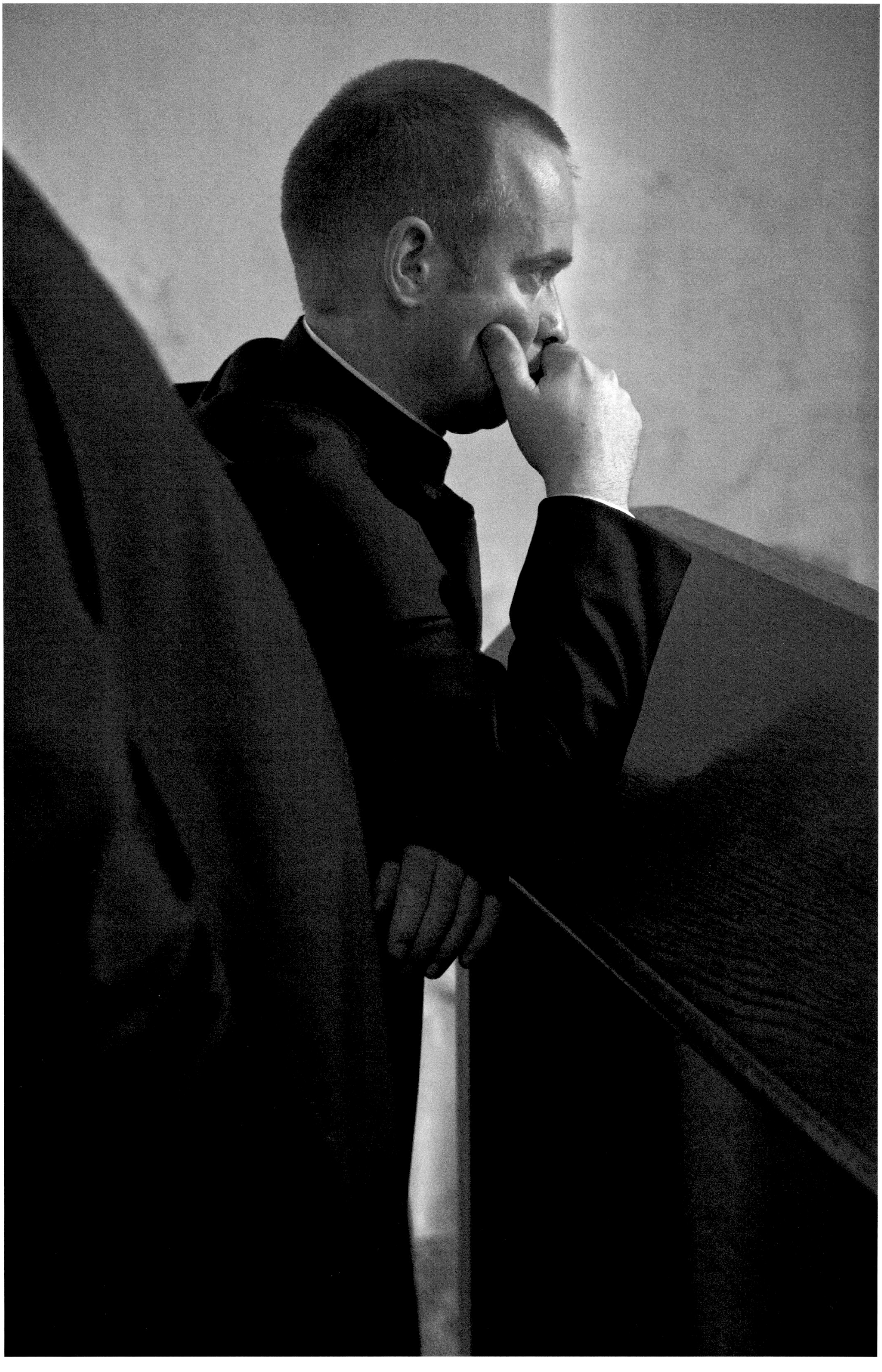

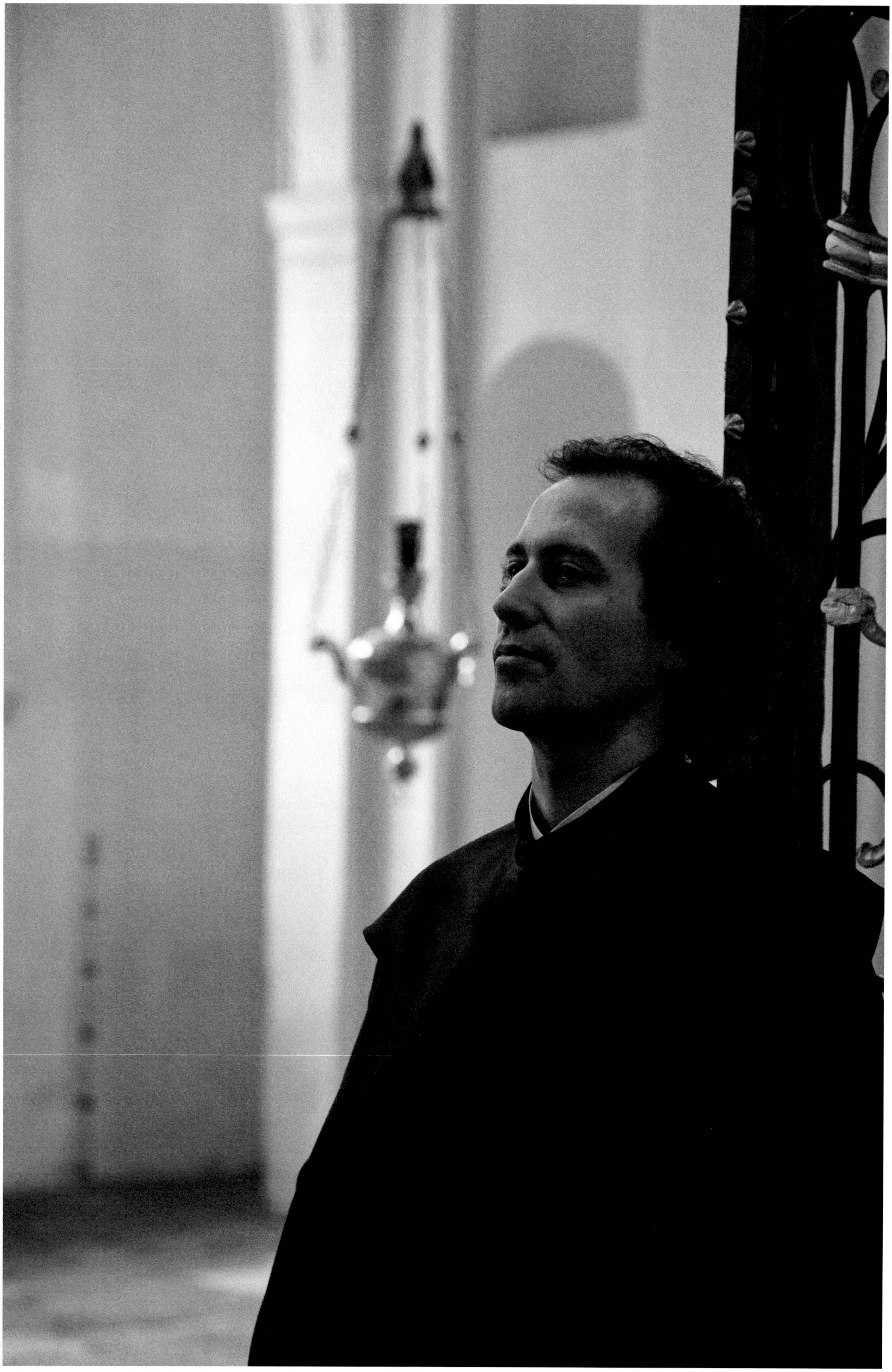

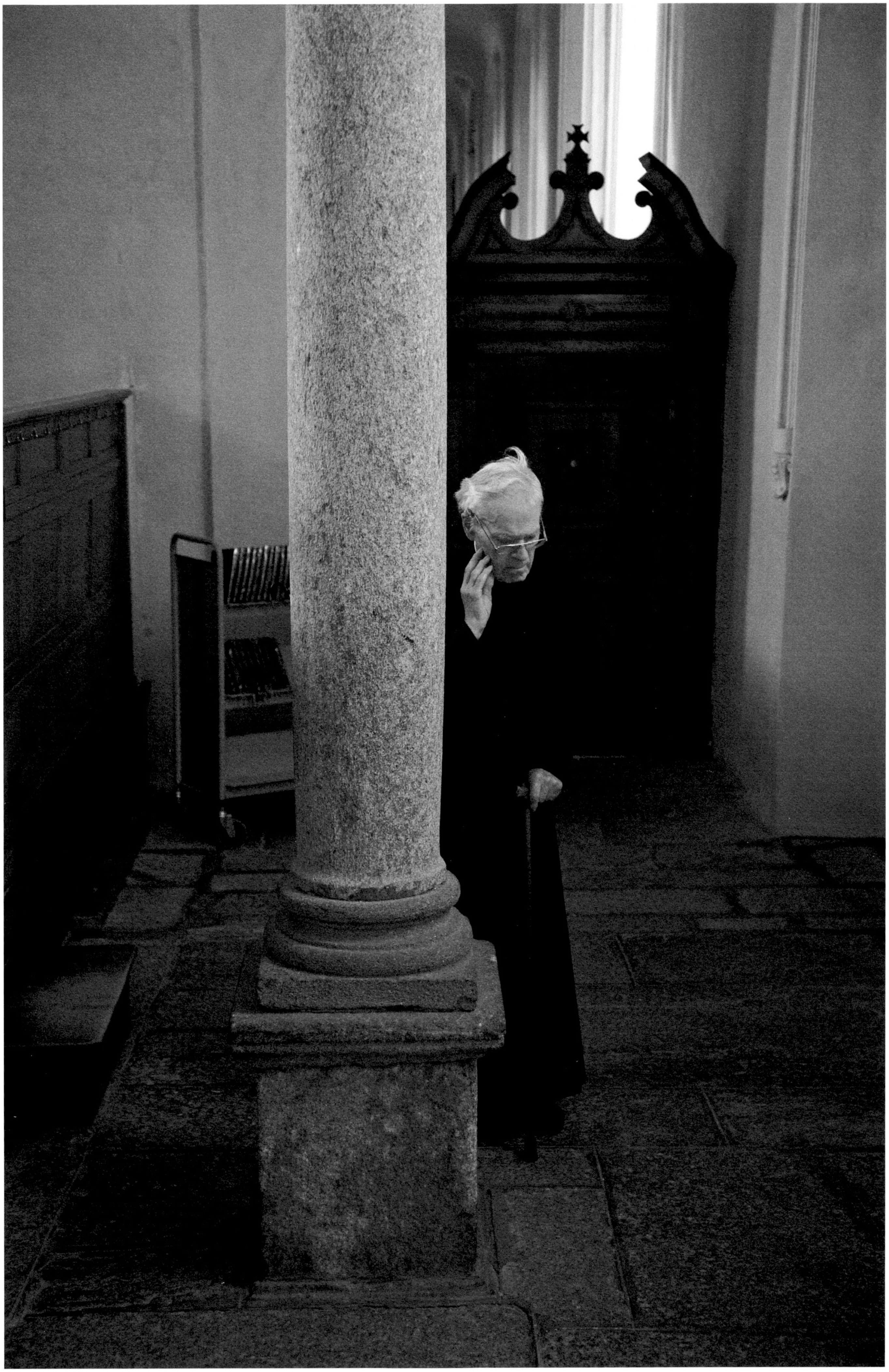

55

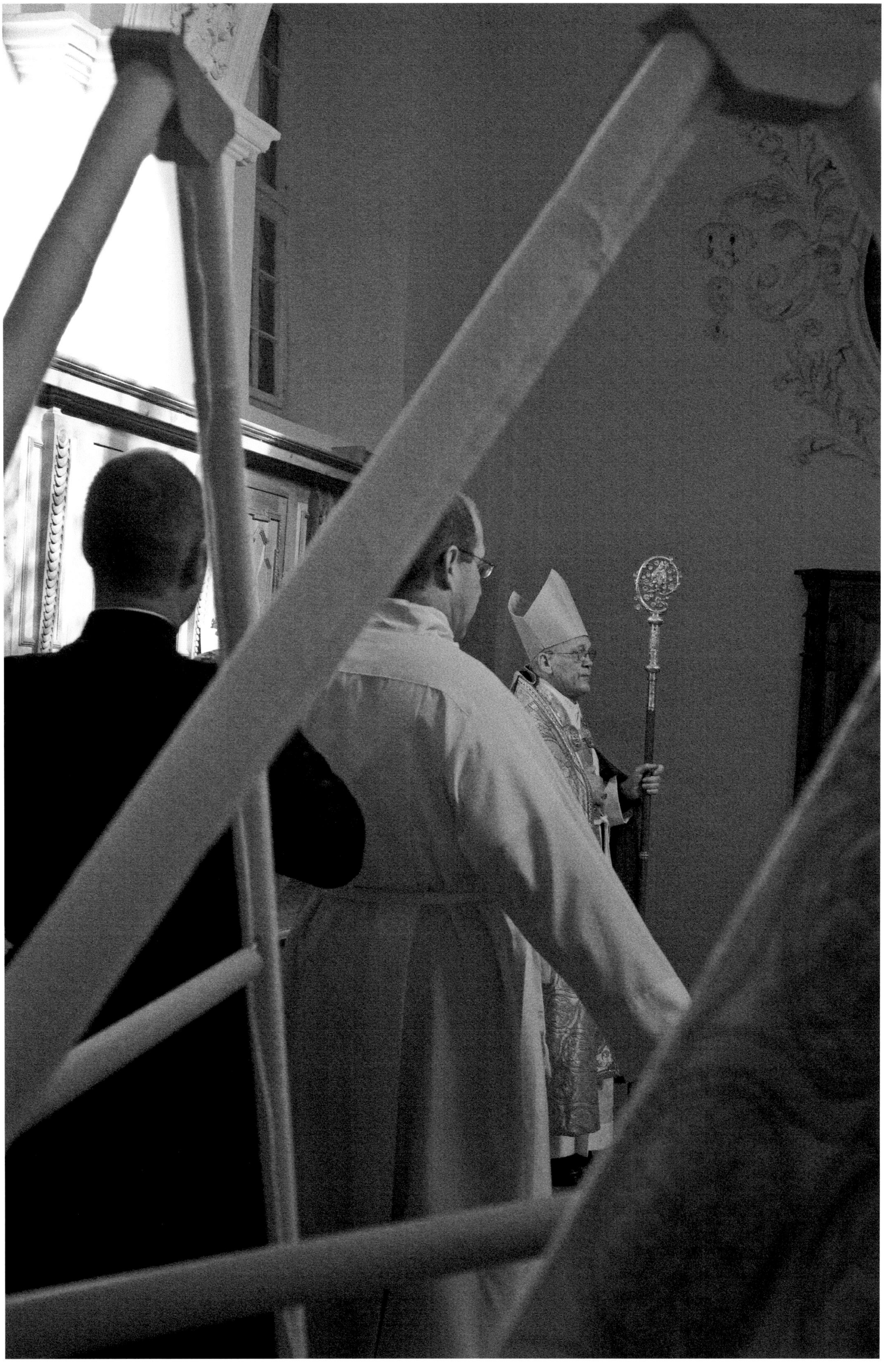

57

51 Abt Daniel Schönbächler beim Beichthören
52 Bruder Ursicin Schindler
53 Bruder Martin Hieronymi
54 Pater Basil Drack
55 Altabt Pankraz Winiker
56 Vor dem Pontifikalamt
57 Bruder Martin Hieronymi unterzeichnet die Professurkunde
58 Abt Daniel Schönbächler kleidet den Novizen Chandon Chattopadhyay ein

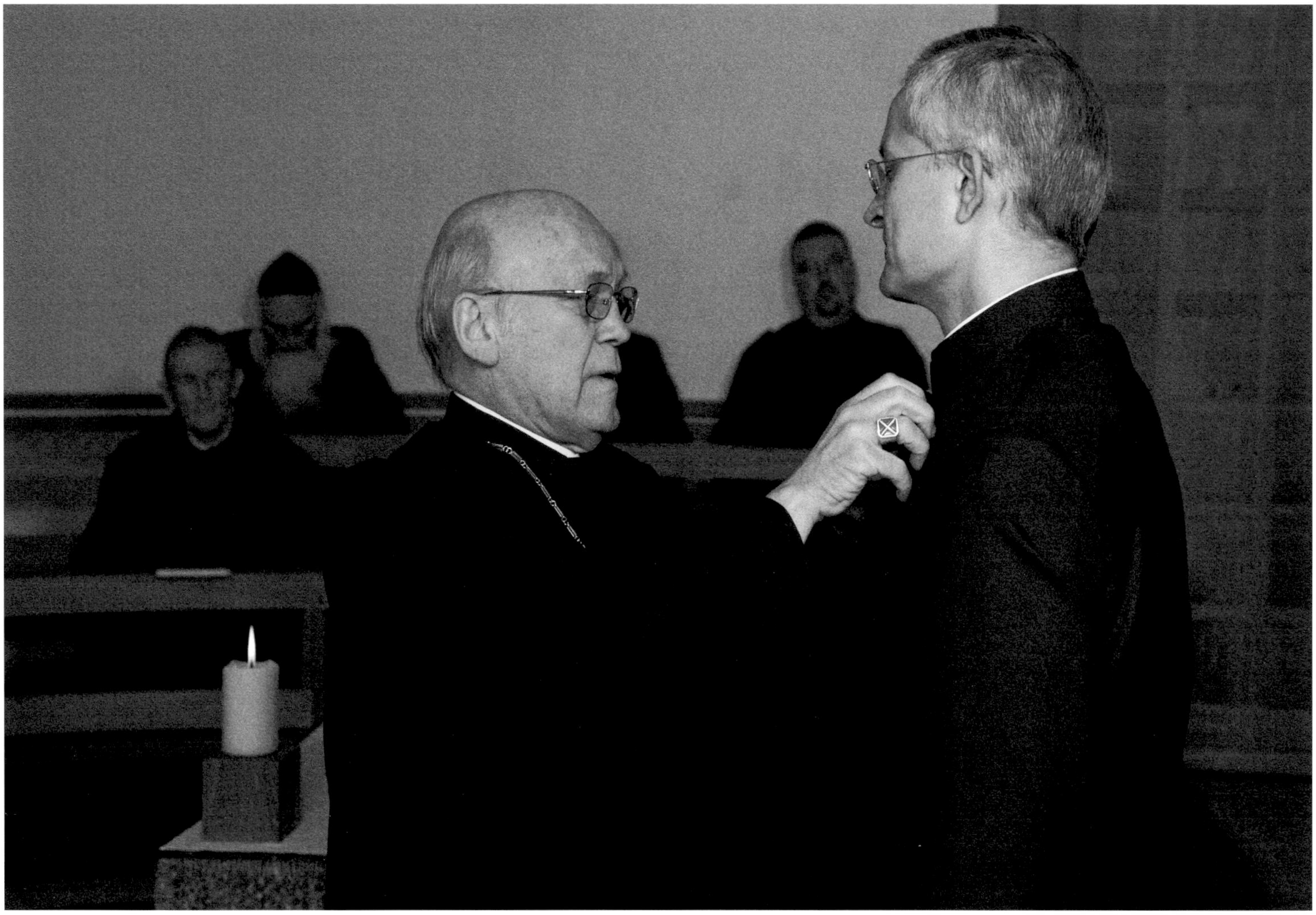

59 Feierliches Gebet im unteren Chor
60 Abt Daniel Schönbächler beim Altarinzens

59

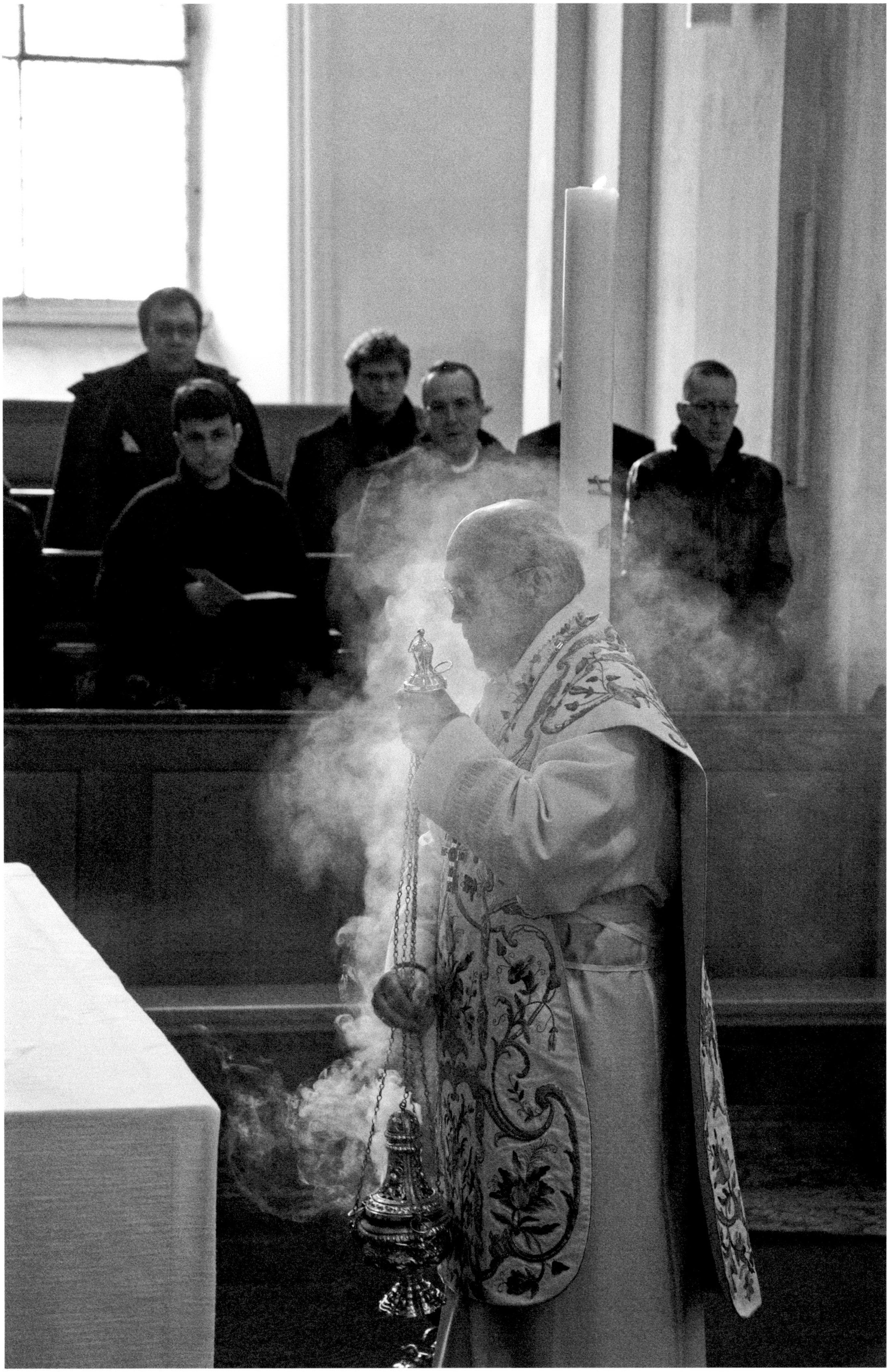

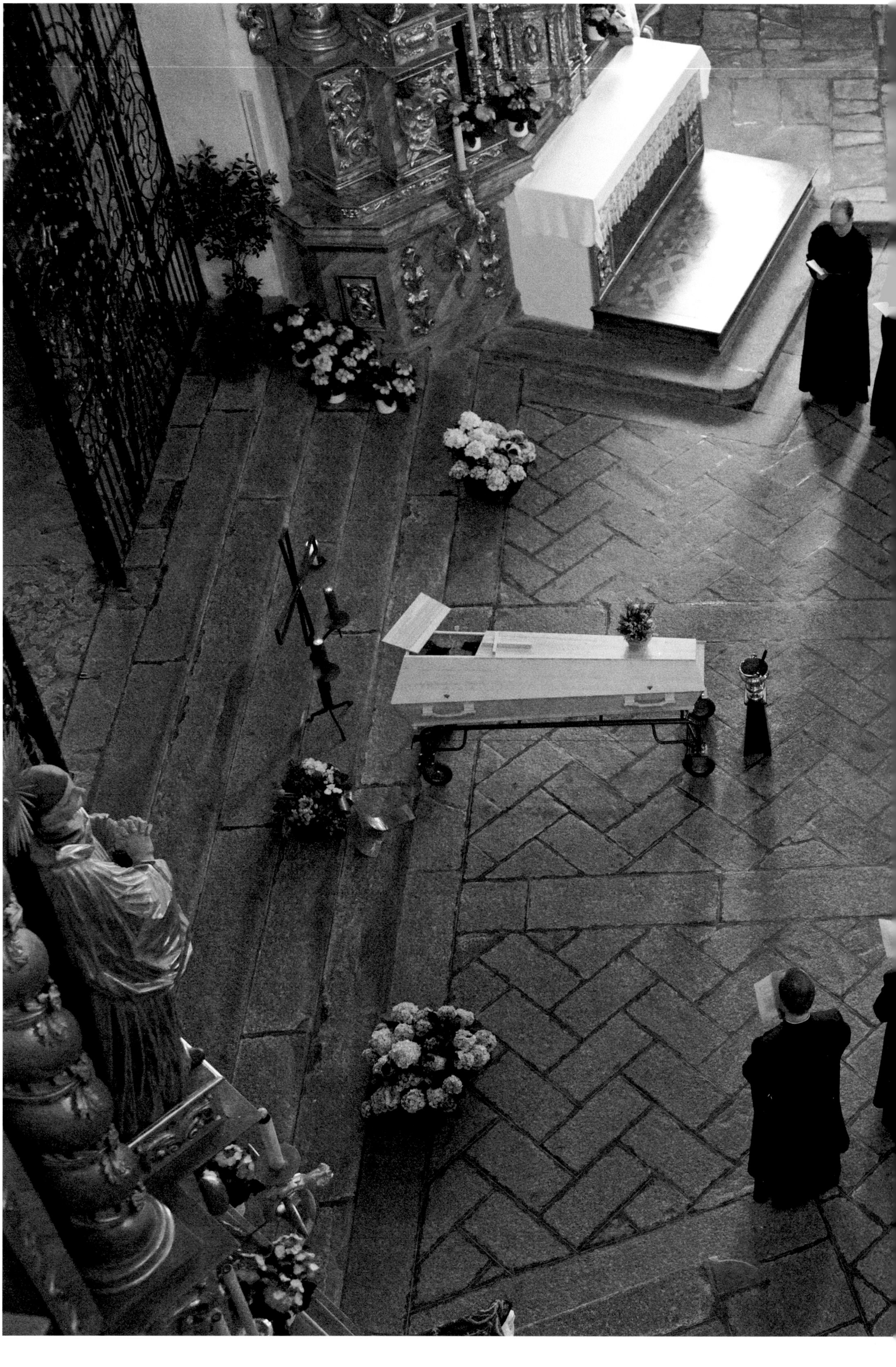

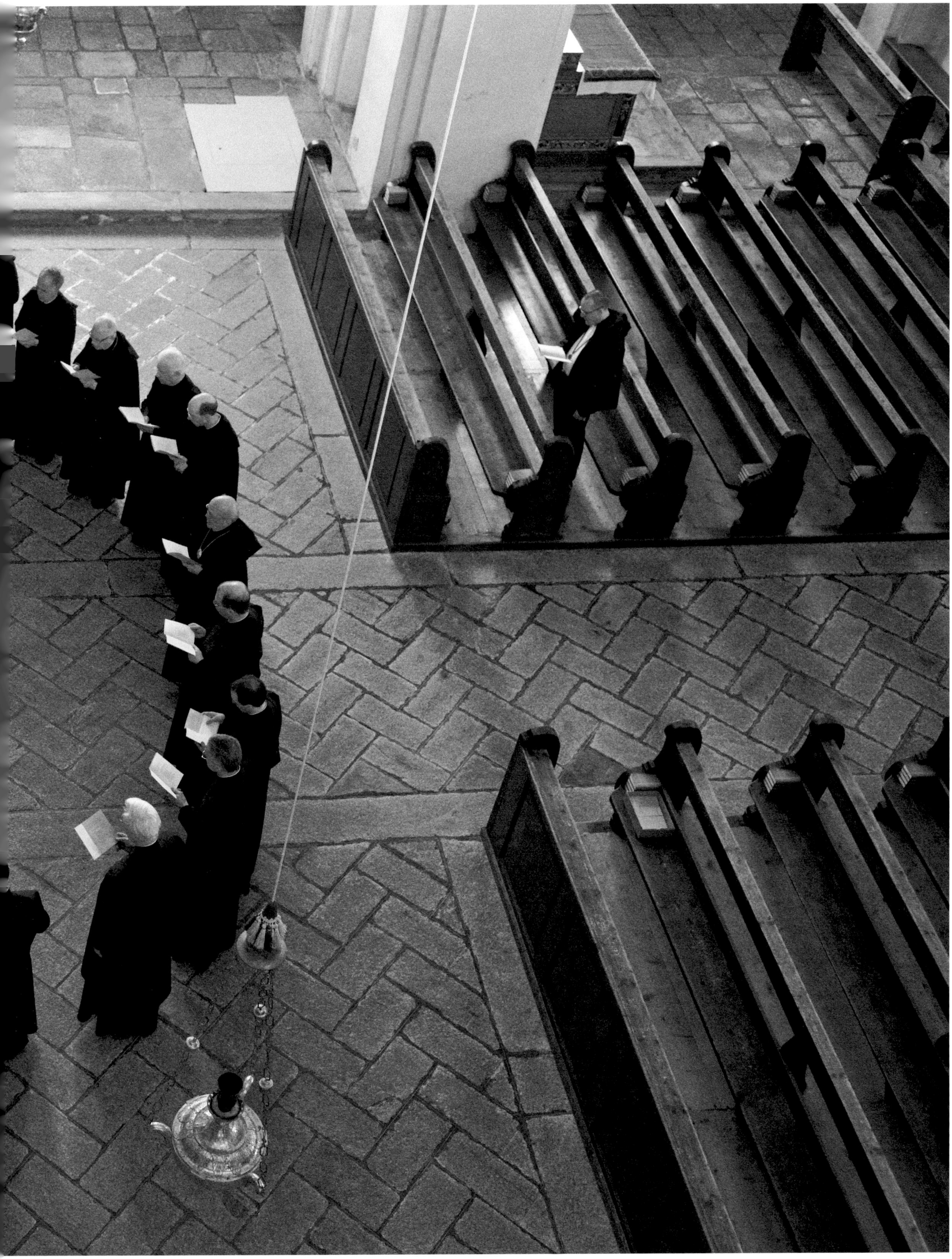

61 Beerdigungsgottesdienst
62 Pater Athansius Dudli auf der Galerie der Martinskirche
63 Pax-Friedenskuss

62

63

Wohin ich gehöre
—

Bruder Martin Hieronymi, 37,
getauft auf den Namen Martin Diego,
von Worb BE,
Lic. theol.,
einfacher Profess, Lehrer und Präfekt im Internat,
im Kloster seit vier Jahren
—

Ich bin einer der Jüngsten hier —

Ich wusste lange nicht, ob ich Theologe werden sollte oder Arzt oder Psychologe.

Und wenn Theologe —, ob allein oder in einer Gemeinschaft.

Oder doch mit einer Frau.

Und falls in einer Gemeinschaft, in welcher.

Ich ging einen langen Weg, nicht den leichtesten. Ich entschied mich für Theologie. Und ich liebte eine Frau. Und merkte — zwar nicht plötzlich, aber ständig heftiger —, dass mein Ziel nicht die Familie war, sondern eine religiöse Gemeinschaft.

Zwei Jahre lang hatte ich eine Freundin. Sie zu enttäuschen, war furchtbar. Ich hatte ihre Liebe gesucht, und nun verliess ich sie. Sie kam sich verraten vor. Und ich fühlte mich wie ein Verräter.

Aber ich musste es tun, um den Weg zu gehen, den ich für richtig hielt.

Das Leben ist Entscheidung.

Ich schloss mein Theologiestudium ab, arbeitete dann vier Jahre lang als Pastoralassistent im Klettgau und war weiterhin auf der Suche nach den Menschen, mit denen ich sein wollte. Einmal schien mir jene Gemeinschaft geeignet, einmal eine andere, ich besuchte sie alle, und endlich, im März 2006, war ich zum ersten Mal hier im Kloster Disentis und blieb drei Wochen. Ich nahm am Alltag der Mönche teil, die nun meine Mitbrüder sind, Morgengebet um 5 Uhr 30, das fand ich heroisch, und seltsamerweise verschlief ich kein einziges Mal.

Oft sass ich in der Zelle, die man mir zugewiesen hatte, ich las viel, auch die Regel des heiligen Benedikt, auch ein Buch, das ich mitgebracht hatte, *Gott suchen* von Basil Hume, Erzbischof von Westminster — genau dieses Buch drückte mir auch der Novizenmeister in die Hand, Pater Bruno. Ich sah, dass niemand anderer als Pater Athanasius, der mir beim Essen gegenübersass, das Buch aus dem Englischen ins Deutsche übersetzt hatte.

Man kann das als Zeichen deuten, als Begebenheit oder als lustig —

Ich merkte auf einmal, dass Dinge, die vorher unwichtig gewesen waren, wichtig wurden.

Die Sprache, das Land, die Schweiz. Dinge, die ich würde aufgeben müssen, wenn ich zum Beispiel in eine französische Gemeinschaft einträte. Denn damit liebäugelte ich weiterhin.

Die drei Wochen in Disentis brachten nicht die Klarheit, die ich mir wünschte.

Disentis verliess ich kurz vor Ostern, verwirrt, auch traurig. Ich wusste, dass ich mir, mittlerweile dreiunddreissig, einen Entscheid schuldig war. Schliesslich setzte ich mir eine Frist — Pfingsten 2006. Zur Wahl standen die Gemeinschaft in Frankreich und die Benediktinerabtei Disentis.

Das Pfingstwochenende 2006 verbrachte ich im Kloster Einsiedeln, wo ich einst Schüler gewesen war. Am Abend vom Pfingstsamstag erbat ich mir Zugang zur Gnadenkapelle in der Klosterkirche. Dort steht die schwarze Madonna. Es war vielleicht zehn Uhr, die Kirche leer und dunkel, es brannte vielleicht eine Kerze.

Ich stand und kniete vor der Gnadenkapelle, dachte, überlegte und hoffte — und irgendwann nach Mitternacht wusste ich, wohin ich gehöre.

Ich schlief so gut wie schon lange nicht mehr.

Anfang Oktober 2006 trat ich in Disentis ein. Zuerst war ich Kandidat, ein halbes Jahr, vieles kam mir vertraut vor.

Was mich aber überraschte, war die Freiheit, die ich empfand, als ich kein Geld mehr auf mir trug, hier trägt man kein Geld auf sich, man braucht kein Geld, und braucht man es doch, holt man es beim Dekan. Ich empfand das nicht als Entmündigung.

Ich habe, als ich Mönch wurde, Freiheiten verloren, dafür Freiheiten gewonnen.

Um Steuern, Versicherungen, Miete, Arbeit muss ich mich nicht mehr kümmern. Ich muss mich nicht aufhalten darüber, wen ich heute Abend besuche oder einlade, wohin ich morgen fahre, wann ich zurückkomme.

Ich bin hier —

Angekommen —

Um das Klösterliche zu leben, verbot ich mir die ersten drei Monate jedes E-Mail, nicht aber das Telefonieren.

Bis der Novizenmeister bat, mich zu mässigen.

Am 1. April 2008 war dann meine zeitliche oder einfache Profess. Nun hiess ich nicht mehr Diego, sondern Martin.

Den Namen Martin nahm ich an, weil der heilige Martin Patron unseres Klosters und seiner Kirche ist. Ausserdem — und nun wird es kompliziert — hatte ich früher schon einmal Martin geheissen. Getauft bin ich auf Martin Diego. Die ersten sieben Jahre meines Lebens riefen mich alle Martin. Dann zogen wir um. Und dort, wo wir hinkamen, gab es in der Klasse bereits einen Martin. Also liess ich mich in der Schule Diego nennen, zu Hause aber war ich weiterhin Martin. Bis ich darauf bestand, auch zu Hause Diego zu sein. Allerdings brauchte ich dann Jahre, um nicht aufzuhorchen, wenn jemand den Namen Martin sprach. Bis zu meiner einfachen Profess war ich Diego. Seither bin ich wieder Martin. Und muss lernen, dass ich gemeint bin, wenn jemand Martin ruft — Bruder Martin.

Ob daraus je ein Pater wird, entscheidet sich nach der ewigen Profess in zwei Jahren.

Gott wird es lenken.

Gott kann es schenken.

Er hat die Gnad.

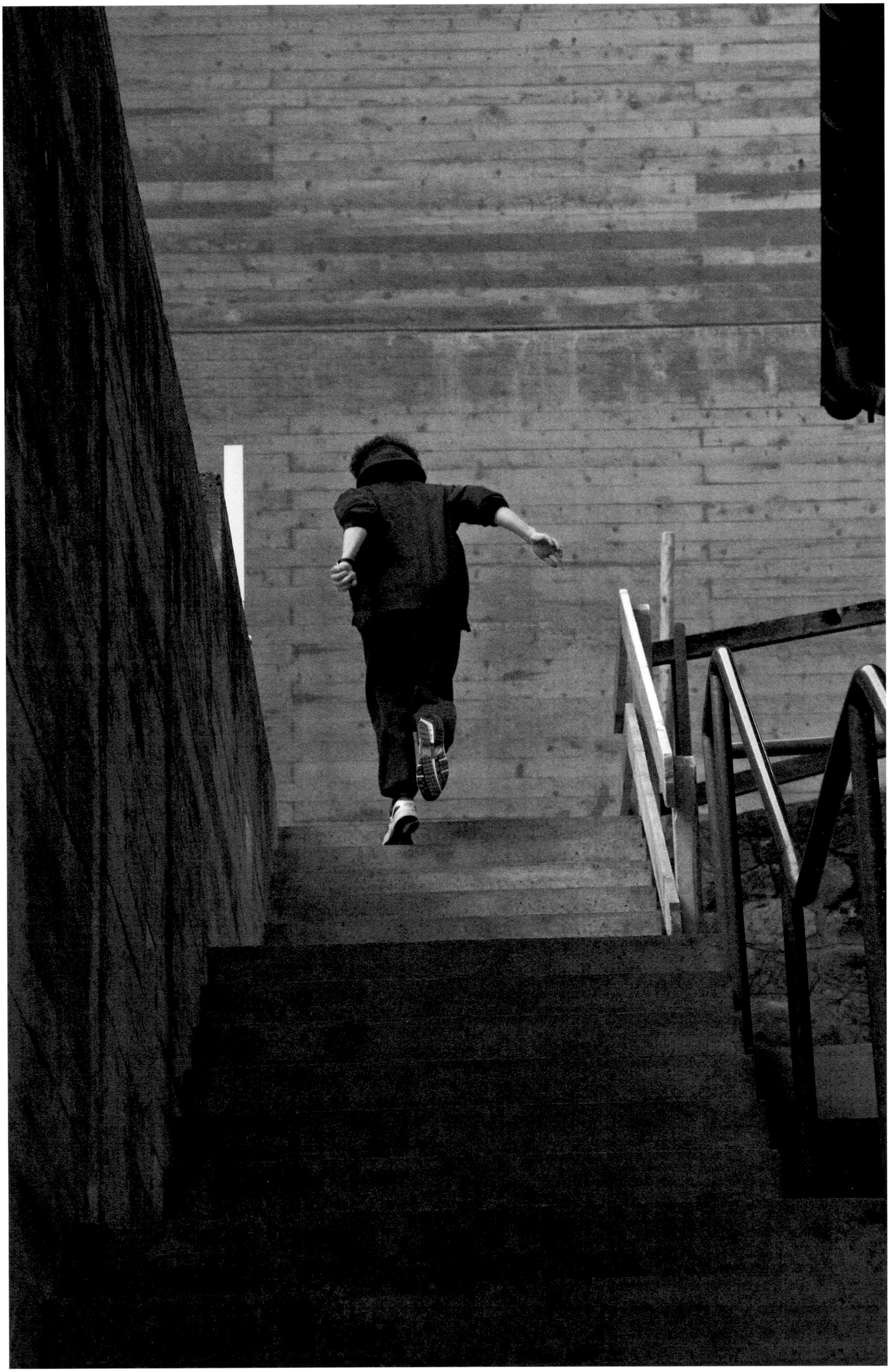

65

64 Bruder Martin Hieronymi
65 Eintritt ins Internat
66 Internatsschüler

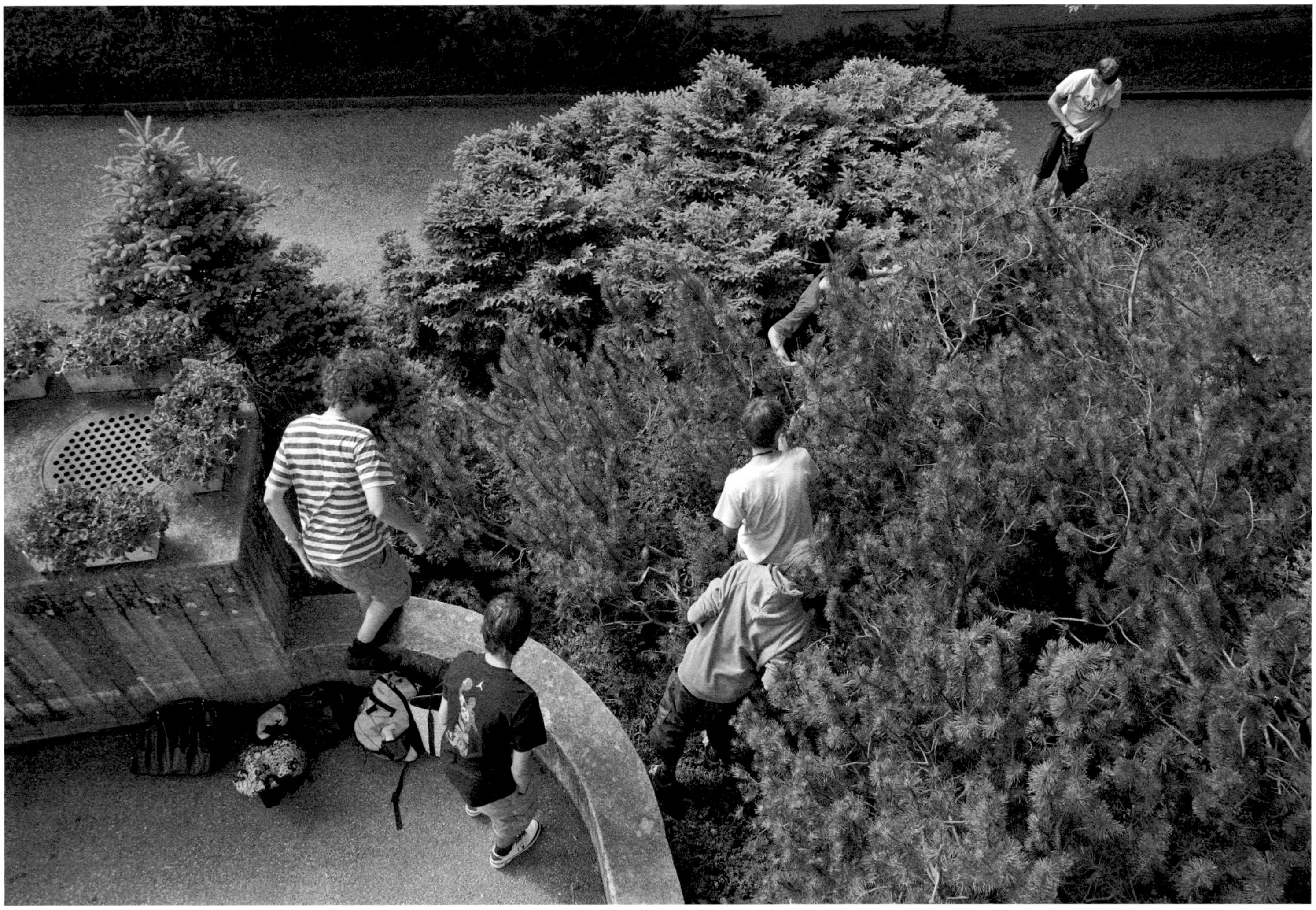

67 Mitglieder des Orchesters Desertina
68 Empfang der Zeugnisse

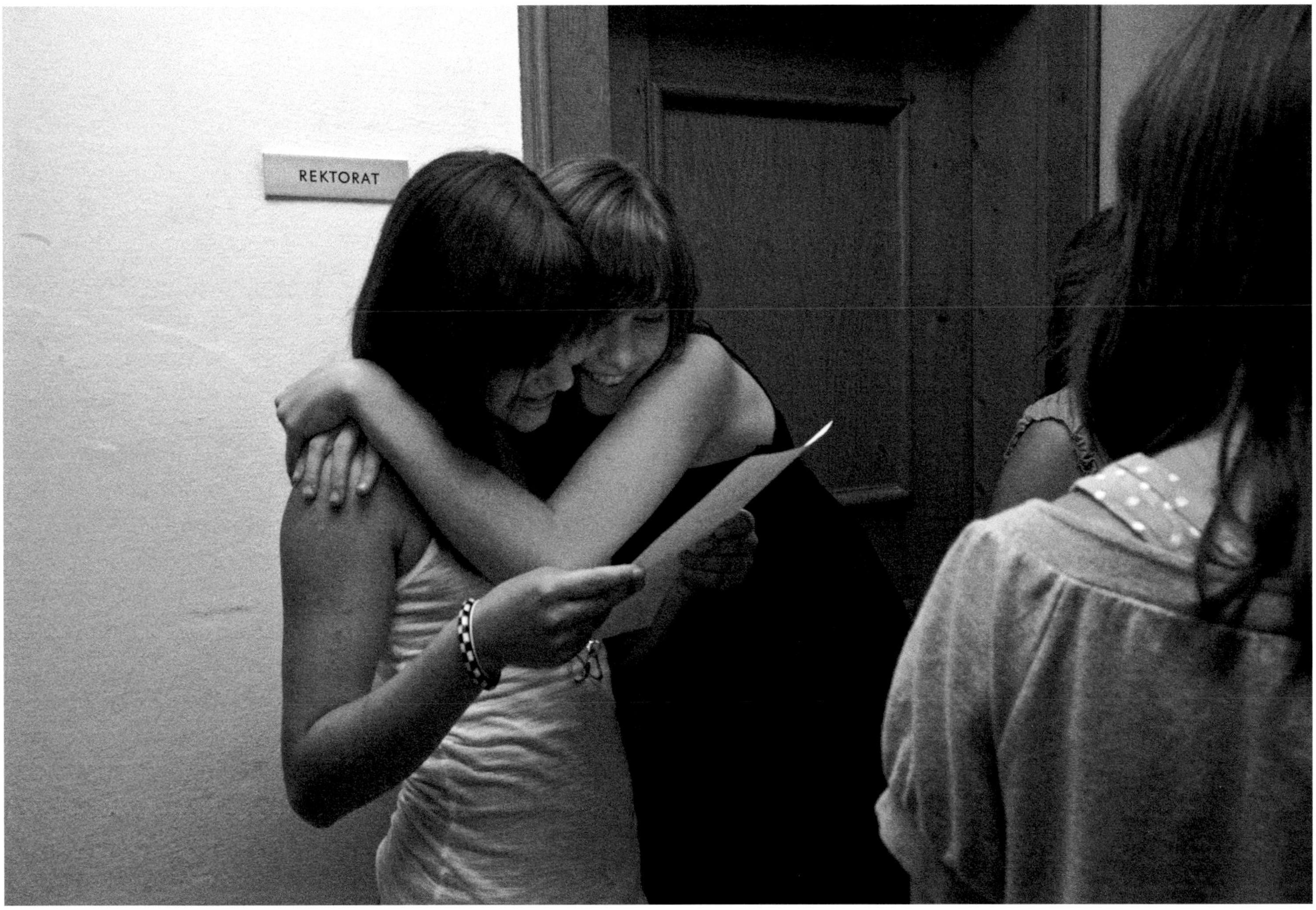
REKTORAT

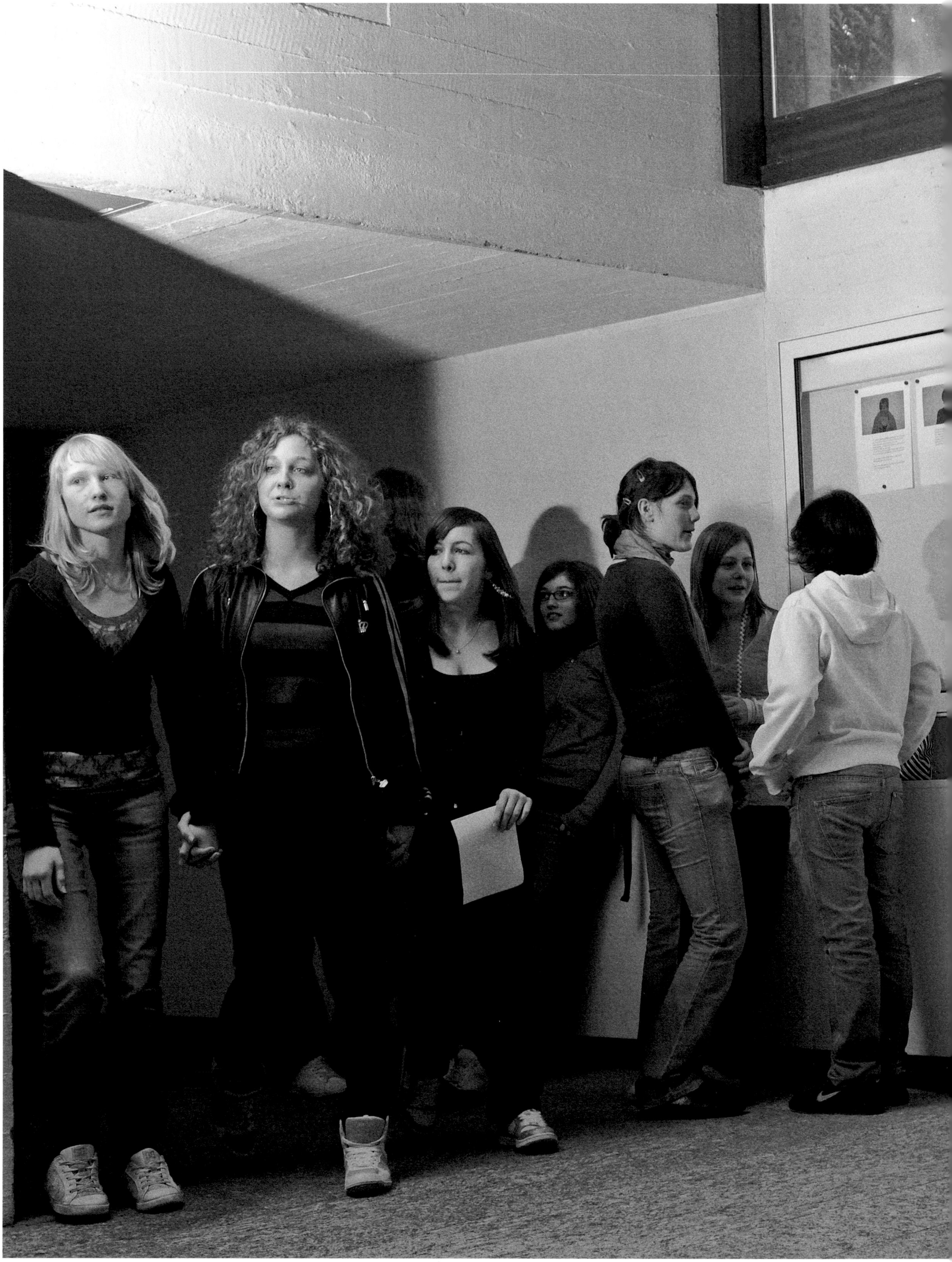

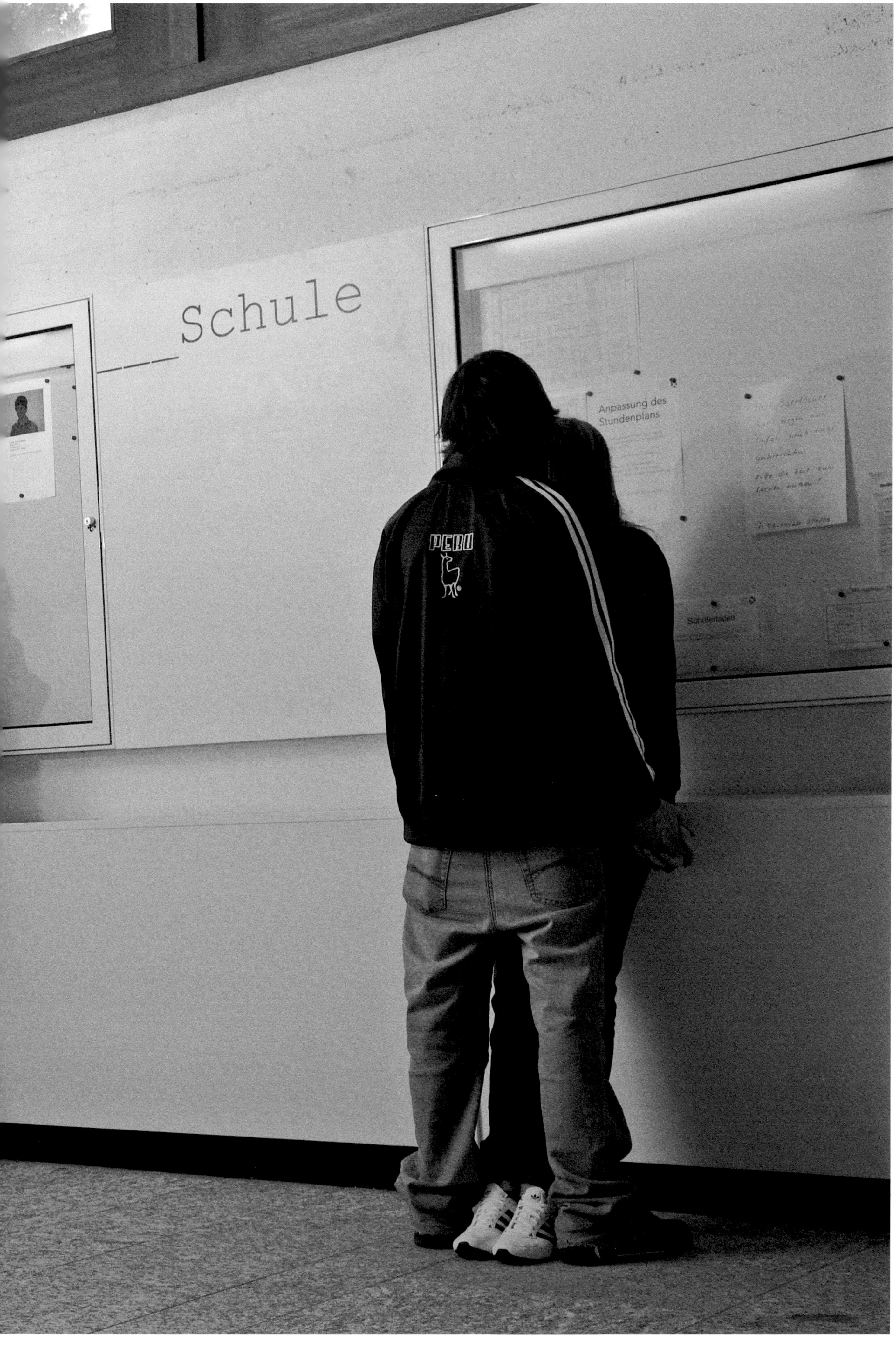
Schule
Anpassung des
Stundenplans
PERU

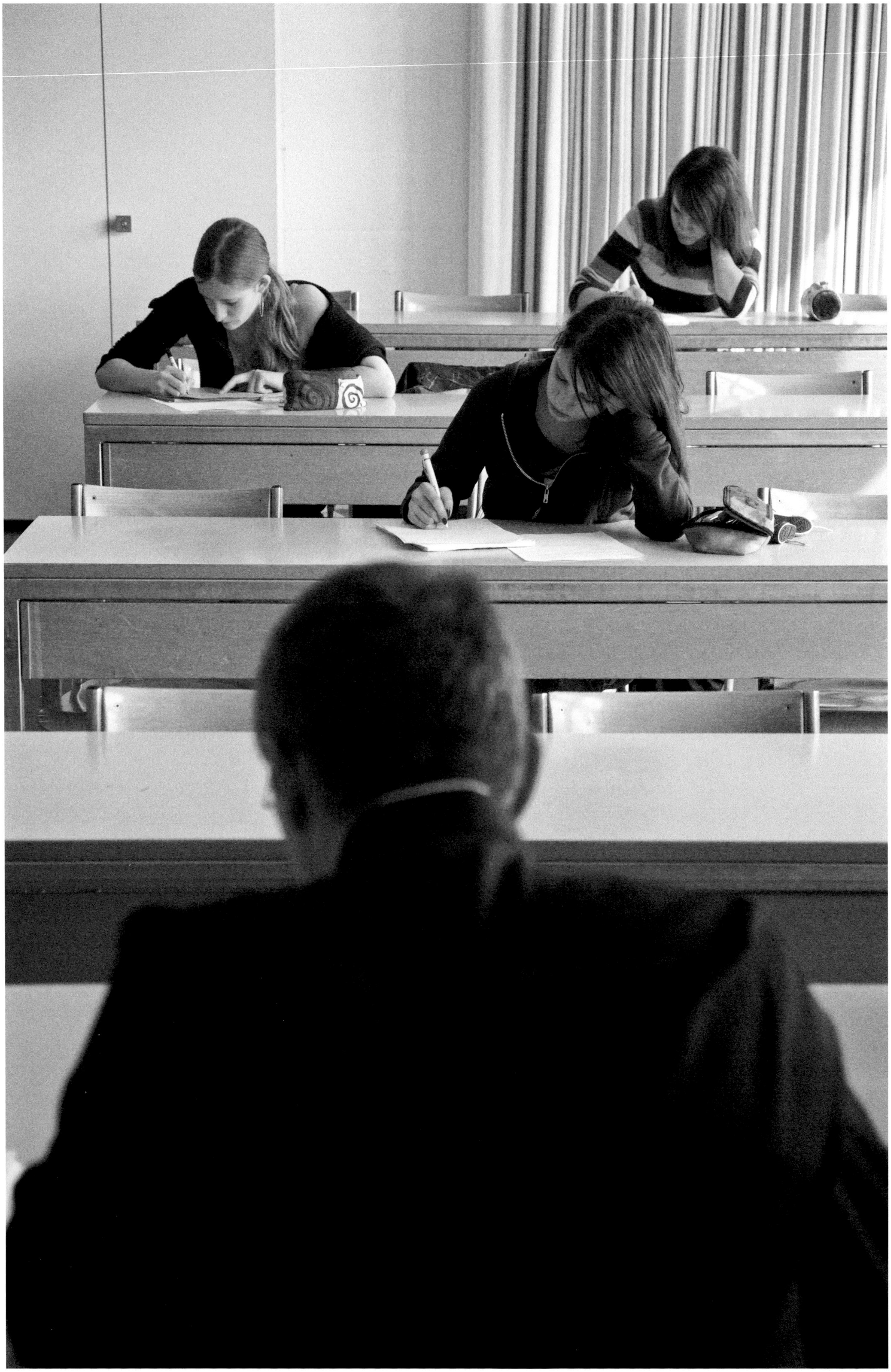

71

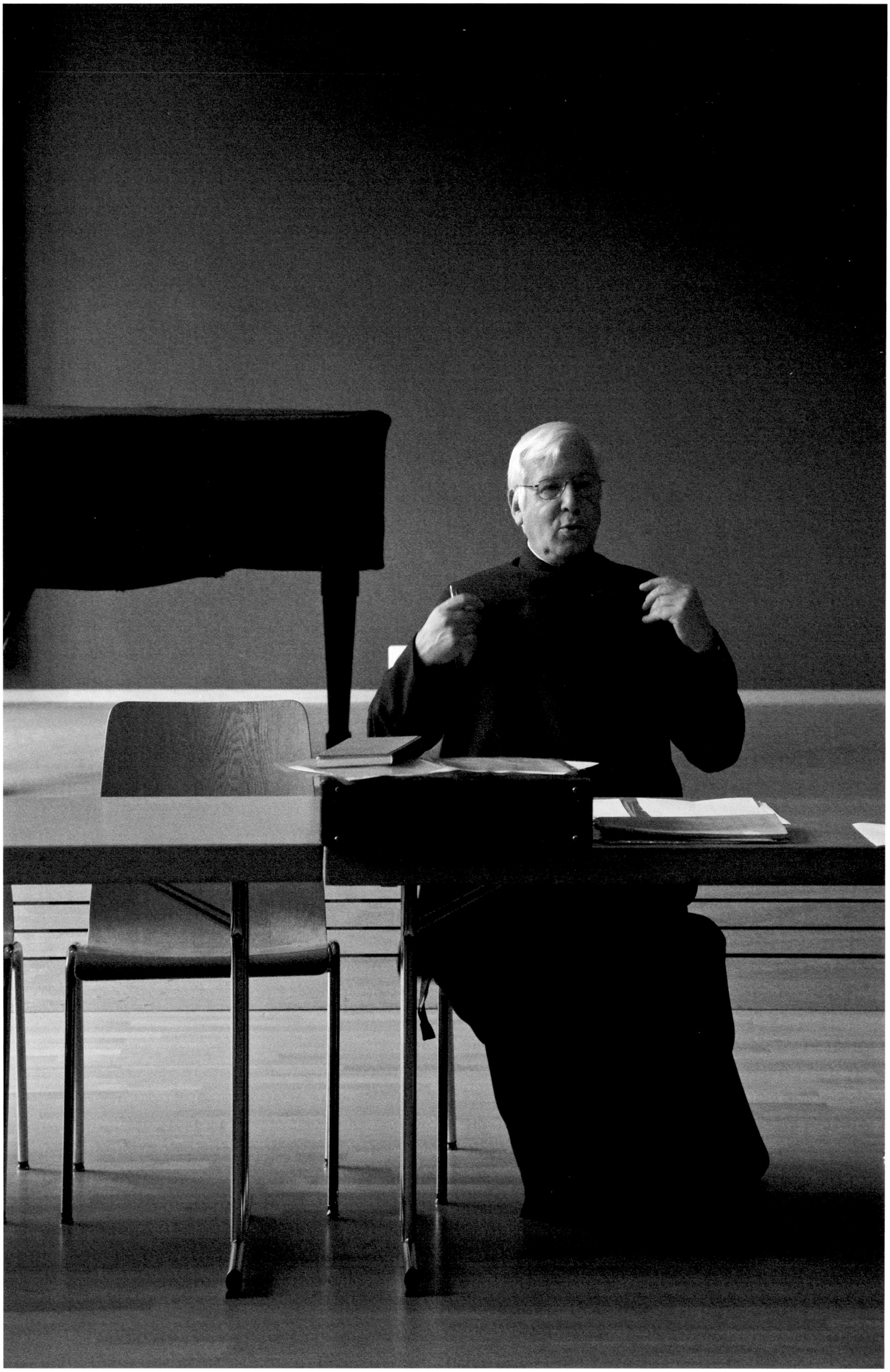

69 Schulhausfoyer
70 Pater Bruno Rieder bei Nachprüfungen
71 Schulhaus
72 Pater Pirmin Gnädinger, ehemaliger Rektor
73 Pater Pirmin Gnädinger, Mathematiklehrer

73

74 Lehrerzimmer
75 Pater Theo Theiler, Biologielehrer

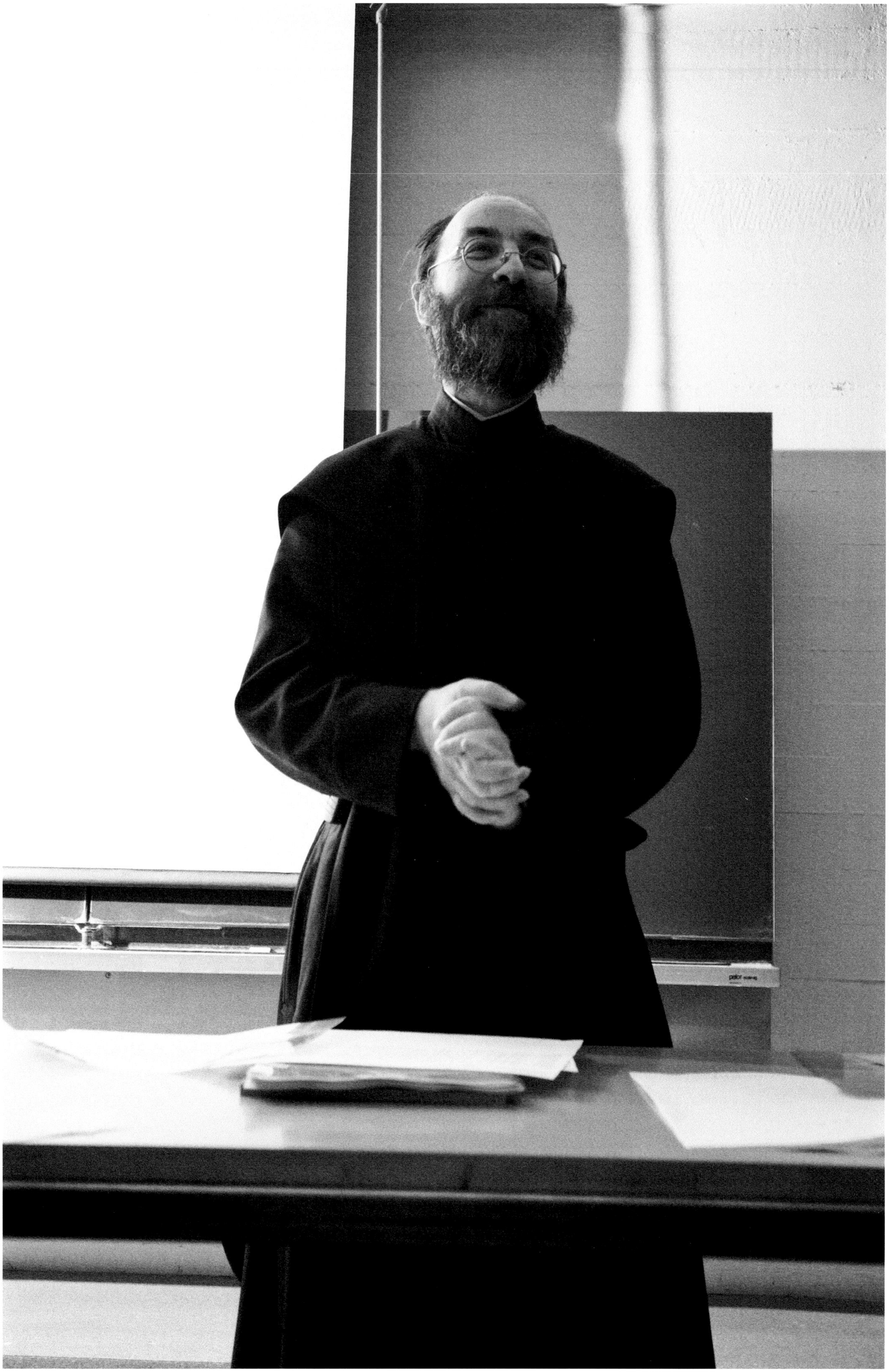

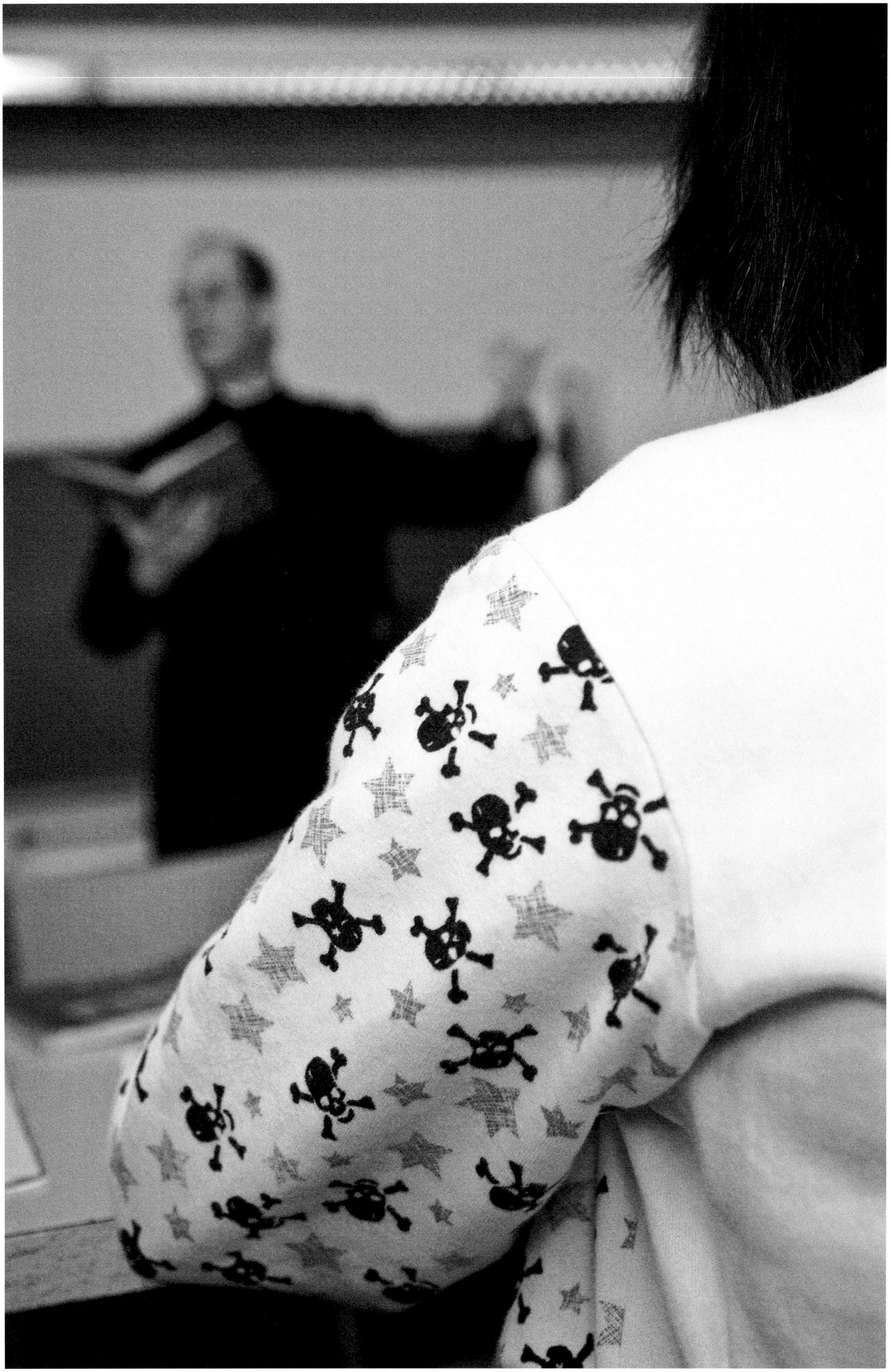

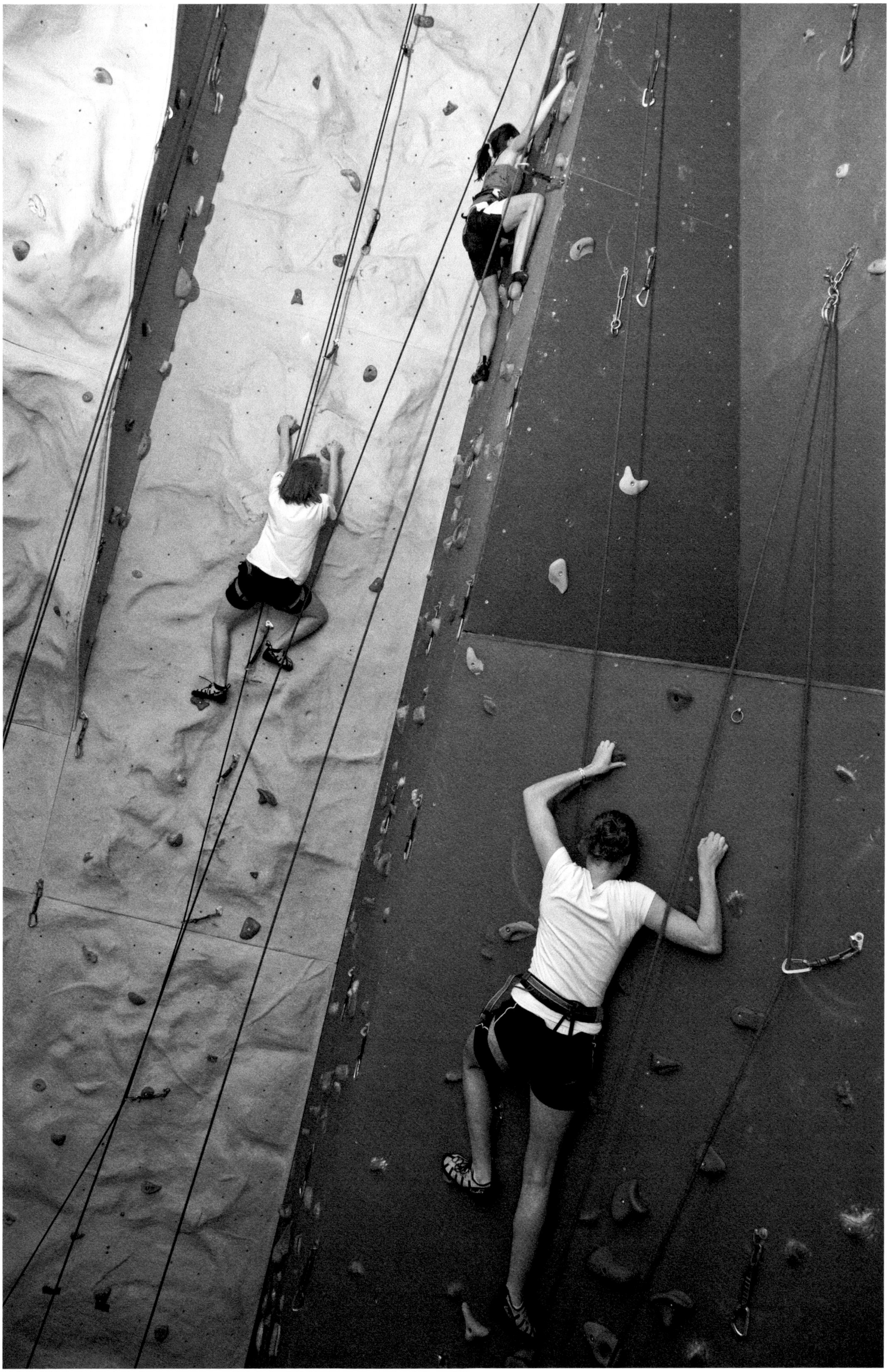

76 Pater Vigeli Monn, Lateinlehrer
77 Internatsschülerinnen
78 Turnhalle
79 Internatsschüler

78

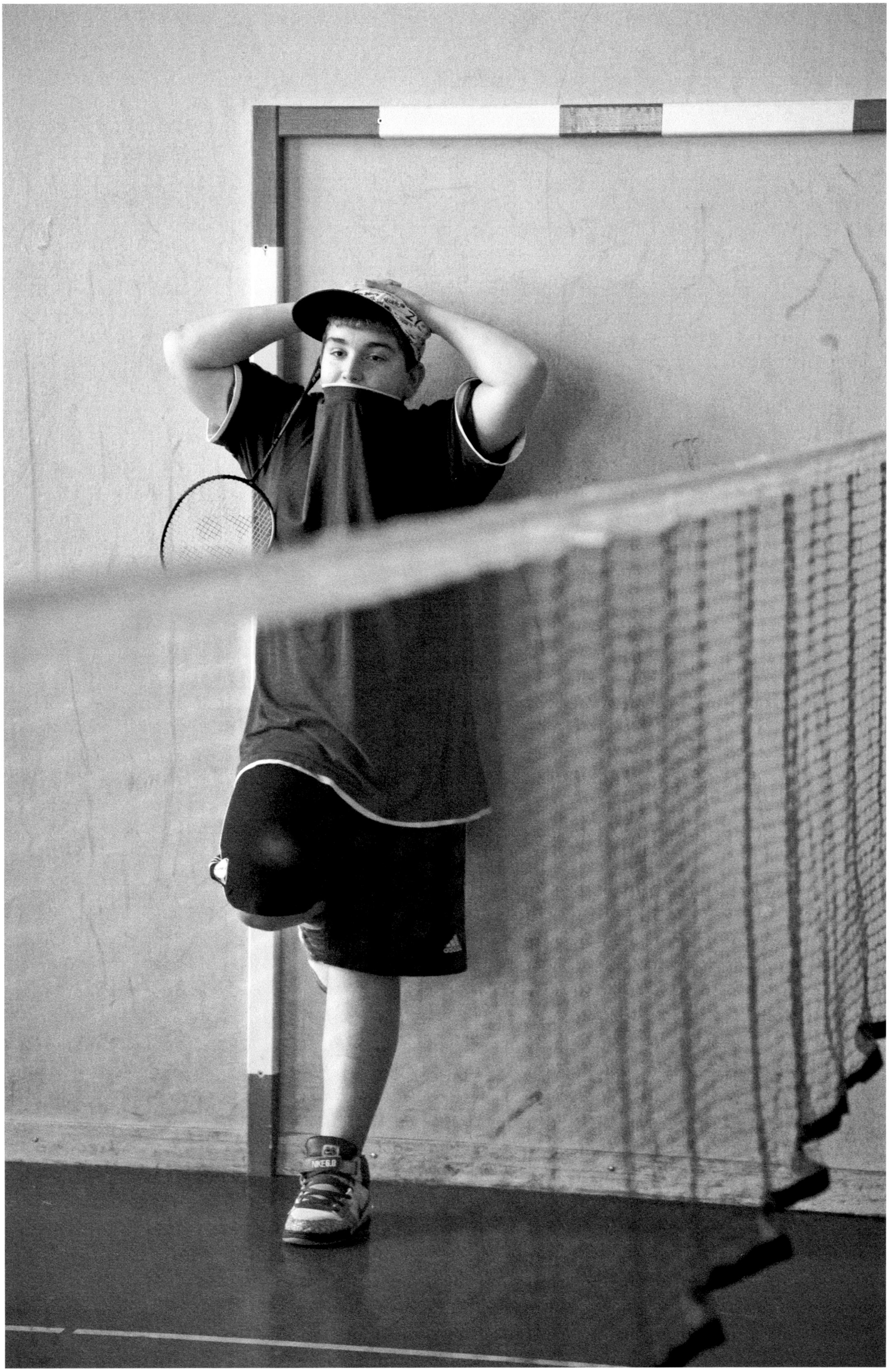

Karfreitag und Ostern

—

Pater Pirmin Gnädinger, 67,
getauft auf den Namen Johannes,
von Ramsen SH,
Lic. theol. und Dipl. phys.,
ehemaliger Rektor der Klosterschule, Lehrer,
im Kloster seit 47 Jahren

—

Nun versuche ich Tritt zu fassen, das Kloster neu zu entdecken, nur Mönch zu sein.
Einfach ist das nicht — nach Jahrzehnten der Anspannung, vielleicht der Überforderung.
Selbst das Schlafen muss ich wieder lernen —
In meinem Leben geschah alles linear und schnell. Ausflüge in die Beschaulichkeit, ins Feld der Versenkung, gab es kaum, höchstens in den Ferien. Mit fünfzehn, ein Bauernbub aus dem Schaffhausischen, kam ich an die Klosterschule Disentis und wusste, ich wollte Priester werden, mit zwanzig, im Sommer 1963, machte ich hier die Matura, dann die Rekrutenschule, dann trat ich ins Kloster ein, November 1963, Noviziat, einfache Profess, feierliche Profess, Beginn des Theologiestudiums, zuerst ein Jahr in Einsiedeln, dann in Rom an der Benediktinerhochschule Sant'Anselmo, es hiess, mach vorwärts!, in vier Jahren bist du zurück!, wir brauchen Lehrer.
Rom war eine schöne Zeit, vielleicht meine glücklichste. Das Zweite Vatikanische Konzil ging zu Ende, wir waren hundertzwanzig junge Mönche, voller Hoffnung und Lust, die Zukunft zu gestalten, Veraltetes abzuschaffen, Neues zu erschaffen.
Heute, vierzig Jahre später, kann ich feststellen: Einiges gelang, vieles nicht.
Wenn mich das Leben etwas gelehrt hat, dann dies, dass es oft klüger ist zu warten, statt aufzuschreien. Wer etwas erreichen will, muss beweglich sein, gefasst auf Eventualitäten. Die Wirklichkeit holt einen ständig ein. Wehe dem, der dann nur Losungen kennt, aber keine Lösungen.
Müsste ich mich beschreiben, dann vielleicht mit der Freundlichkeit, Pater Pirmin pflege fliegend zu planen.
Vielleicht deshalb habe ich die letzten Jahrzehnte schadlos überstanden. Hoffe ich.
Für Krisen war keine Zeit —
1969 kam ich also von Rom zurück, ich war sechsundzwanzig, lizenzierter Theologe, nun hiess es, wir brauchen einen Lehrer für Physik und Mathematik. Ich begann, wie gewünscht, an der Eidgenössischen Technischen Hochschule in Zürich das Studium.

Keineswegs meine Lieblingsfächer —

Man hat nicht hinterfragt, was sie verlangten, man hat es getan.

Zwei Jahre später erkrankte hier ein Mitbruder schwer, man rief mich ins Kloster zurück, ich war Sofortaushilfslehrer für Mathe und Physik, zwei Jahre lang. Bis man jemanden fand, der mich teilweise ersetzte. Ich unterrichtete nur noch freitags und samstags. Die anderen Tage verbrachte ich in Fribourg an der Universität. Ein Trimester lang setzte ich mich jeden Freitagmorgen um sechs in den Zug und fuhr von Fribourg nach Disentis, bereitete während der Reise die Lektionen vor. Am Sonntagabend dann, im letzten Zug, die Rückkehr nach Fribourg.

Es war, wie es war —

Es war streng.

Im September 1976 diplomierte ich über die Messung niedriger Aktivitäten von Tritium in Wasser. Und eine Woche später begann ich hier wieder zu unterrichten, die grösste Maturaklasse, die wir je hatten, die erste Klasse mit Mädchen an der Klosterschule.

Ein Jahr später hiess es, kannst du nicht auch den Hausmeister machen?

Also wurde ich Hausmeister.

Dann hiess es, du könntest doch auch Präfekt sein!

Ich wurde Präfekt im Westflügel, betreute rund sechzig Buben, tags, nachts, Sechzehn- bis Achtzehnjährige, die vieles andere im Kopf hatten als eine Hausordnung.

Dann übernahm ich die Neunzehn- und Zwanzigjährigen.

Von Herbst bis Weihnachten, von Weihnachten bis Ostern, von Ostern bis Sommer. Freie Wochenenden gab es nicht.

Insgesamt achtzehn Jahre lang —

Die Abende, die Nächte waren das Schlimmste.

Bis man endlich schlafen konnte, versehen mit der brüchigen Hoffnung, dass alle in ihren Betten lagen —

Einsamkeit, ja —

Der Mönch ist einsam. Das ist wesentlich. Der Mönch hat keine Familie. Für Aussenstehende ist das schwer zu begreifen. Die fragen einen: Was ersetzt dir die Familie? Irgendwas muss dir doch die Familie ersetzen?

Was für eine Frage!

Wir sind hier eine Schar von Menschen, die ihre Art, das Leben zu bestehen, sehr bewusst gewählt haben — bewusster als die meisten Männer, die Ehemann oder Vater wurden.

Im Lauf meiner Jahre als Präfekt entwickelte ich fast einen sechsten Sinn für gewisse Situationen. In ihrer Lust, Grenzen zu erfahren, sind die Jungen unermüdlich. Das ist ihr Recht, vielleicht sogar ihre Pflicht. Als Erzieher aber stehst du auf der anderen Seite, man trägt Verantwortung und zieht Zäune.

Mit der Zeit verstand ich es als Lob, wenn die Schüler sagten: Pater Pirmin, immer dann, wenn man meint, die Bude sei sturmfrei, schiessen Sie um die Ecke.

Gegen Schluss des Schuljahres, Anfang Juli, war es am schwierigsten, alle, Jung und Alt, waren nervös und erschöpft, sie freuten sich auf die langen Ferien, waren kaum zu halten. Das Ende des Schuljahres fällt hier mit dem Fest Sankt Placi zusammen, Placidus und Sigisbert sind die Patrone unseres Klosters, und ihr Andenken feiern wir mit Festgottesdienst und grosser Prozession.

Einmal, vor Jahren, am Samstag vor Sankt Placi, kam ein Schüler zu mir, er habe, sagte er, den BMW seines Vaters hier, um anderntags, wenn die Ferien begännen, das schwere Gepäck nach Hause zu spedieren.

Aber bis dahin rührst du das Auto nicht an, versprochen?, sagte ich. Er versprach es.

Nachts um halb elf rief mich Bruder Urs, unser Pförtner, er habe vom Dorfarzt die Nachricht erhalten, dass ein Schüler bei ihm liege, verletzt am Kopf, ein Autounfall. Der junge Mann müsse nach Ilanz ins Spital, Bruder Franz, unser Krankenbruder, möchte ihn dort hinbringen.

Das mach ich selbst, entschied ich.

Allerdings hatte ich die Nacht davor, wie oft, nur drei, vier Stunden geschlafen.

Was, wenn ich nun am Steuer einnickte?

Ich weckte einen Schüler, der den Führerschein bereits besass, und befahl ihm, aufzustehen und mich nach Ilanz zu begleiten, als Ersatzchauffeur. Zu dritt fuhren wir also talabwärts, neben mir der Verletzte, die Kopfhaut voller Scherben. Im Spital wurde er versorgt, das dauerte Stunden, Mitternacht war längst vorüber.

Und mein Begleiter und ich, beide müde, warteten und warteten, schwiegen und schwiegen.

Bis der plötzlich zu sprechen begann.

Er sei am Unfall beteiligt, denn gestern Abend, am Samstag vor Sankt Placi, habe er sich ein Auto geliehen, um dann, zusammen mit dem BMW, einen Ausflug auf den Lukmanierpass zu machen, der BMW sei vielleicht zu schnell gefahren, zu ungenau, dann sei es passiert.

Seltsam, dass ich das Gefühl hatte, ich müsste genau diesen Schüler ins Spital mitnehmen —

Achtzehn Jahre lang war ich Präfekt, Internatsleiter, Psychologe, Ersatzvater, Tröster, Wärter, Dompteur — man entwickelt Antennen, ein Gespür fürs Machbare, Vernachlässigbare, Unumstössliche.

Ohne Liebe zu den Jungen hält man das nicht durch —

Und so ging das Leben weiter, ich war Lehrer, Präfekt, Hausmeister, war engagiert beim Umbau unserer Marienkirche, ein Prozess von fast fünfzehn Jahren, ich leitete die Renovation von so vielen alten Räumen hier.

Und schliesslich, 1997, hiess es, ich könnte doch den Rektor machen.

Ich wurde Rektor unserer Schule und war es bis vor anderthalb Jahren.

Das Bildungswesen, auch im Kanton Graubünden, ist, um es höflich zu sagen, eine Baustelle, auf der nicht nur Bauleute arbeiten —

Zuerst kürzte man die Dauer der gymnasialen Ausbildung von sieben auf sechs Jahre — fraglich, ob damit etwas gewonnen war. Die bisherigen Maturitätstypen wurden abgelöst durch eine Schwerpunktmatura, neue Stundenverteilung, neue Fächer und neue Fächerkombinationen, neue Lehrpläne, neue Lehrmethoden, neue Lernmethoden, Sitzungen, Sitzungen, neues Reglement für die Erstellung der Maturaarbeit, neues Maturaanerkennungsreglement — im Bildungswesen ist das Verändern Prinzip.

Dann wollte der Kanton das Untergymnasium überhaupt abschaffen, schliesslich könne, wer ans Gymnasium wolle, vorab die normale Sekundar besuchen, man müsse sparen. Wir rechneten vor, dass damit nichts gespart würde, Wichtiges aber auf der Strecke bliebe. Jahrelang hielten wir dagegen, bis der Kanton die Übung abbrach — vielleicht nur vorläufig.

Und auf einmal ist man fünfundsechzig —

Alt, müde —

Seit anderthalb Jahren nun steht unserer Schule nicht ein Mönch vor, sondern ein Mensch, der nicht Teil der Klostergemeinschaft ist, eine Frau.

Eine Herausforderung für alle, so oder so —

Schule und Kloster durchdringen sich. Manche Schülerinnen und Schüler besuchen Abend für Abend Bruder Luci, unseren Spassmacher in der Krankenstation. Haben sie Hals- oder Bauchweh rennen sie zu Krankenbruder Franz. Unser Pförtner singt im Schülerchor seit Jahrzehnten. Pater Ambros, der Älteste, rollt im Rollstuhl durchs Schulgebäude, wenn ihm danach ist. Gewisse Gottesdienste feiern wir mit den Schülern, es ist ein Austausch zwischen ihnen und uns, sie lernen von uns, wir von ihnen.

Aber ich bete, dass unsere Schule eine Klosterschule bleibt —

Eine Herausforderung, wie gesagt, keine Katastrophe! —

Uns gibt es hier schon länger als tausenddreihundert Jahre. Das tröstet und macht Mut. In Disentis fiel einem nie etwas in die Kutte.

Ora et labora —

Benedikt ermahnt uns, in Geduld am Leiden Christi teilzunehmen, damit wir verdienen, auch an seinem Reich teilzuhaben.

Auf Karfreitag folgt Ostern —

80
80 Frühstück im Internat
81 Speisesaal des Internats

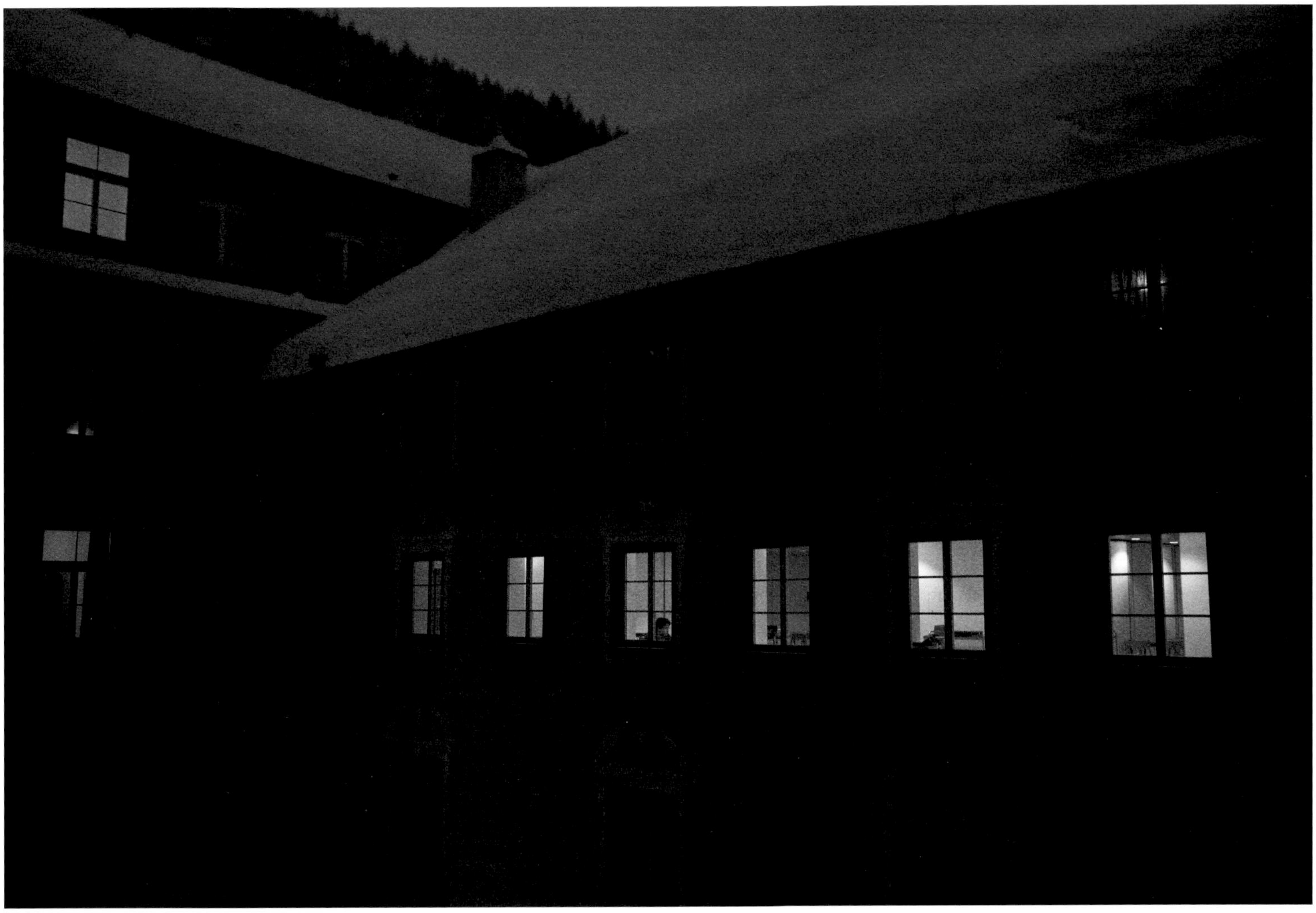

82

82 Schülerfest
83 Bruder Magnus Bosshard, Bildnerisches Gestalten

83

84

85

84 Schultheater
85 Pater Theo Theiler im Requisitenraum
86 Gesangsprobe
87 Gion Andrea Casanova, Musiklehrer
88 Probe des Schülerchors
89 Fototermin der Lehrer und Lehrerinnen
90 Geneviève Appenzeller-Combe, Rektorin, und die Prorektoren Kurt Jeitziner
   und Pater Bruno Rieder
91 Pater Jean-Marie Frey
92 Walter Studer, Kunsthistoriker, mit 13'000 byzantinischen Fragmenten

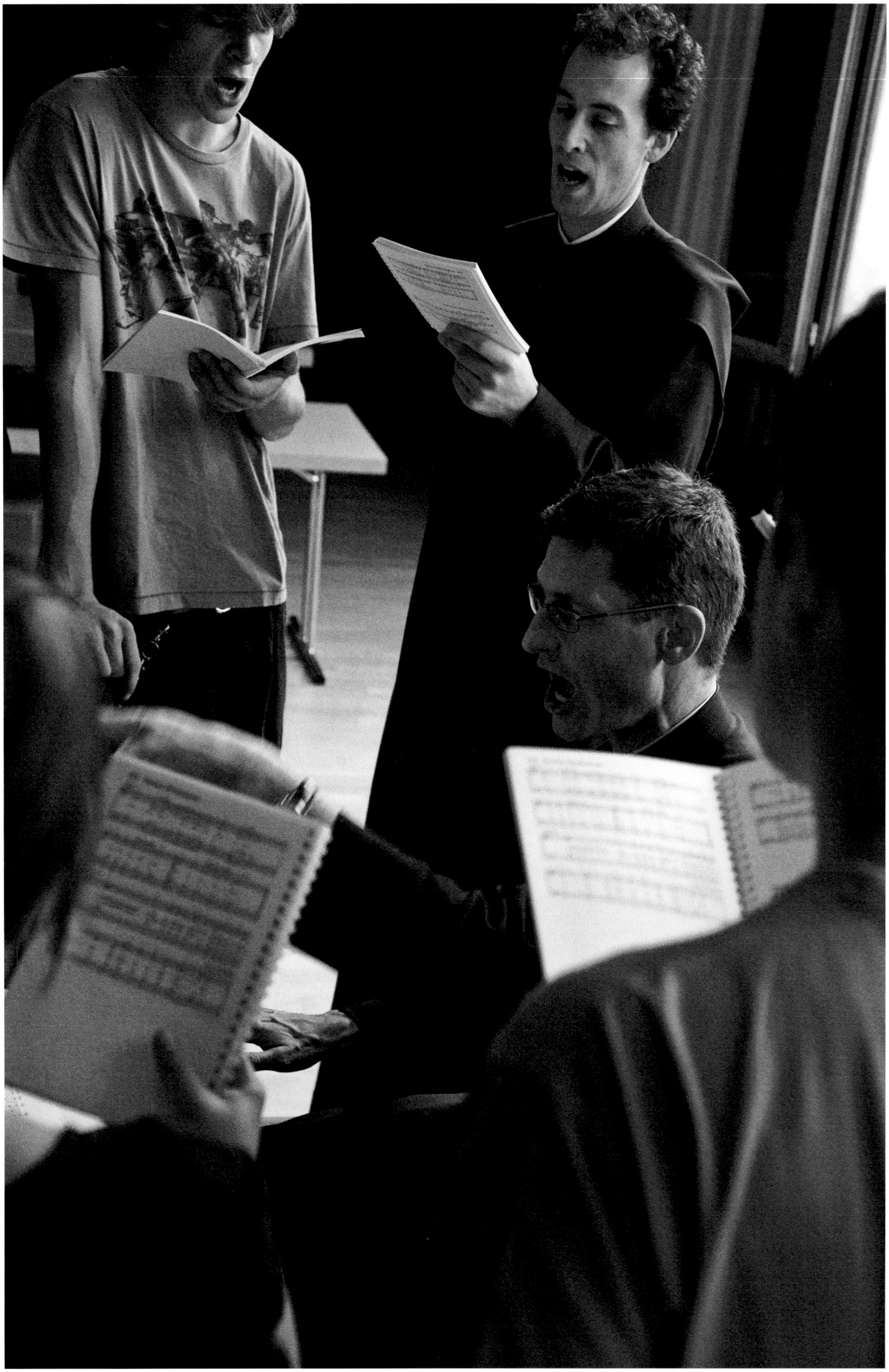

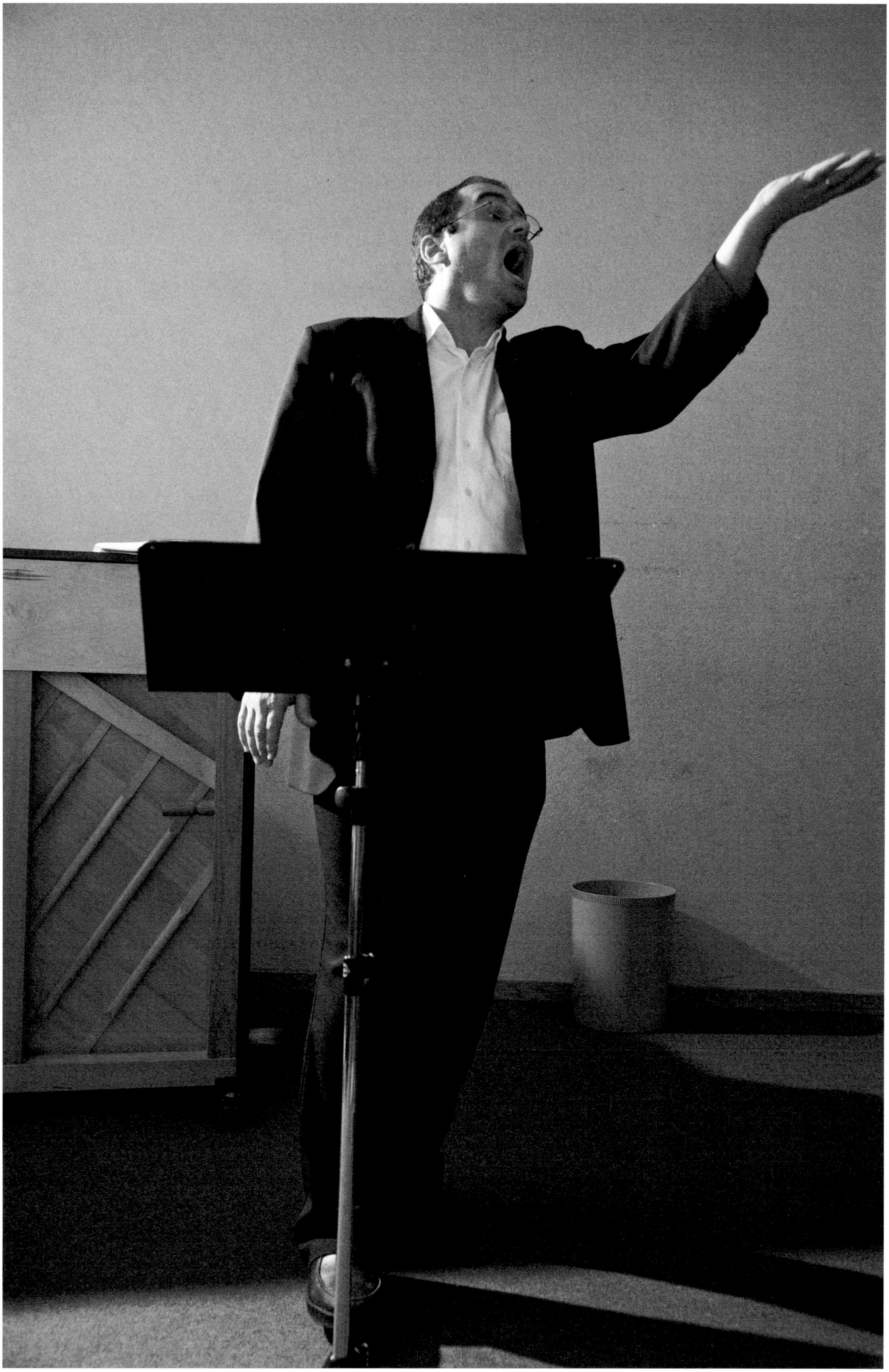

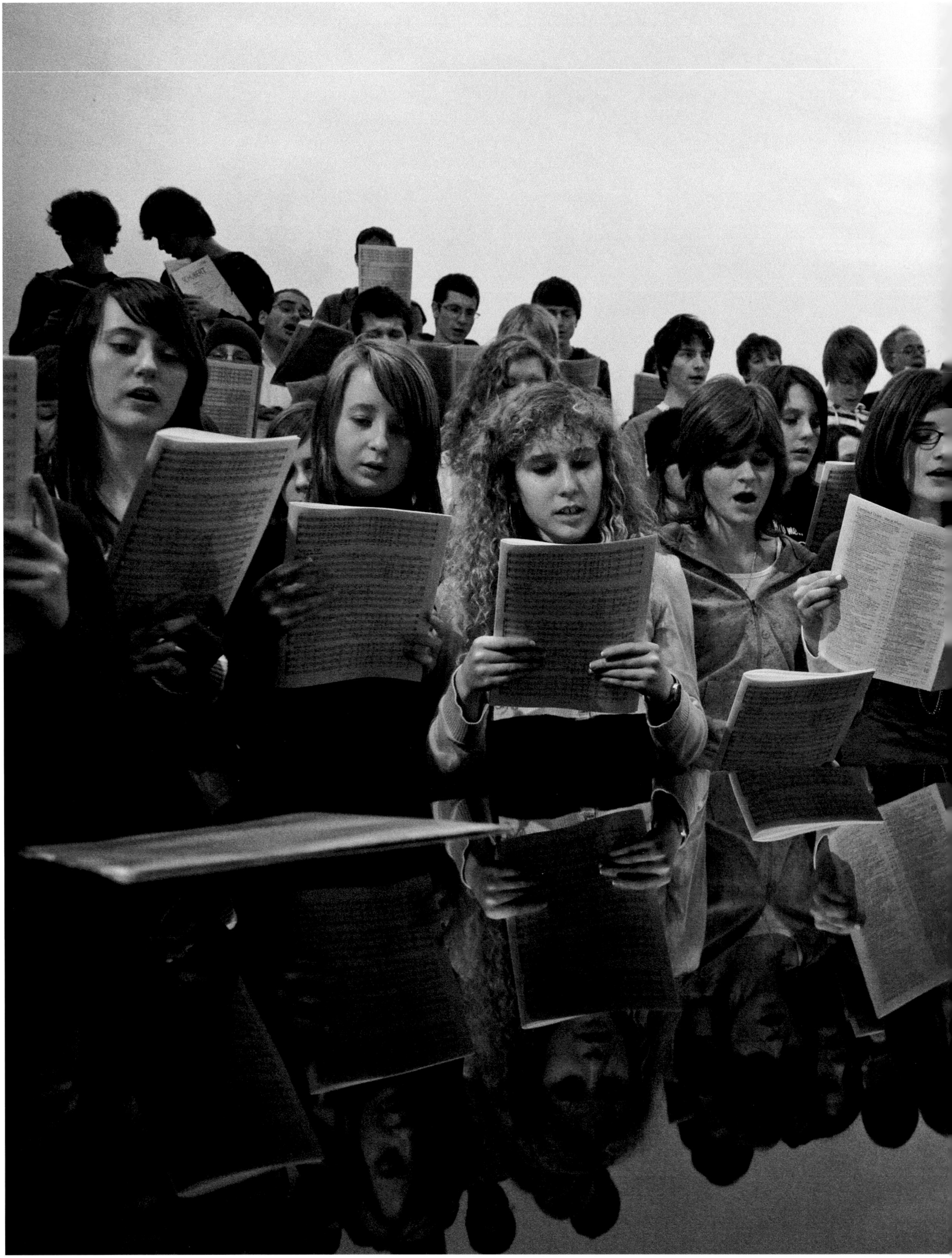

88

89

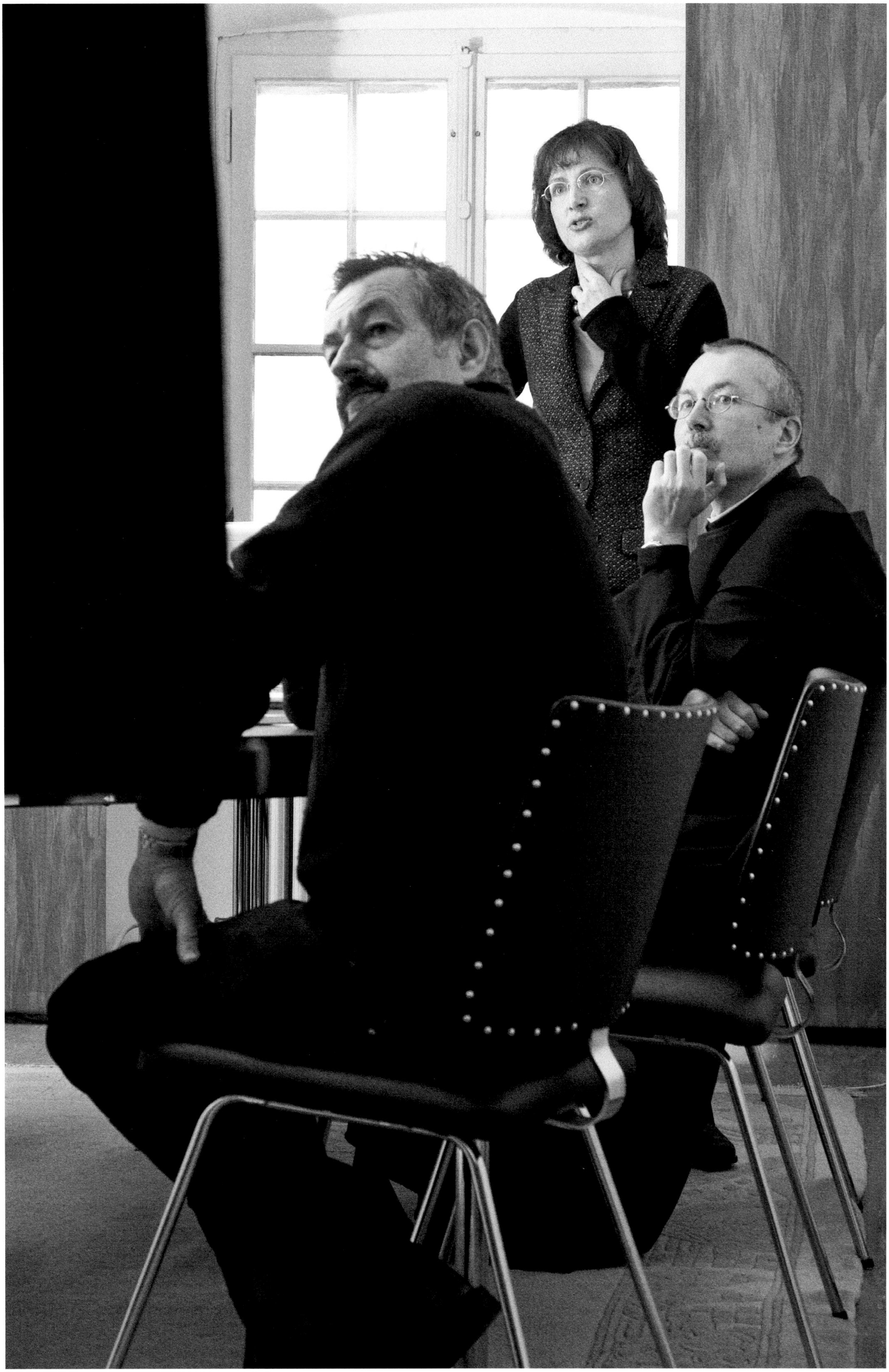

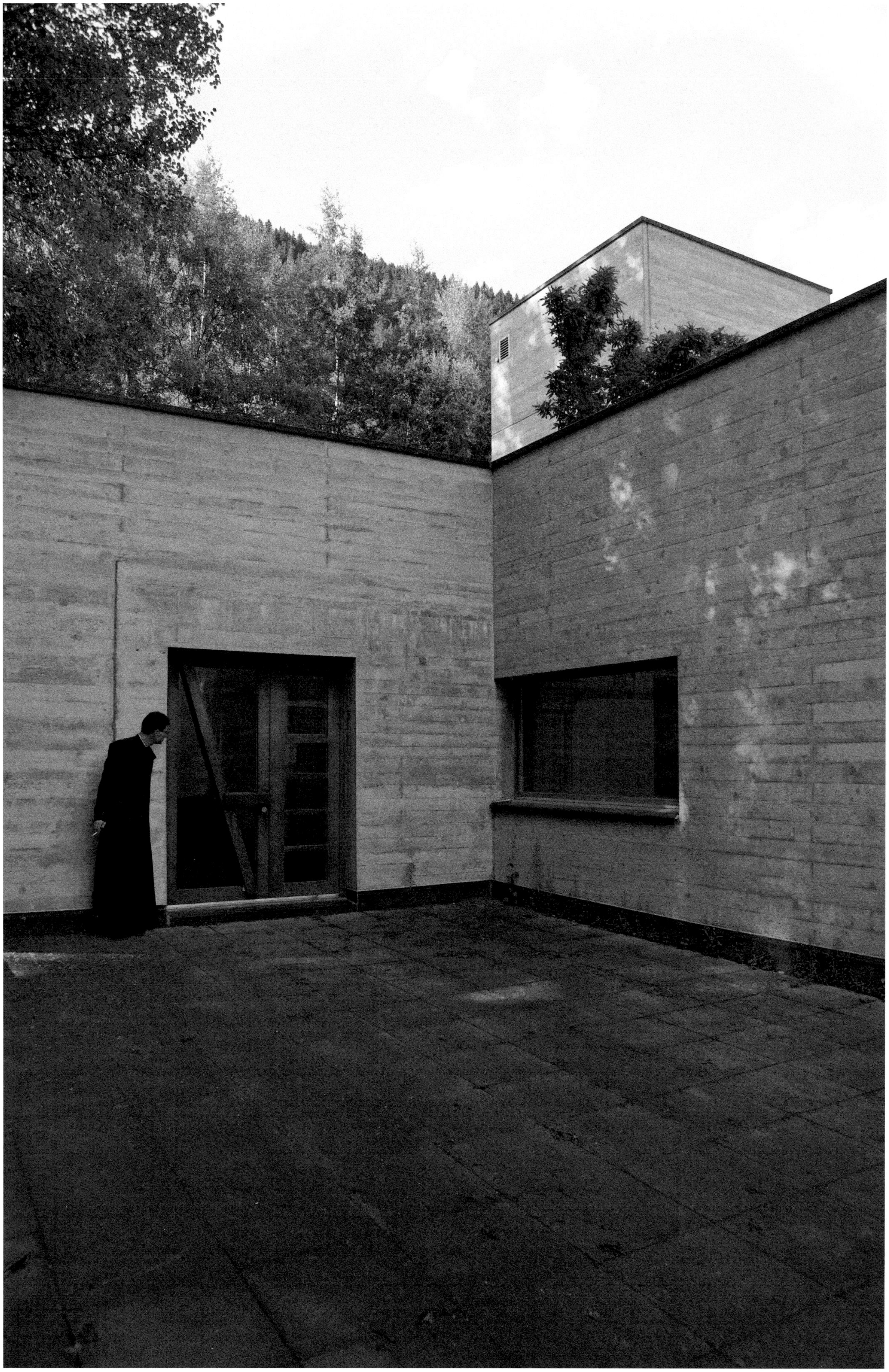

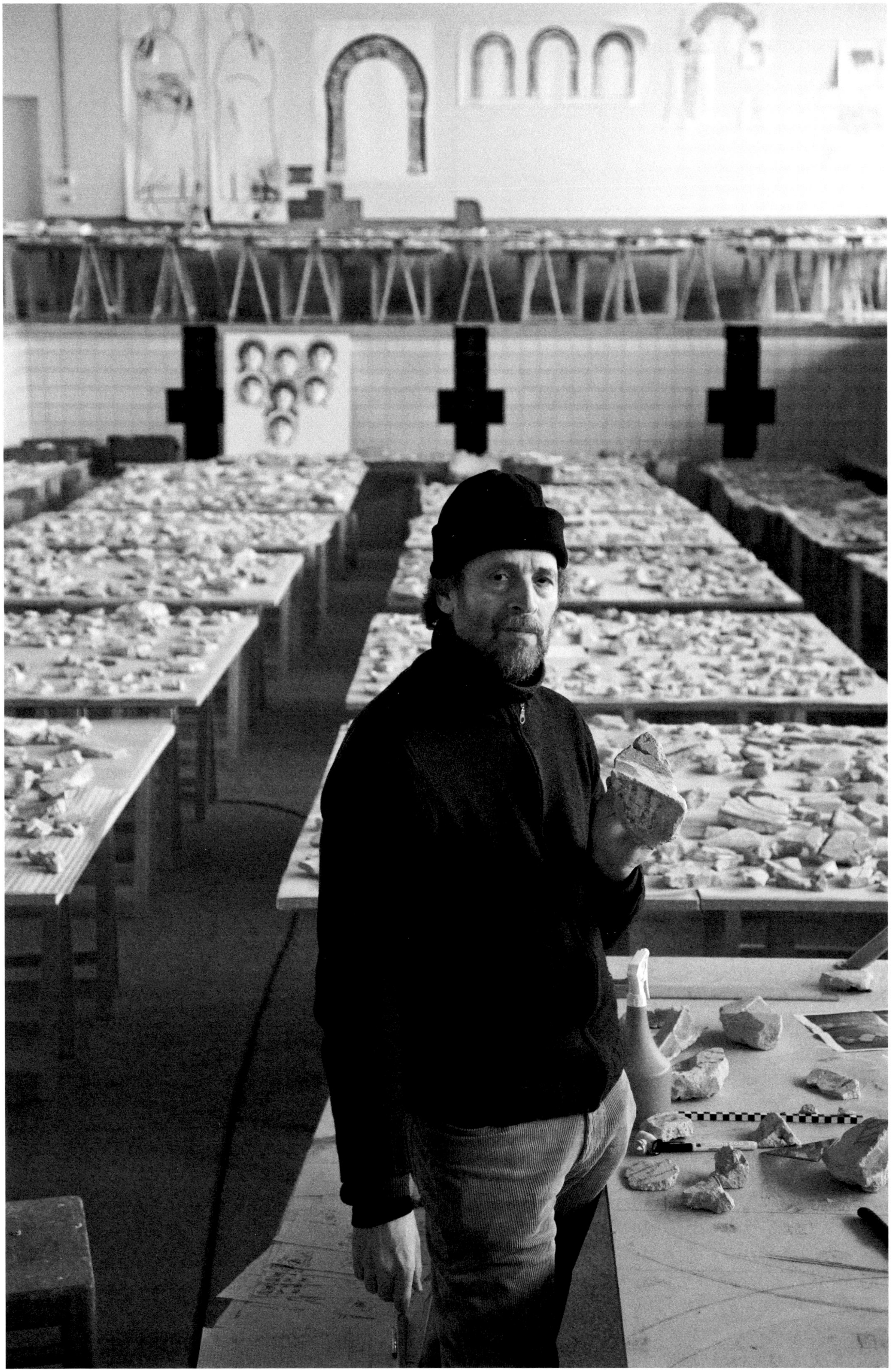

Do it. Just do it!

—

**Bruder Magnus Bosshard, 69,
getauft auf den Namen Marcellus,
von Pfäffikon ZH,
ausgebildeter Grafiker, Leiter einer Werbeagentur,
heute Lehrer und Persönlichkeitstrainer,
im Kloster seit 21 Jahren**

—

Entweder bist du schwanger oder du bist es nicht.

Genauso ist es mit dem Mönch sein.

Ein bisschen Mönch sein — das geht nicht. Man kann nicht verlangen: Wasch mich, aber mach mich nicht nass. Entweder oder!

Wie man weiss, bin ich ein Spätzünder — was im Grunde nicht stimmt. Mönch bin ich seit einundzwanzig Jahren, Mönch wurde ich mit achtundvierzig, aber meine monastische Laufbahn, wenn man so will, begann viel früher, als ich hier zur Schule ging, drei Jahre lang war ich im Internat, ein mässiger Realschüler, und der, der heute Abt ist, Daniel Schönbächler, der damals noch Martin hiess, sass im Studiensaal zwei Reihen hinter mir. Drei Jahre lang war ich hier Schüler, und vermutlich haben sie mich tiefer imprägniert, als mir je bewusst war. Immer wieder — und je älter ich wurde, desto drängender — holte mich eine Frage ein: Warum nicht ins Kloster?

Warum nicht ins Kloster? —

Ich brachte das Gespenst nicht aus dem Kopf. Je heftiger ich es verscheuchte, desto schneller flatterte es herbei.

Schliesslich ging ich auf die fünfzig zu, hatte kaum eine Sünde ausgelassen und eine Ehe erfolgreich hinter mir, ich war Vater eines Sohnes, AD und CD bei Young & Rubicam, Art Director und Creative Director, ein Werbeheini in Bern, Frankfurt, Wien, Madrid, New York, Los Angeles, London, Zürich, immer windig und unter Strom, ein Süchtiger war ich, süchtig nach Werbung und Betrieb, Meister Proper und lila Milchkuh — warum nicht ins Kloster? Mein Vorleben ist mein Unterbau. Hätte ich all das nicht erlebt, wäre ich jetzt nicht Mönch.

Und irgendwann fiel der Groschen. Ich wollte es versuchen, musste es tun. Do it! Just do it! Das war ich mir schuldig, mir und meiner Existenz.

Das Leben kann man nicht erörtern, man kann es nur leben. Und das ist gut so. Das ist vielleicht Gottes grösstes Geschenk. Do it!

Im Grunde war ich nicht katholisch und bin es, böse gesagt, auch heute noch nicht. Aber ich war und bin besetzt von Fragen nach Mystischem, nach Religiosität im weitesten Sinne — bis hin zur Hirnforschung. Solche Dinge treiben mich um, manchmal nächtelang. Fromm, leider, bin ich nicht.

Also rief ich eines Tages den Gastbruder an, jenen Bruder, der hier die Gäste betreut, ich nannte meinen Namen und fragte, ob ich eine Zeit lang im Kloster unterkommen könne.

Wie lange möchten Sie denn?

Drei Wochen, sagte ich.

Sie sind uns willkommen, sagte der.

Wohin ich ging, erzählte ich keinem. Ich blieb drei Wochen, fühlte mich leicht und wohl — und einige Monate später kam ich wieder und blieb sechs Wochen. Bleibt so ein alter fremder Säckel sechs Wochen im Kloster, geht schnell das Gerücht, der könnte oder möchte für immer, na ja.

Auf jeden Fall — ich erinnere mich, als wäre es gestern gewesen — war ich mit Abt Daniel, damals noch Dekan, da oben im Garten unterwegs, wir schwiegen hin und her.

Und plötzlich fragte der: Und was machst du, wenn wir dich gar nicht wollen?

Damit hatte ich nicht gerechnet, es verschlug mir, was selten geschieht, schier die Sprache.

Irgendwann sagte ich: Dann gehe ich in ein anderes Kloster.

Das wollte ich hören, sagte Pater Daniel, der heute mein guter Freund ist, vielleicht der einzige, den ich hier habe.

Ich glaube, die Frage, ob jemand Mönch werden soll oder nicht, beantwortet nur diese eine Formel: Werde Mönch, wenn du Mönch werden musst! Wenn du musst!

Ohne Alternative!

Mit Haut und Haar! —

Aber wenn du anfängst zu dealen, vielleicht ja, vielleicht nein — dann lass es!

Nach zwanzig Jahren Kloster weiss ich noch immer nichts Besseres. Früher, als Werber, Business Lunch hier, Small Talk dort, hatte ich das Gefühl, mein Leben sei zum Brei verhockt, fad und farblos, ein einziges money making, ein rat race, ein Rattenrennen um nichts. Dieses Gefühl hatte ich im Kloster noch nie. Im Kloster ist jeder Tag anders — obwohl im Kloster jeder Tag gleich ist. Man latscht in die Kirche und singt Psalmen, man geht in die Schule und sondert ab, es herrscht hier eine grosse Regelmässigkeit, Vigil und Laudes um halb sechs, dann Frühstück, dann die Messe um halb acht, dann Unterricht, Sext um Viertel vor zwölf, dann Mittagessen, dann wieder Unterricht, dann Vesper um sechs, Nachtessen, Komplet um acht, schliesslich nächtliches Schweigen.

Diese äussere Struktur ist das Treibhaus der inneren Gärten, na ja.

Und so trat ich also ins Kloster ein, 1989, ich wurde Kandidat, trug noch meine privaten Klamotten.

Nur gab es jetzt ein Problem: Ich war verheiratet gewesen. Darf einer, der das war, überhaupt Mönch werden? Abt Pankraz wollte Klarheit und bat einen Mitbruder, des Italienischen mächtig, den Vatikan anzurufen. Ich stand daneben und hörte zu, wie der telefonierte. Offenbar wollte der Vatikan wissen, ob ich denn nicht nur zivil, sondern auch kirchlich geheiratet hätte, damals?

Un momento, sagte mein Mitbruder und legte den Hörer hin.

Ob du damals auch kirchlich geheiratet hast?

Ist das wichtig?, fragte ich.

Keine Ahnung, sagte er.

Nur zivil, sagte ich.

Mein Mitbruder hob den Hörer und sagte: No!

Worauf der Vatikan entschied, dann sei ja alles in schönster Ordnung.

Ich krümmte mich vor Lachen.

Ihr spinnt doch! Glaubt ihr denn, der liebe Gott da oben kümmere sich um den Zivilstand derer, die ihn suchen?

Nun war ich Kandidat und machte den klösterlichen Alltag mit, ass schweigend und schnell das Mittagessen, schnell und schweigend das Nachtessen, eine seltsame Sache, kam es mir vor. Denn keiner sah dem andern in die Augen, man sah sich nicht an, sass stumm neben dem andern und mampfte und lauschte der Lesung, die einer hielt. Heute begreife ich das als normal. Man braucht sich gar nicht ins Gesicht zu schauen, weil du den andern bereits an seinem Schema erkennst, an seinen Schritten. Mein Gehör, nach zwanzig Jahren Kloster, hat gelernt, jedes Geräusch zu deuten.

Sie machten mich zum Zeichenlehrer, ich bin es gern, bin es aber nicht ausschliesslich.

Mein Unterricht hier an unserer Schule heisst Schule des Sehens.

Was ist das?, fragen die Schüler.

Sich bewusst machen, was man sieht, sage ich.

Was heisst das?, fragen die.

Ich will euch beibringen, nicht wie Affen durch die Gegend zu latschen, mit offenen Augen zwar, aber ohne zu erkennen, was ihr seht.

Um ehrlich zu sein, ich weiss nicht, ob sie verstehen, was ich meine.

Ich frage: Welche Sprache ist die mächtigste der Welt?

Englisch, sagen die Schüler.

Falsch!, sage ich, die mächtigste Sprache der Welt heisst Marketing, auch Verführung genannt.

Äääää!

Dann frage ich: Welchen Sänger, welche Sängerin hört ihr am liebsten?

Den und den, die und die, antworten die Schüler.

Wieso gerade den?, frage ich.

Weil der so hurencool ist!

Und weshalb ist der so cool?

Weil den alle so cool finden!

Schliesslich erzähle ich den Kindern, dass ich einst, in meinem Vorleben, in Frankfurt wohnte. Dass in dem Haus, wo mein Büro war, auch die Sony Corporation ihr Büro hatte. Und dass ich ab und zu dort einen Kaffee trank. An der Wand hing eine riesige Europakarte, vollgesteckt mit vielen kleinen bunten Nadeln.

Jede Nadel, sage ich, steht für einen Product Manager. Und jeder Product Manager ist zuständig für ein Gebiet. Einer sogar für die Surselva zwischen Chur und Disentis.

Aaaaa!

Und jeder Product Manager muss in seinem Gebiet so und so viele Produkte verkaufen. Und wie macht er das? Indem er die Lokalradios abklopft und mit Produkten überhäuft, damit sie genau diese Produkte dauernd über den Sender jagen. Damit ihr schliesslich glaubt, genau dieses Produkt sei hurencool. Denn cool ist ja nur, was dauernd am Radio kommt. Glaubt ihr.

Aha, sagen die Schüler.

Und mit der Mode ist es noch viel verreckter, sage ich. Woher wisst ihr eigentlich, dass plötzlich Jeans geil sind, die am Knie ein Loch haben?

Weil die einfach geil sind, sagen sie.

Das sind sie nicht, sage ich.

Doch!, sagen die.

Ihr glaubt nur, die seien geil, weil eure Bravoheftlihelden sie tragen. Aber die machen das nicht gratis. Ihr seid Verführte, manipulierte Masse, schämt euch.

So ungefähr geschieht meine kleine Schule des Sehens.

Das Wertvollste, das man einem Schüler vermitteln kann, ist die Fähigkeit zu entscheiden — möglichst frei von allen Sirenen. Das gilt auch für mich. Ich will mich nicht freiwillig zum Sklaven machen. Deshalb verbiete ich mir in meiner Zelle das Internet, das Radio, ich bin nicht ins Kloster gekommen, um all dieses Zeug zu haben, das nur ablenkt vom Eigentlichen. Das Eigentliche — ich habe kein besseres Wort dafür — finde ich in der Ruhe, manchmal spät nachts, wenn ich allein in der Krypta des Placidus sitze, allein mit mir, meiner Geschichte und Gott.

Und wenn ich dann noch ein paar Schritte durch den Garten gehe, das Kloster vor mir, und all die bläulich erhellten Fenster sehe, dann weiss ich, wer wieder am Internet hängt.

Meinen Mitbrüdern drohe ich manchmal im Scherz: Ihr könnt bloss froh sein, dass ich nie Abt werde.

Doch das Klagen liegt mir nicht.

Das Grundthema des Mönchs ist das Aushalten. Auch das Aushalten seiner selbst.

Wann aber wird Aushalten seiner selbst zur Verleugnung seiner selbst?

Eine schwierige Frage, vielleicht unlösbar —

Wir hatten einmal einen Menschen hier, der nun in einem anderen Kloster lebt. Der hatte ein Problem mit seiner Homosexualität. Wir sprachen oft darüber, es ging ihm schlecht.

Ich sagte: Du kannst dir zwar einreden, du hättest diese Schwierigkeit nicht, aber das Reissen unterhalb des Gürtels kriegst du damit nicht weg. Do it! Mach es! Finde raus, wer du bist! Verlass das Kloster für ein halbes Jahr und gib dich dem Abenteuer des Lebens hin, in jeder Beziehung.

Er hatte nicht den Mut. Leider.

Ich war also Kandidat, 1989, dann Novize, 1990, lernte Psalmen und dergleichen, oft zusammen mit Bruder Gerhard, dem Bäcker aus Meierhof, der so alt ist wie mein Sohn. So verschieden wir sind, Bruder Gerhard und ich — er der Leise, ich der Laute, Gerhard der Zufriedene, Magnus der Plagöri —, so magisch ist unsere Beziehung, seltsam und innig. Kein böses Wort in zwanzig Jahren, nicht die kleinste Gehässigkeit.

Das ist, bei Gott, nicht die Regel —

Mit Bruder Gerhard legte ich schliesslich die Profess ab, zuerst die einfache, dann die feierliche, aus Marcellus wurde Magnus.

Und in dem Augenblick, da ich den Hymnus singe und damit mein Ordensgelübde, glüht plötzlich ein helles Licht, ein lautes Krachen erschallt — ein Blitz aus heiterstem Sommerhimmel.

Typisch Magnus!, scherzten manche, der kommt nicht aus ohne special effect.

Nun bin ich seit zwanzig Jahren hier im Kloster Disentis, Benediktiner, ora et labora, ich weiss noch immer nichts Besseres.

Allerdings — und nun sage ich etwas Frommes und Katholisches — allerdings weiss ich, dass der liebe Gott, vielleicht aus einer Laune, jederzeit auf die Idee kommen könnte, mich einer Veränderung zuzuführen.

Vielleicht nach Frankfurt, um dort ein Bordell zu leiten.

Was dann? —

Im Ernst.

Was dann, wenn der Gott, an dessen Ruf du glaubst, plötzlich Verrücktes will?

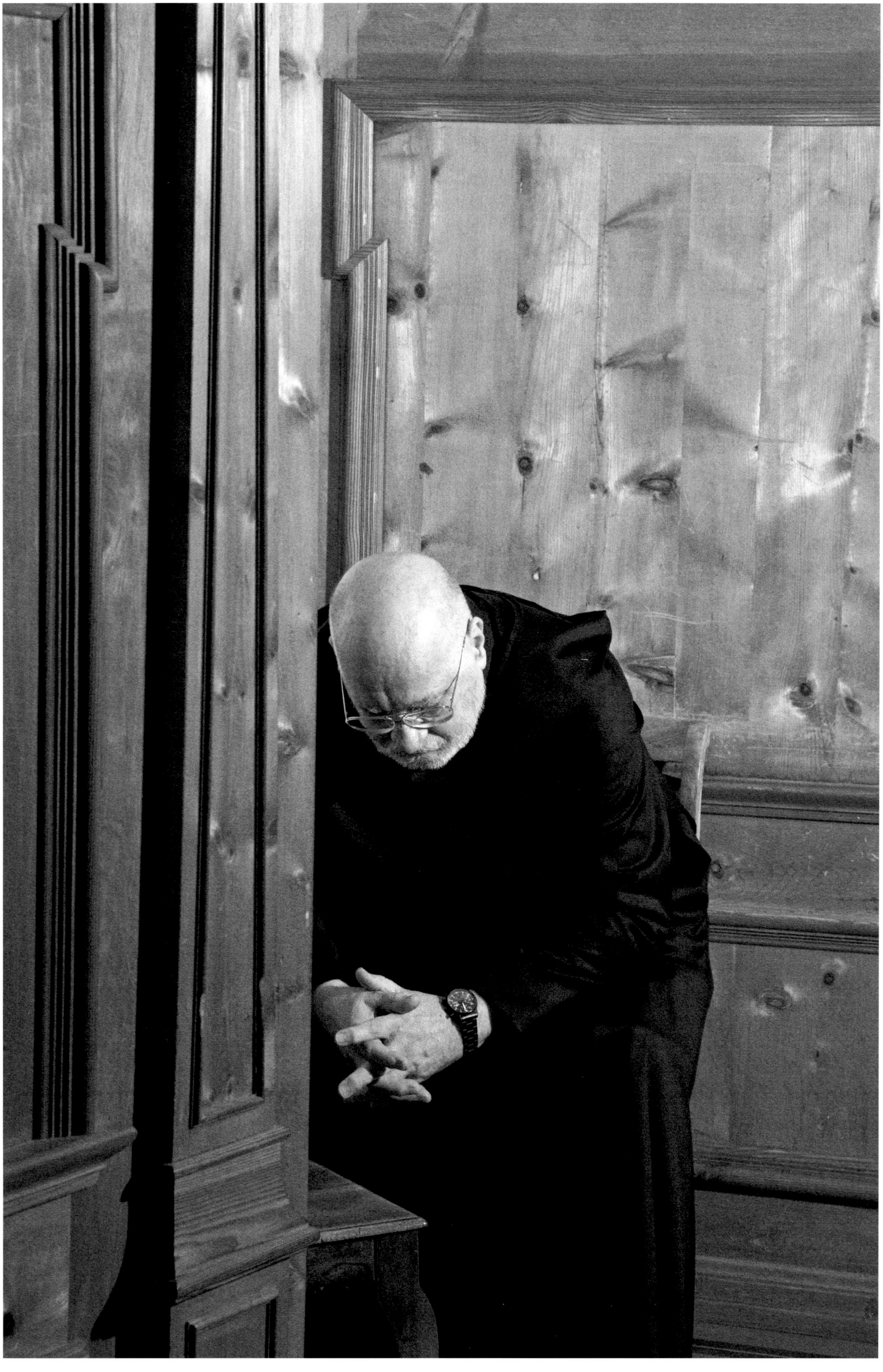

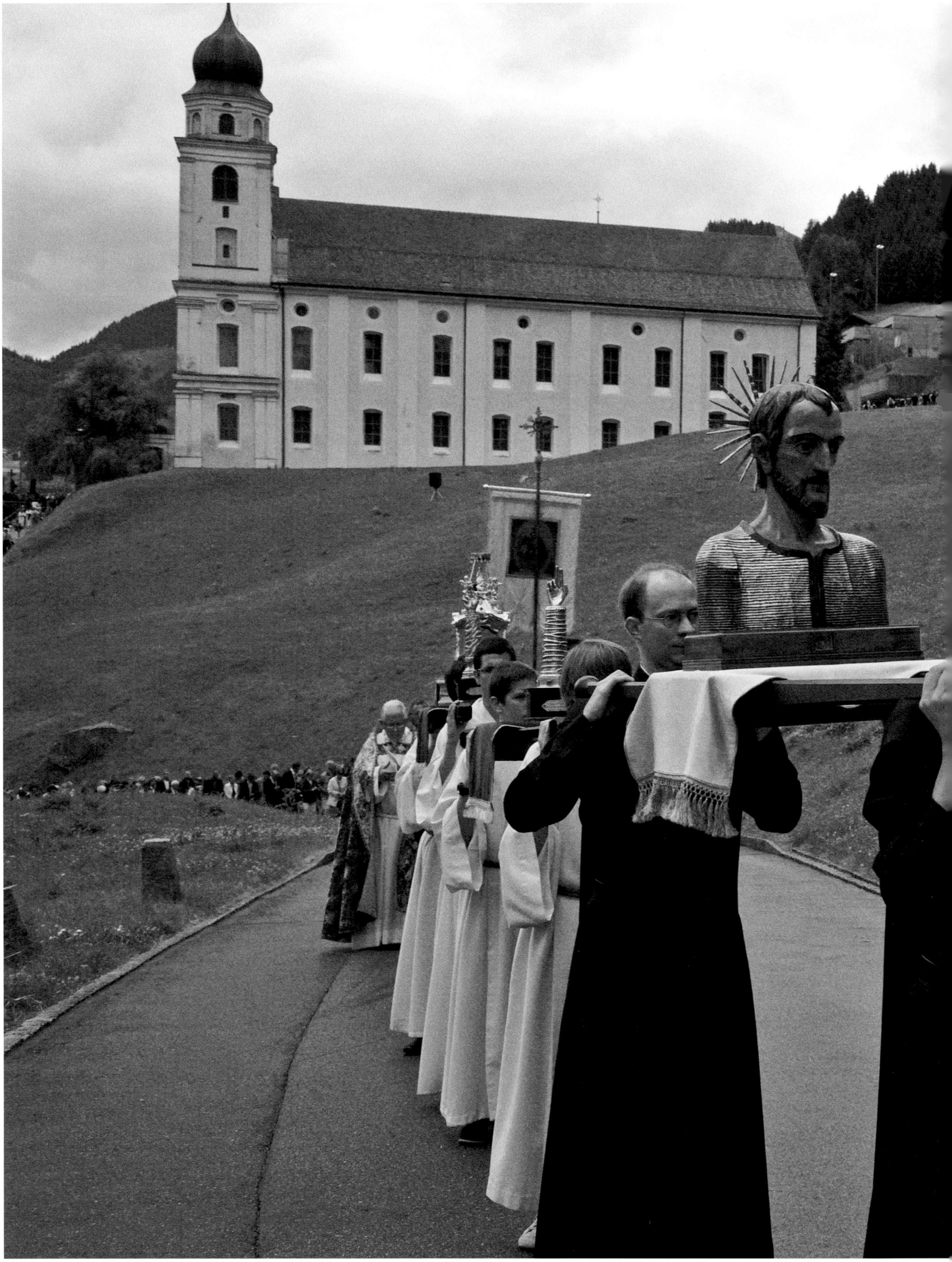

94

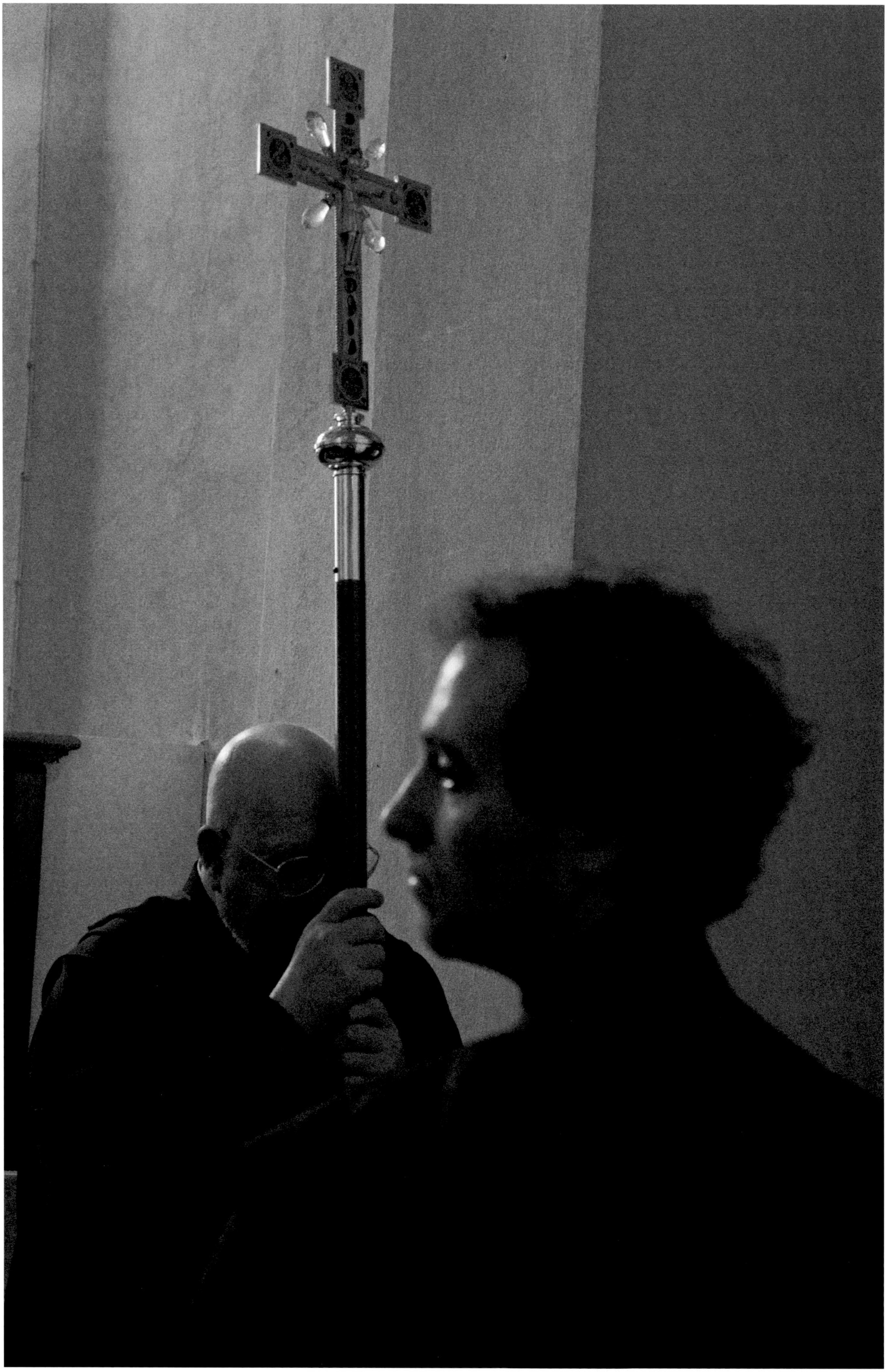

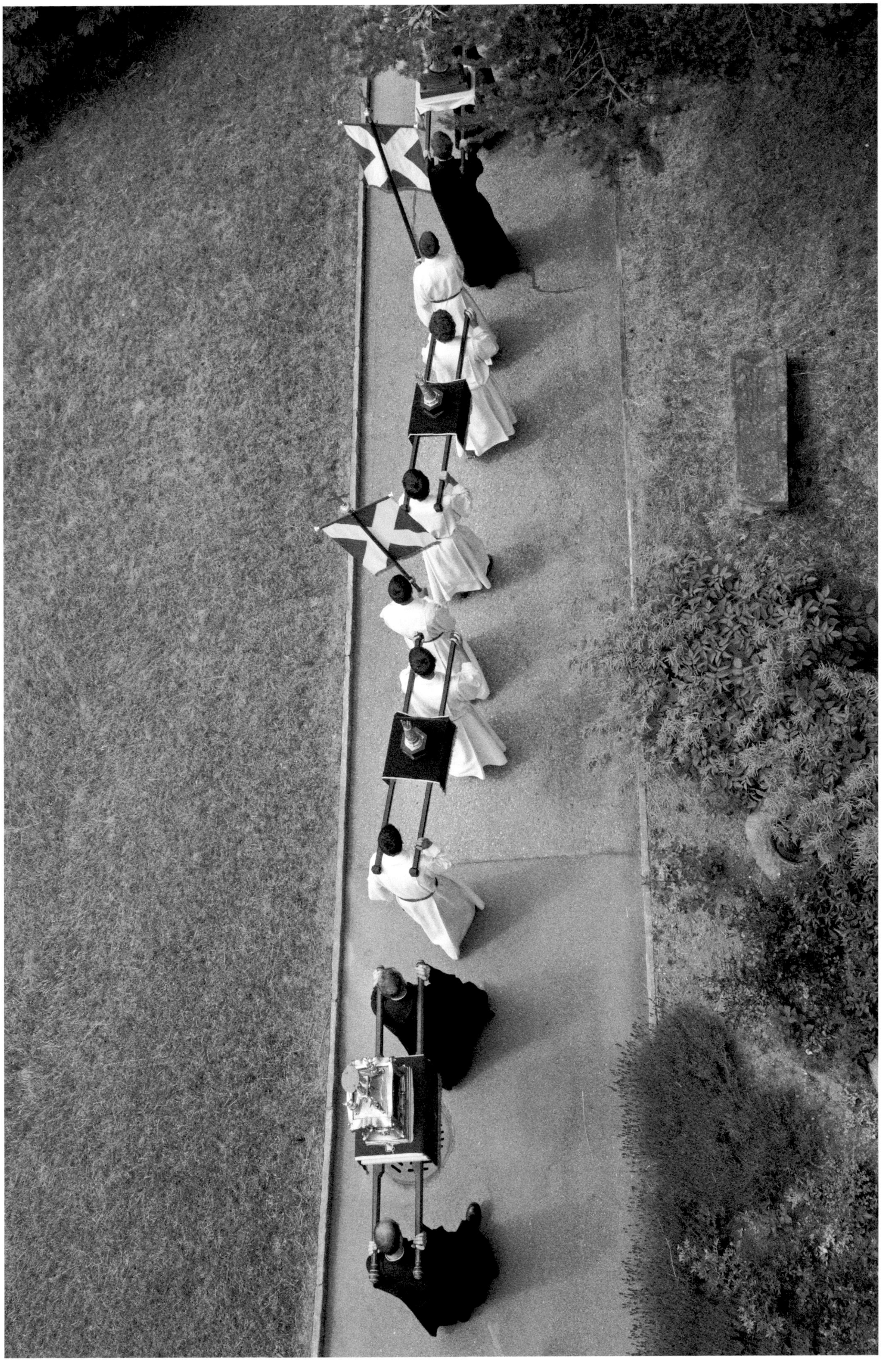

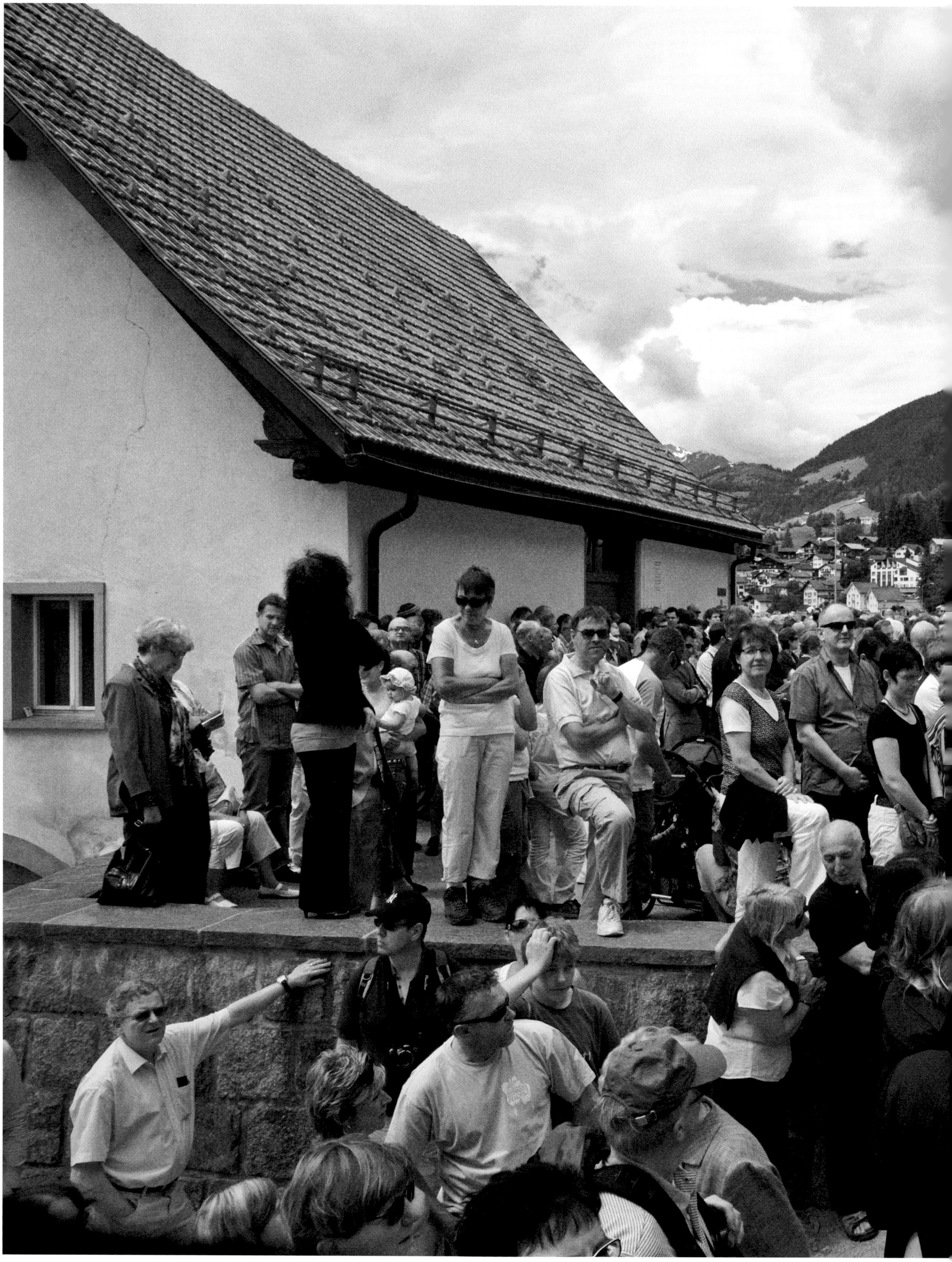

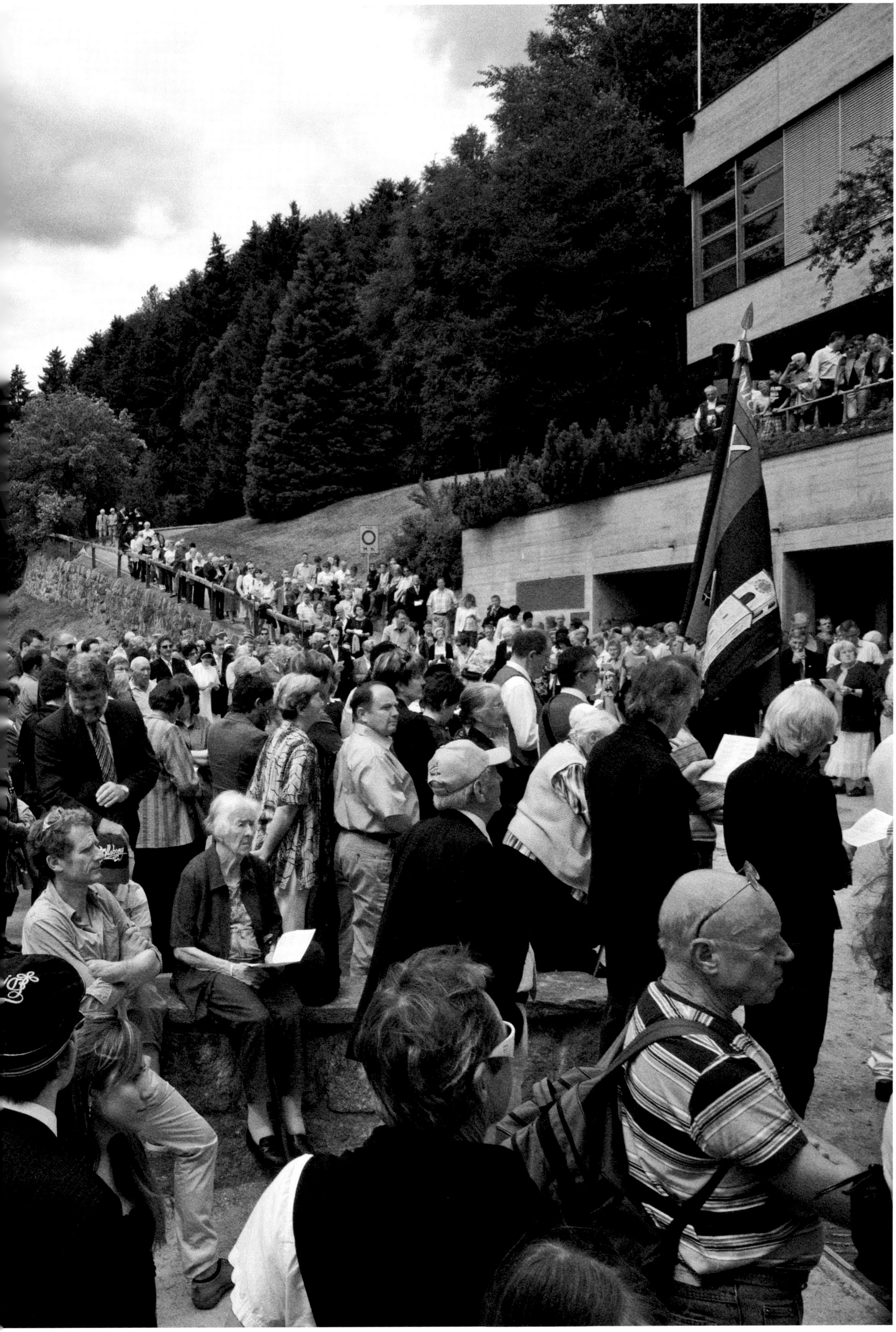

98

93　Bruder Magnus Bosshard
94　Prozession am Hochfest St. Placi und St. Sigisbert
95　Bruder Magnus Bosshard und Bruder Martin Hieronymi
96　Reliquiare bei der Prozession
97　Prozession, vor dem Schlusssegen
98　Böllerschüsse am Hochfest
99　Blasmusik vor Prozessionsbeginn

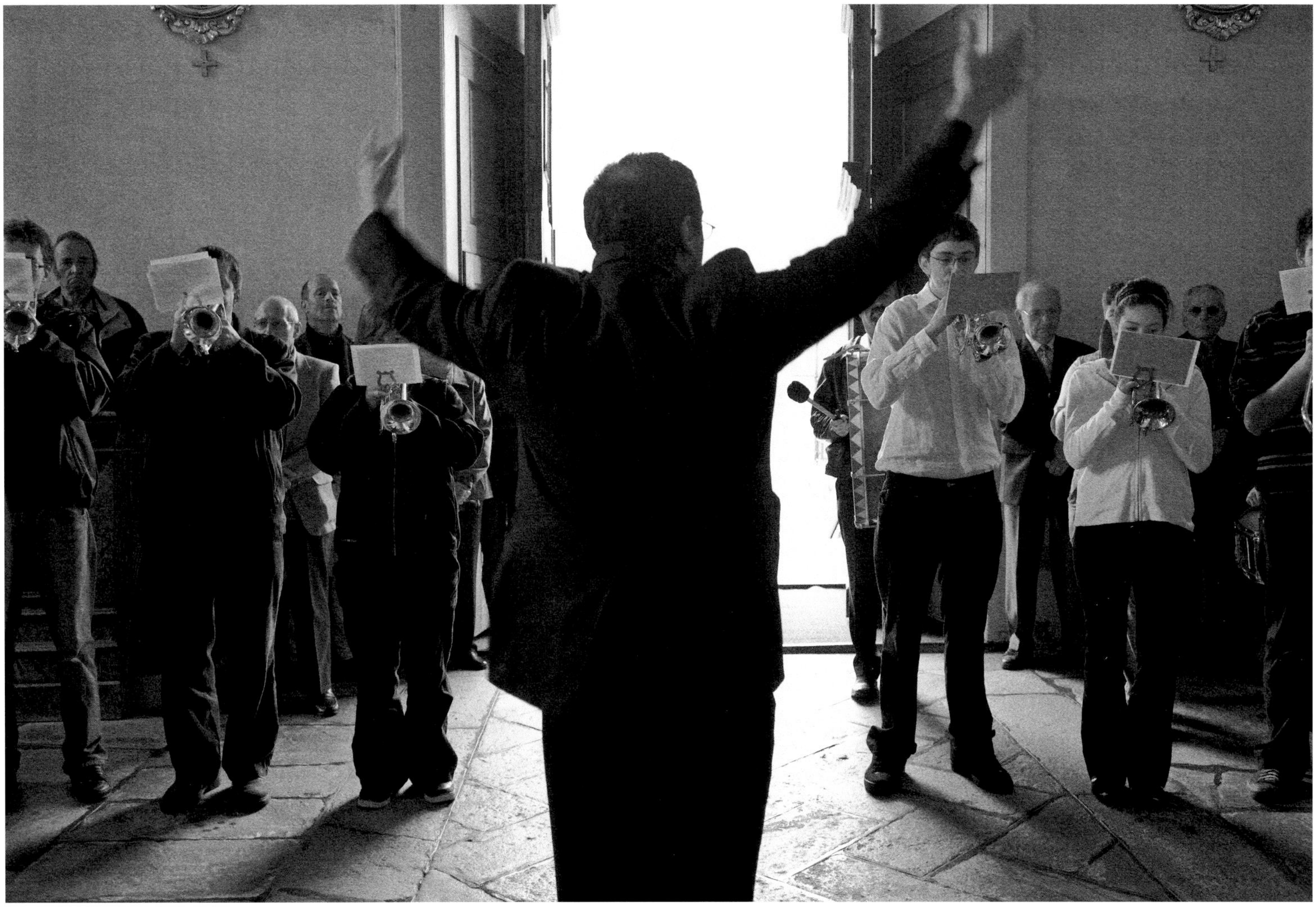

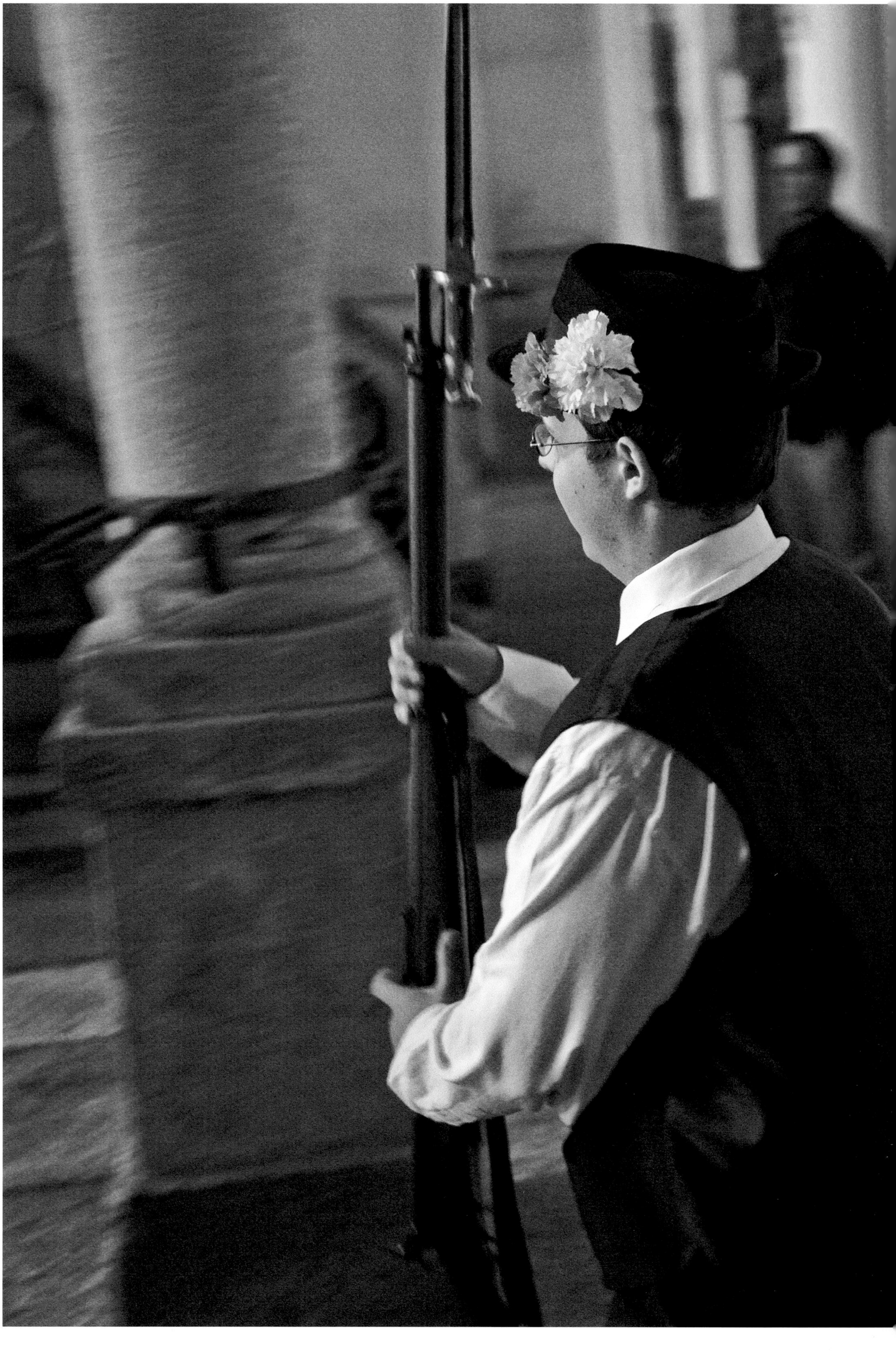

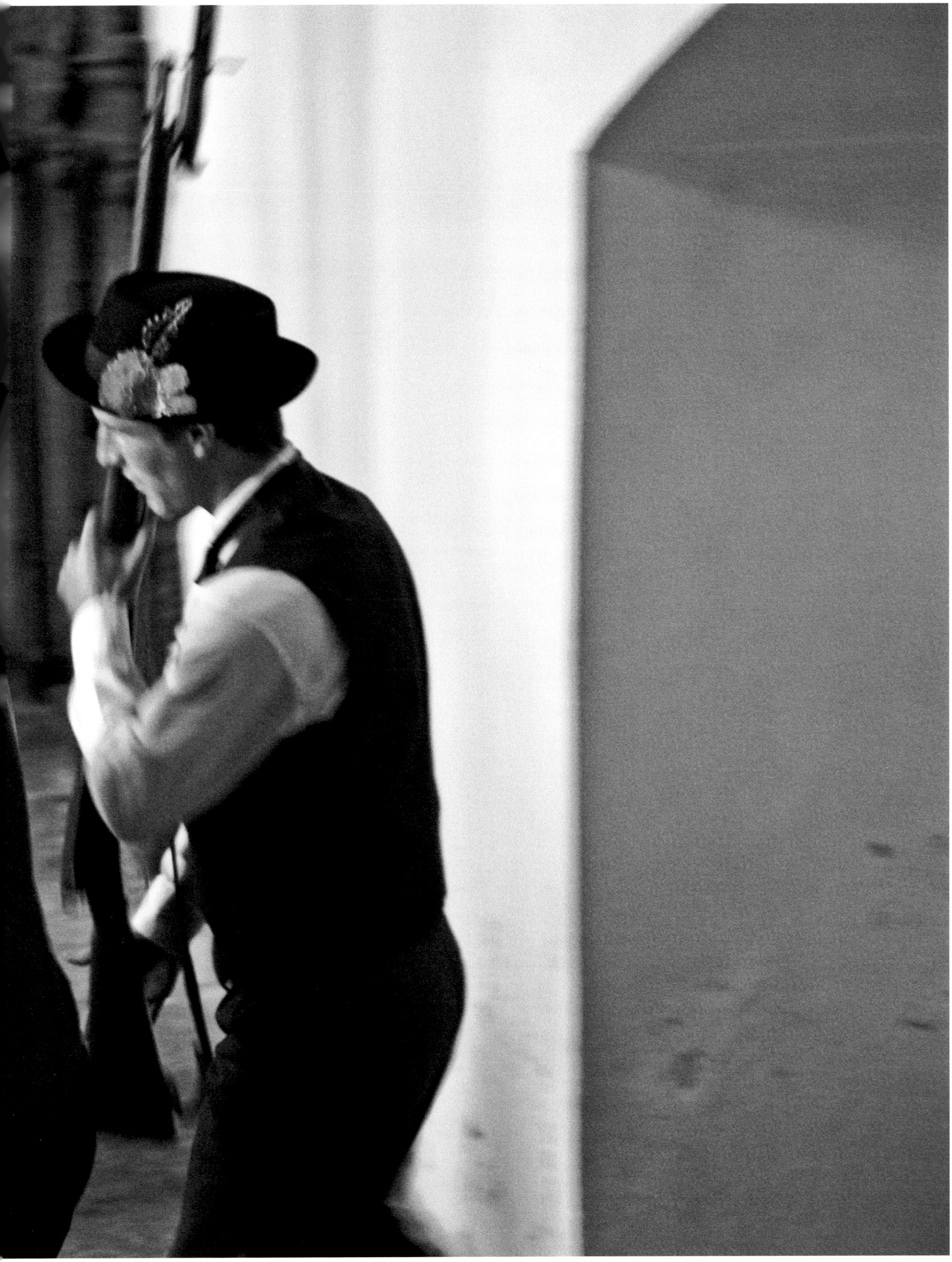

101

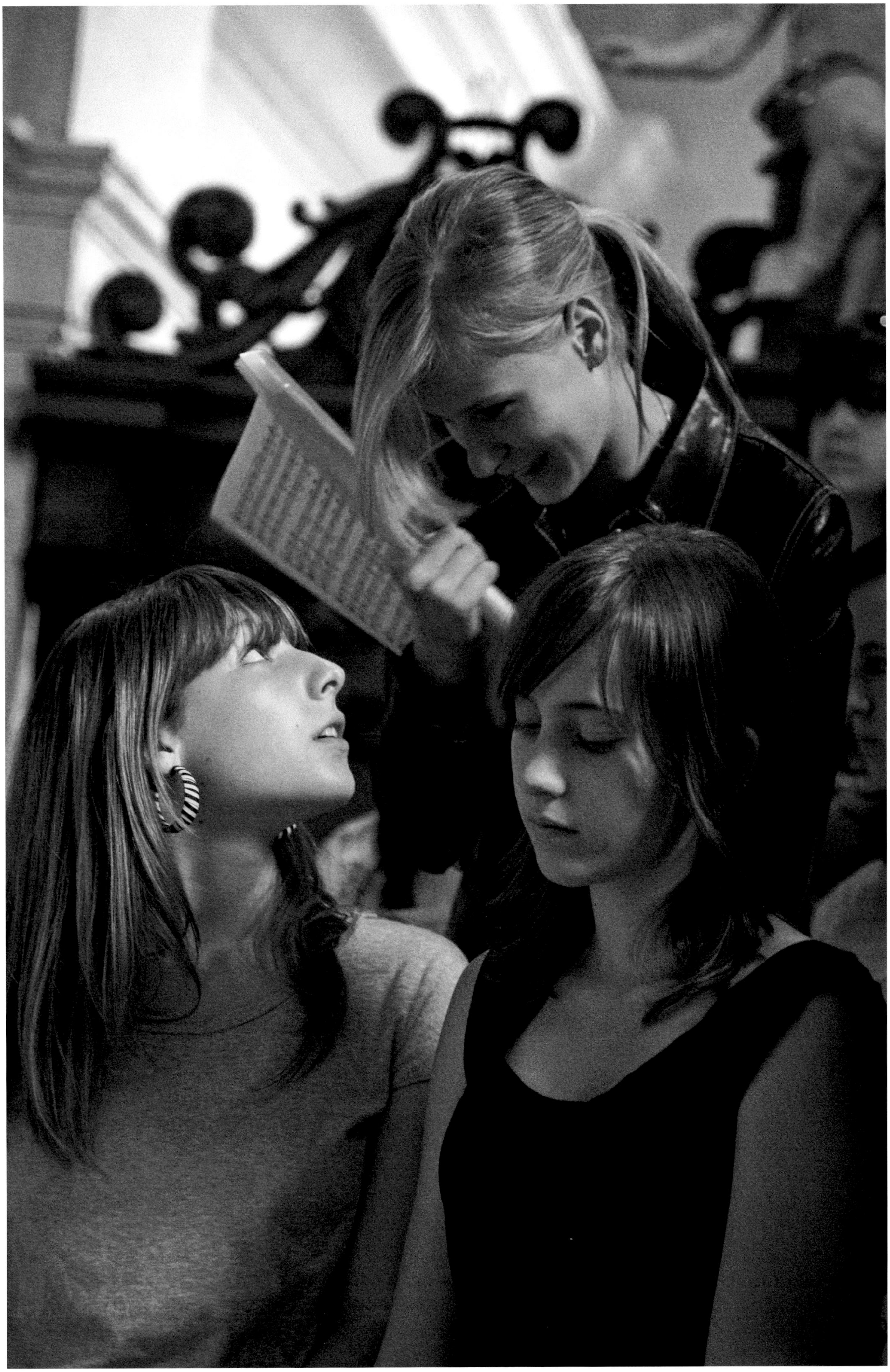

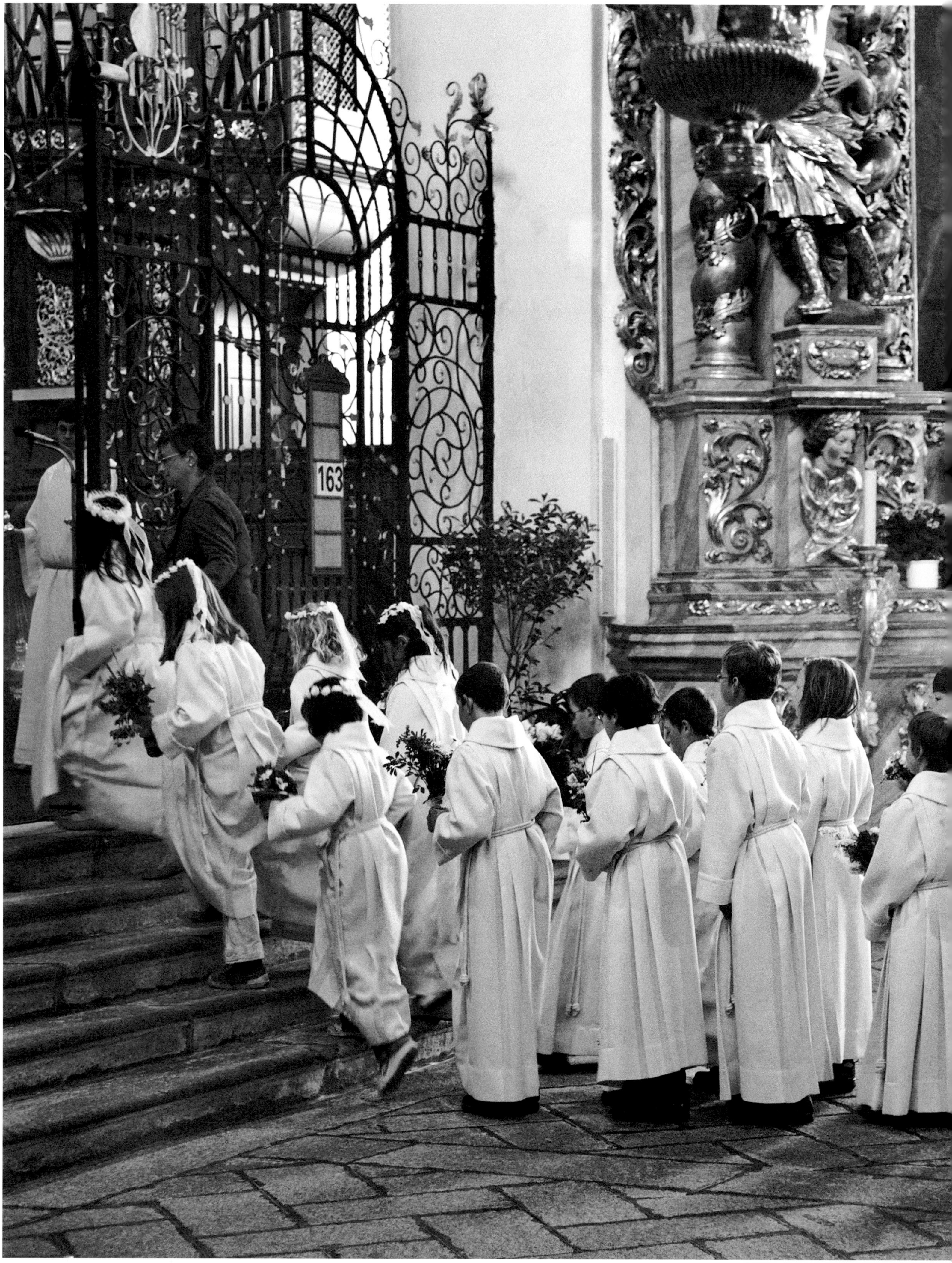
163

103

104

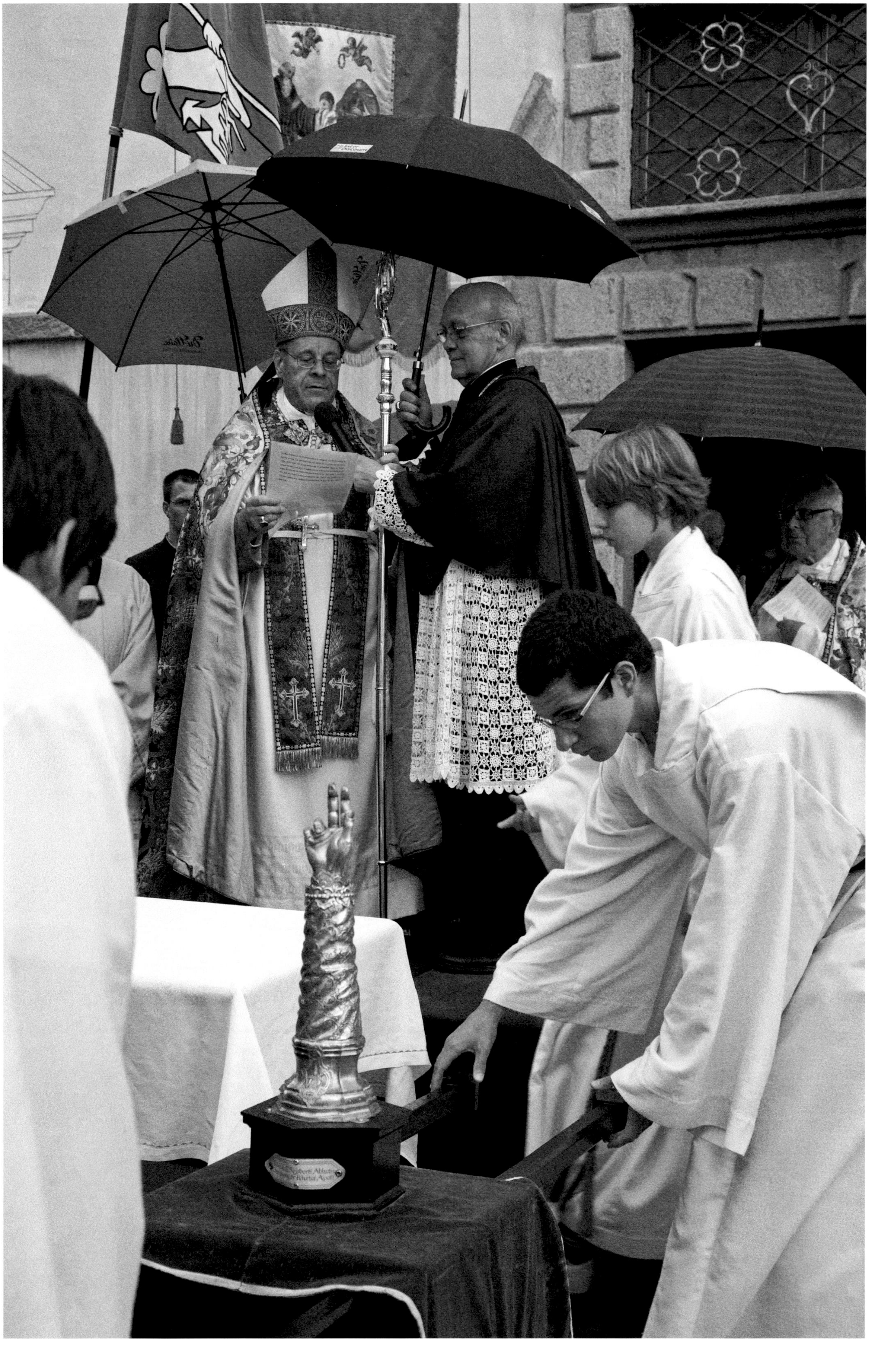

100 Uniun da Giuventetgna am Hochfest
101 Ursin Defuns, Chorleiter
102 Schülerchor
103 Erstkommunikanten an Fronleichnam
104 Dorfkinder im Altarraum
105 Bischof Vitus Huonder und Abt Daniel Schönbächler
    vor der Armreliquie des heiligen Placidus
106 Ende des Schuljahres
107 Ende der Prozession
108 Feuerzangenbowle der Studentenverbindung Desertina
109 Kommers der Studentenverbindung

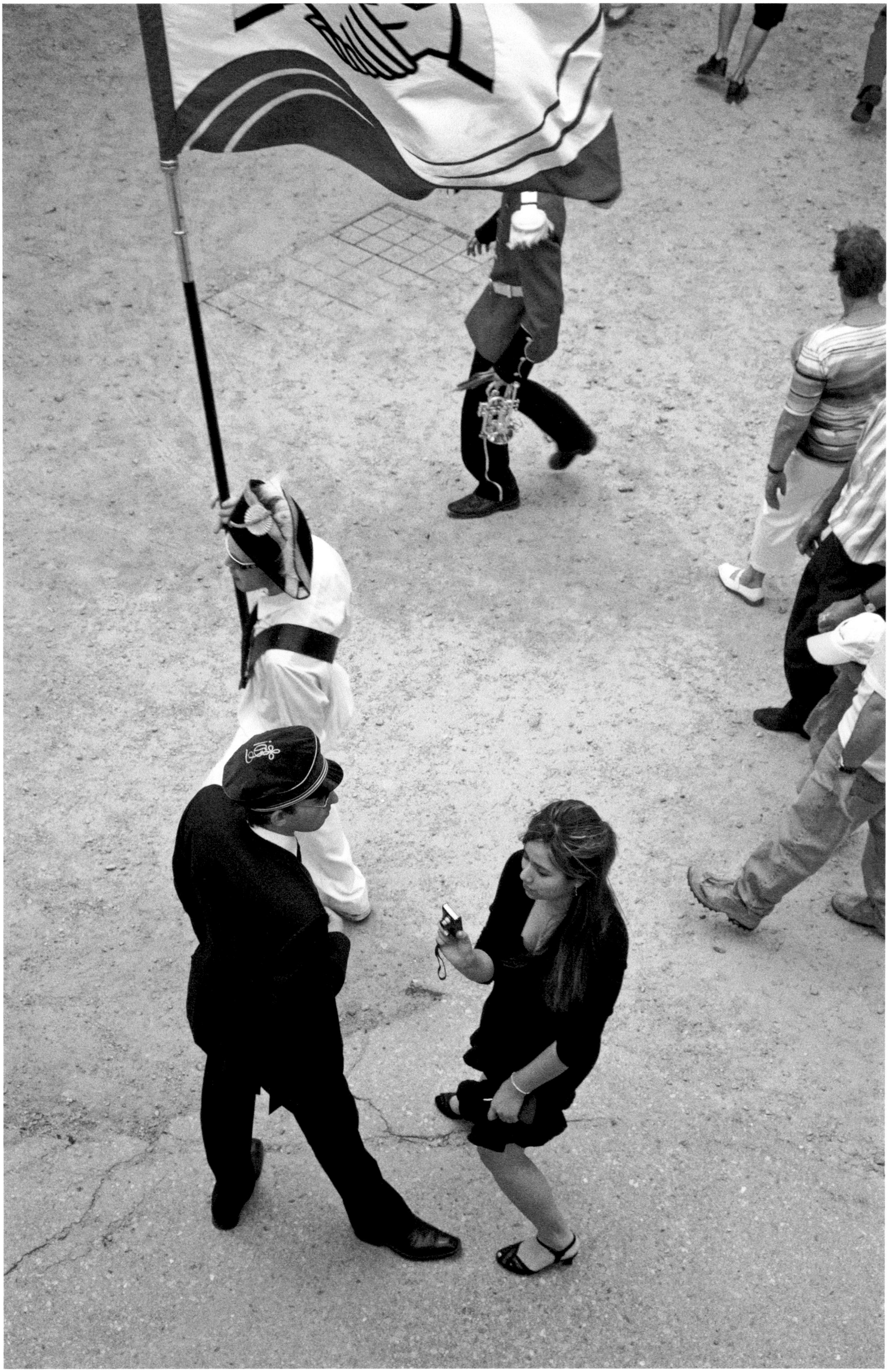

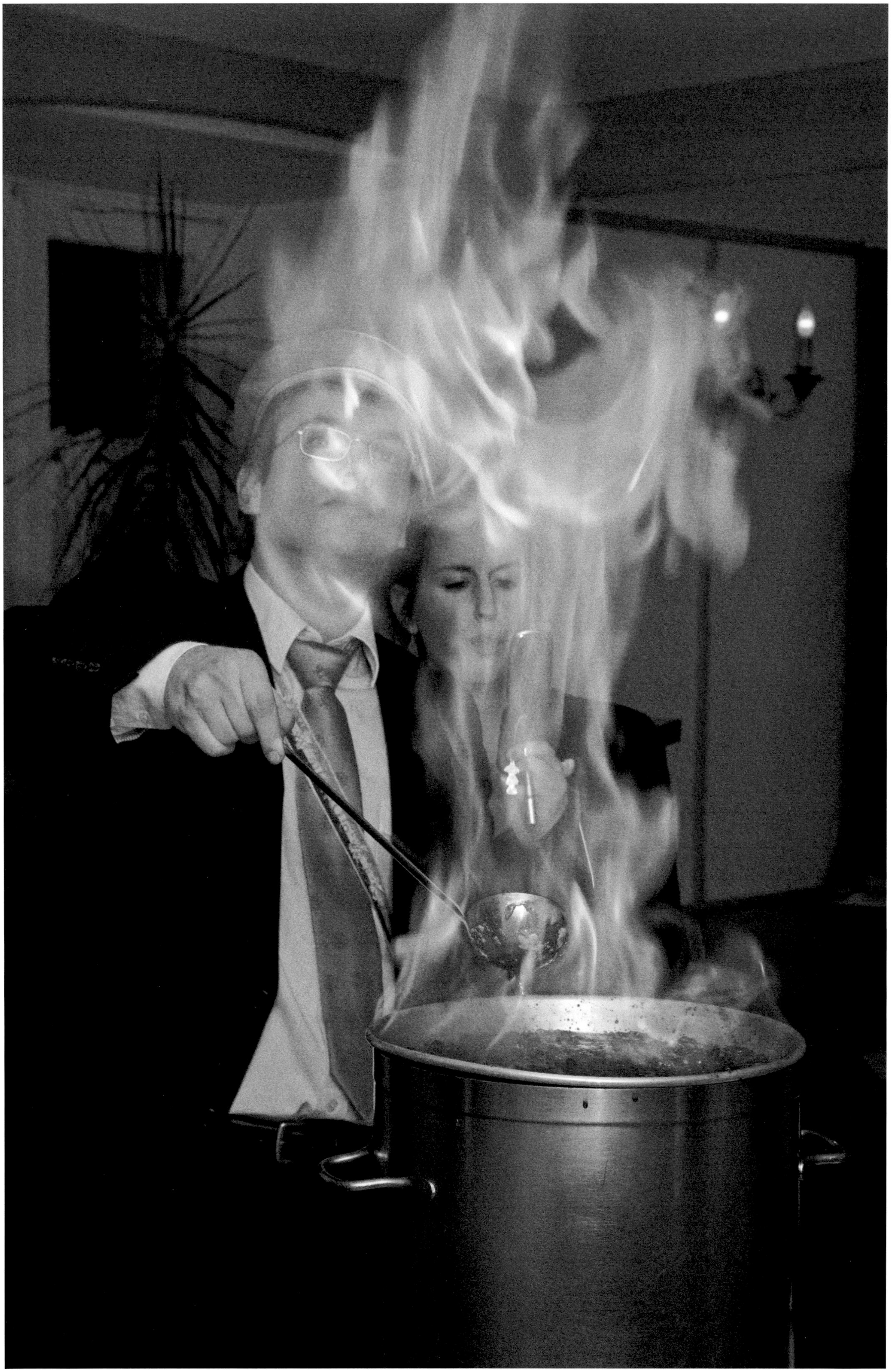

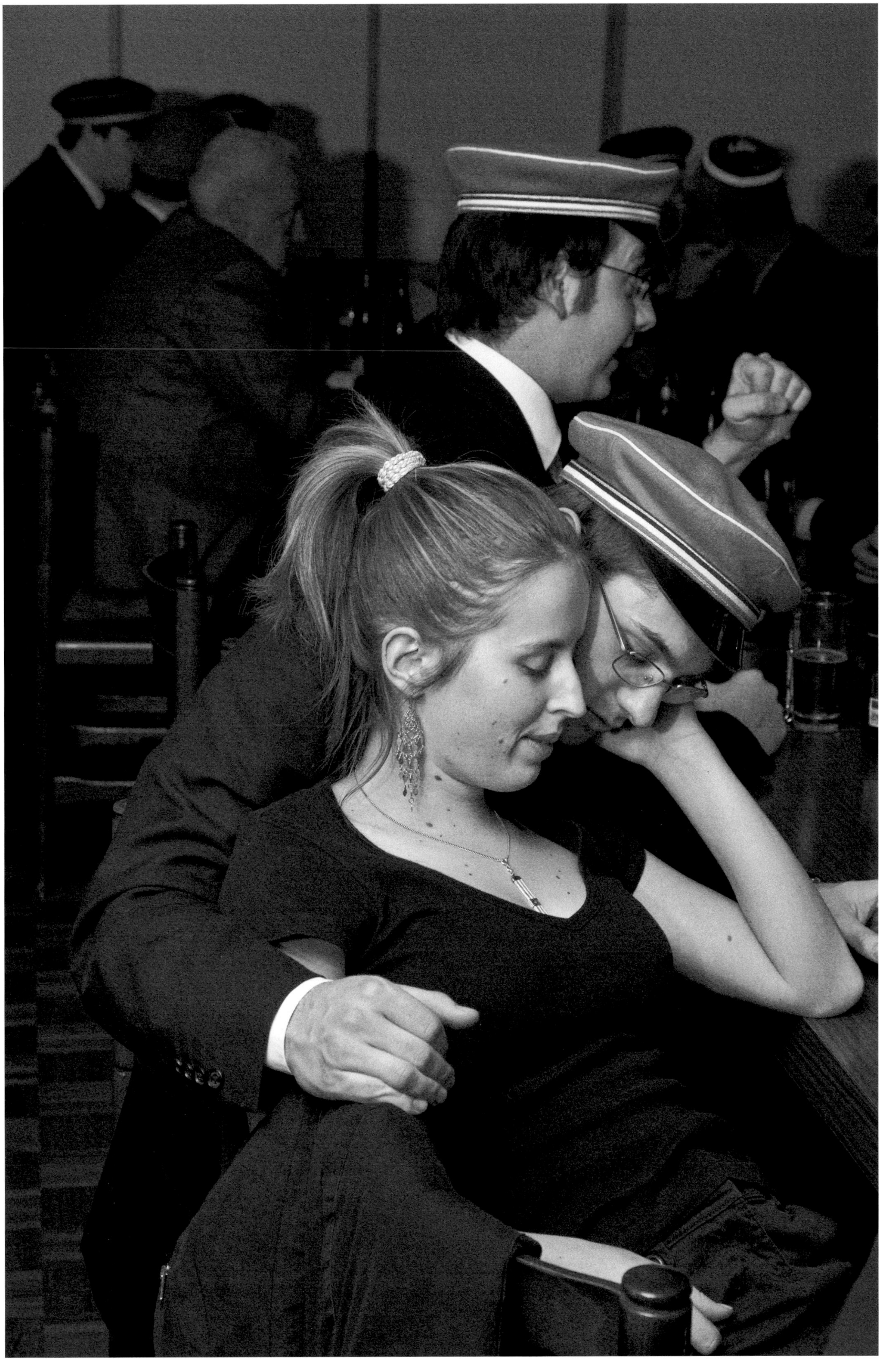

Mönch sein fordert heraus

—

Pater Bruno Rieder, 49,
von Vals GR,
Lic. theol. und Dr. phil.,
heute Novizenmeister und Lehrer,
im Kloster seit 22 Jahren

—

Oft merke ich schon an der Wahl seiner Worte, ob jemand fürs Kloster taugt.

Manche rufen an, manche schreiben einen Brief oder schicken ein E-Mail. Und wenn ich dann das Gefühl habe, jemand könnte in Frage kommen für ein Leben mit uns, lade ich ihn ein, ein erstes Wochenende hier zu verbringen.

Er betet mit uns, er isst mit uns, erlebt, wer und wie wir sind.

Danach reden wir.

Und kommen vielleicht zum Schluss, er möchte uns noch einmal besuchen, diesmal aber zwei Wochen lang.

Andere merken sofort, dass das Lebensmodell Kloster ihrem Wesen nicht entspricht. Klostertauglich sind letztlich wenige.

Novizenmeister bin ich nun seit gut zehn Jahren. Ich bin zuständig für die Mitbrüder, die neu im Kloster sind, ich begleite sie von ihrem Eintritt bis zur feierlichen oder ewigen Profess, viereinhalb Jahre lang.

Ich selber war lange unentschlossen. Es gab eine Zeit, da war mir, zumindest vordergründig, nichts fremder als der Gedanke, Mönch von Disentis zu werden. Ich bin von Vals, einem Bergbauerndorf, stamme also aus der Gegend. Mein Vater war dort Lehrer, meine Mutter Hausfrau und Anwaltssekretärin. Seit Jahrhunderten lebten ihre Vorfahren in Vals. Dort ging ich zur Schule und kam dann nach Disentis ins Internat, für sieben Jahre. Unsere Lehrer und Präfekten waren fast alle Mönche. Doch als Mönche, so kam es mir vor, waren sie unfassbare Wesen, wir Schüler nannten sie Schwarze. Wegen der schwarzen Kutten.

Auf jeden Fall wurde ich recht ungehalten, als am Tag, da wir unsere Matura feierten, ein Pater mich in seine Zelle bestellte und feierlich sagte: Man hört, Bruno, du willst ins Kloster!

Vorläufig sicher nicht!, sagte ich und drehte mich um.

Heute denke ich, dieser Pater lag im Grunde so falsch nicht. Vielleicht glaubte er, man müsse mich, durch irgendwas behindert, ein bisschen anschieben, denn zwei aus meiner Klasse traten tatsächlich ins Kloster ein — und recht bald wieder aus.

Auf jeden Fall lag das Mönchsein damals noch ausserhalb meiner Welten. Ich zog nach Zürich und studierte an der Universität Germanistik, Philosophie und Geschichte.

Aber ich hatte einen Cousin im Kloster Disentis. Der hiess mit Klosternamen Bruno Rieder, wie ich. Und wenn mich ab und zu die Überlegung streifte, Mönch zu werden wie er, dann glaubte ich, in Disentis, wo es bereits einen Bruno Rieder gab, sei dies kaum möglich. Trotzdem besuchte ich ihn hin und wieder, blieb dann auch über Nacht und sah zum ersten Mal hinter die dicken Fassaden. Aus den Schwarzen wurden allmählich Mönche, lustige, mürrische, nahbare, schüchterne, humorlose, kluge, abweisende, linke, rechte — jeder anders. Sodass ich mich fragte: Was hält die zusammen? Da muss etwas Tieferes sein, das sie eint. Besonders gefiel mir das Atmosphärische, das Singen im Chor, das Essen an langen Tischen, das Ritualhafte im Alltäglichen.

Und so wurde aus meiner Distanz irgendwann eine Möglichkeit.

Und aus der Möglichkeit ein Wunsch.

Ende 1986, über Neujahr, war ich am Genfersee fünf Tage lang in Exerzitien, also in einer Art Seminar zur geistlichen Entscheidungsfindung. Und dort geschah es.

Von dort aus rief ich den Disentiser Novizenmeister an, Pater Pankraz, der später Abt wurde, und sagte: Pater Pankraz, ich bin auf dem Weg nach Hause, darf ich Sie besuchen?

Ich durfte.

Pater Pankraz meinte, ich sollte, bevor ich ins Kloster käme, mein Studium beenden.

Das tat ich, wurde dann, zusammen mit Dietrich Monn, dem heutigen Pater Vigeli, Kandidat. Und weil man uns kannte — beide waren wir hier Schüler gewesen —, dauerte unsere Kandidatur statt ein halbes Jahr nur drei Wochen.

Wenn also ein Mann beschliesst, in Disentis Mönch zu werden, ist er ein halbes Jahr lang Kandidat, normalerweise. Er trägt noch seine eigenen bunten Kleider, aber lebt mit uns, als wäre er einer von uns. Er hilft mit, betet mit, wohnt in der Klausur, also in dem Bereich des Klosters, der nicht jedermann offen steht, am wenigsten den Frauen, er nimmt auch am Unterricht der Novizen teil, aber er ist frei, das Kloster zu verlassen, wann immer er will — er ist zu nichts verpflichtet.

Schliesslich, falls er bleibt, wird aus dem Kandidaten ein Novize.

Es passiert jetzt der Moment der sogenannten Einkleidung — der Novize bekommt seine erste Kutte, der Abt hilft ihm ins neue Gewand. Das ist ein intimer Akt, den wir jeweils in der Krypta des heiligen Placidus feiern, in den Tiefen unseres Gemäuers, fernab jeder Öffentlichkeit.

Das Noviziat dauert ein Jahr. Der Novize ist weiterhin frei, das Kloster zu verlassen. Er ist Teil des Alltags, er arbeitet. In meinem Fall war es so, dass ich in der Bibliothek, im Garten und bei der Reinigung mithalf. Und er besucht die Unterweisungen des Novizenmeisters und anderer Mitbrüder, drei Lektionen am Vormittag.

Einführung in die Regel des heiligen Benedikt, Spiritualität, Liturgie, Choralsingen, Psalmen, allgemeine Bibelkunde, Ordens- und Klostergeschichte und so weiter.

Allerdings lernt ein Novize am meisten durch das Beispiel der Gemeinschaft.

Eigentliche Prüfungen gibt es nicht. Ab und zu lasse ich die Novizen eine Arbeit schreiben über ein geistliches Thema — über einen Heiligen vielleicht oder über eines der Gelübde, die ihnen bevorstehen —, die sie dann im Unterricht vortragen müssen.

Gegen Ende des Noviziats, also nach einem Jahr, muss der Novize wissen, ob er bereit ist, ein erstes Gelübde abzulegen, die einfache oder zeitliche Profess. Und klosterseits machen sich die Verantwortlichen Gedanken darüber, ob man den Novizen tatsächlich in der Gemeinschaft will. Schliesslich kommt es zur Abstimmung des Konvents, jeder Mönch, von niemandem beobachtet, legt eine Bohne in ein Urne — eine weisse, wenn er für die Aufnahme des Novizen ist, eine schwarze, wenn er dagegen ist.

Dann also geschieht die einfache oder zeitliche Profess — der Novize spricht sein Gelübde und wird Mönch.

Ich erinnere mich — es war früher Morgen in der grossen Klosterkirche, düster, kühl und geheimnisvoll, 15. Oktober 1989, ich stand da und wusste, jetzt bin ich Mönch, und merkte, dass plötzlich Tränen aus mir rannen, ich schämte mich, es war mir peinlich, ich drehte mich zu Vigeli, der mit mir im Noviziat gewesen war, und sah, dass auch er leise weinte.

Insgesamt ist das Noviziat eine sorglose Zeit. Der Novize ist in Beschlag genommen, behütet, angeleitet von seinen Mitbrüdern.

Die Krisen, wenn sie kommen, kommen meistens danach.

Das Hochgefühl, vom Neuen vermittelt, ist vorüber.

Erste Enttäuschungen.

Einsamkeit —

Ich war Lehrer an der Schule — und sehr überfordert. Ich hatte Mühe, Disziplin herzustellen, es ging mir schlecht, der Unterricht wurde zur Qual, und ich begann in Frage zu stellen, was bis anhin fraglos gültig gewesen war.

Ist das nun dein Leben?

Wie lange noch reicht deine Kraft?

Wozu?

Ich überlegte, das Kloster zu wechseln, vielleicht zu den Kartäusern, wo nun mein Cousin war.

Aber ich merkte, ich würde nur fliehen, dem schnellen Ausweg zuliebe.

Das wollte ich nicht. Das war nicht der Wille Gottes.

Also blieb ich und hielt aus.

Dachte an die Worte Jesu, die er, von vielen verlassen, an die zwölf Apostel richtete: Wollt auch ihr weggehen?

Worauf Petrus sagt: Herr, zu wem sollten wir gehen? Du hast Worte des ewigen Lebens.
Johannes, 6,68.

Ja, man ist manchmal einsam.

Wenn man gewisse Dinge allein bestehen muss.

Dinge, die in einem Kloster nicht veränderbar sind.

Wir sind hier kein Konzentrat Halbheiliger, sondern schwache Menschen, auf Gottes Barmherzigkeit angewiesen. Die so zu Heiligen werden können.

Mönch sein fordert heraus.

Und ab und zu, leider, raste ich aus, ich weiss es, es tut mir leid, aber ich kann ziemlich wütend werden, es braucht zwar viel, aber wenn es passiert, dann —

Jeder Mensch hat seine Lebenswunde —

Drei Jahre nach der einfachen oder zeitlichen Profess ist die feierliche oder ewige. Man erneuert sein Gelübde, die Eltern sind eingeladen, Freunde, Gäste, die Öffentlichkeit. Deine Mitbrüder stehen im Halbkreis, einer neben dem andern, und entbieten dir den Friedensgruss, eine Umarmung, einer nach dem andern — ein grosser Moment im Lebens des Mönchs.

In meiner Zeit als Novizenmeister begleitete ich nur zwei Mitbrüder bis zur feierlichen Profess.

Die meisten geben vorher auf. Oder finden eine andere Berufung.

Denn man bleibt, der man ist.

Oder man übergibt sich vorbehaltlos Christus, damit dieser einen wandle.

110

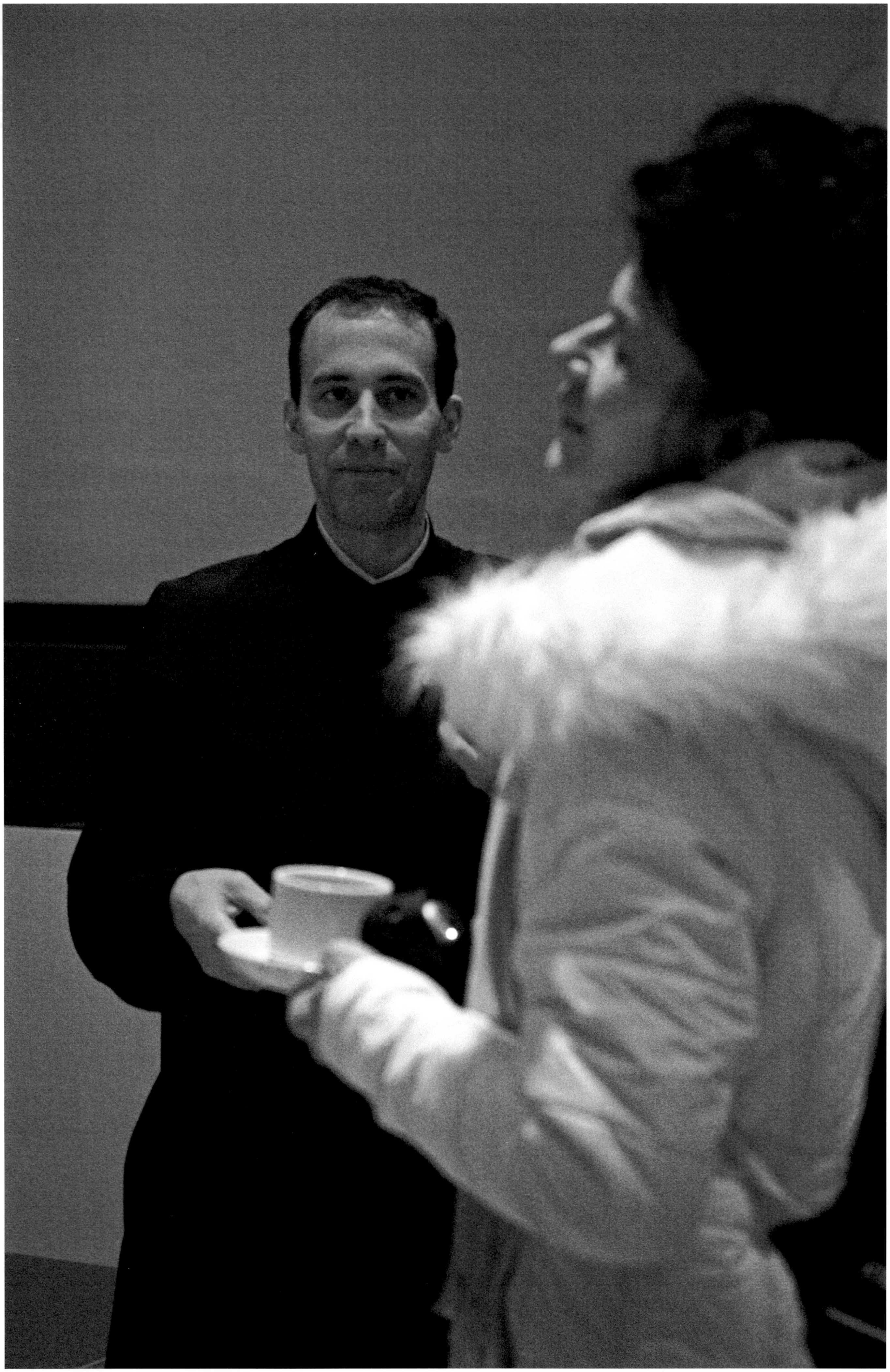

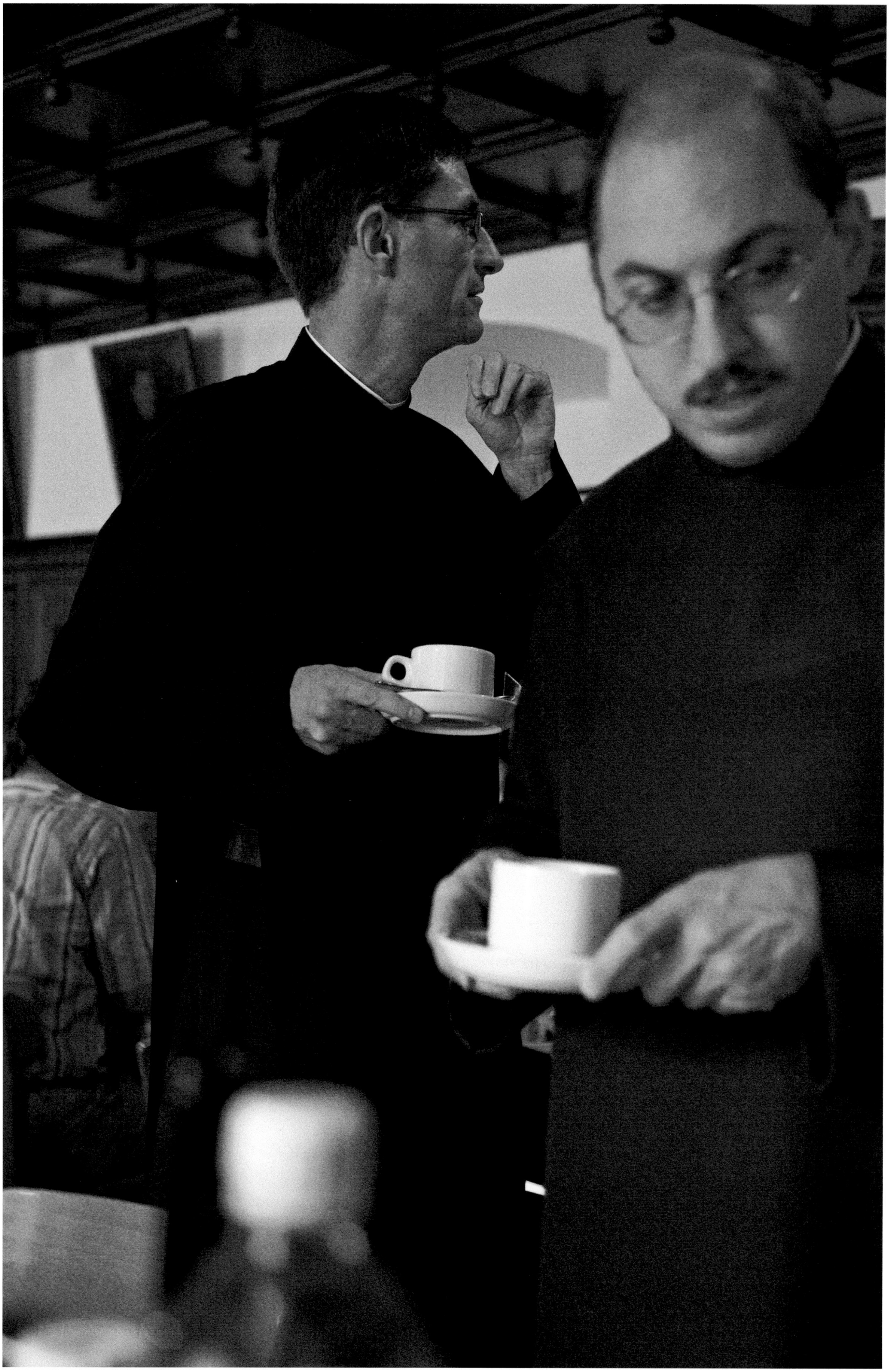

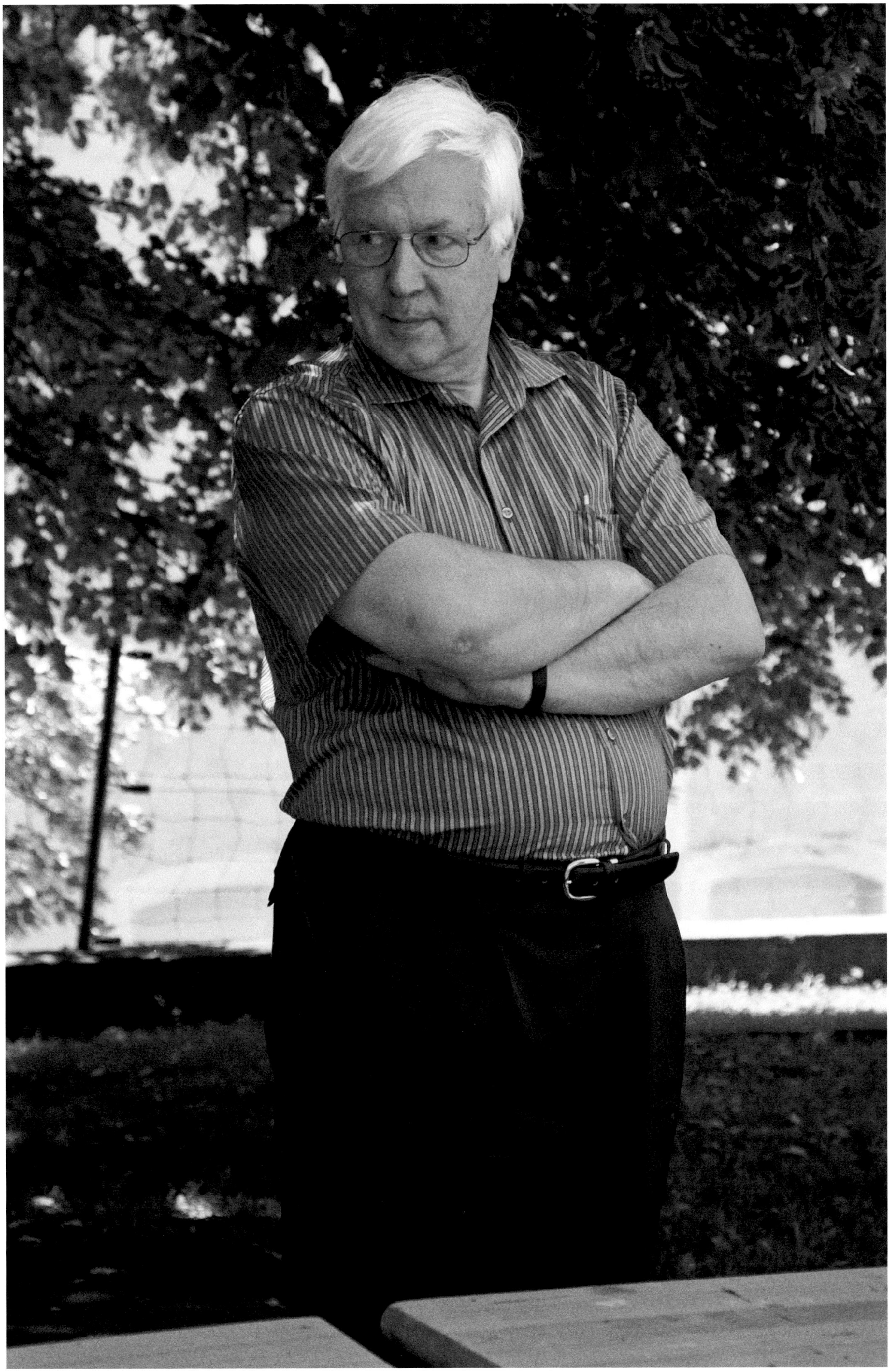

110 Bruder Urs Probst
111 Bruder Martin Hieronymi am Osternachtempfang
112 Sonntagskaffee im Gastsaal
113 Pater Pirmin Gnädinger
114 Bruder Franz Bommer am Nationalfeiertag
115 Bruder Franz Bommer während der Osterliturgie

114

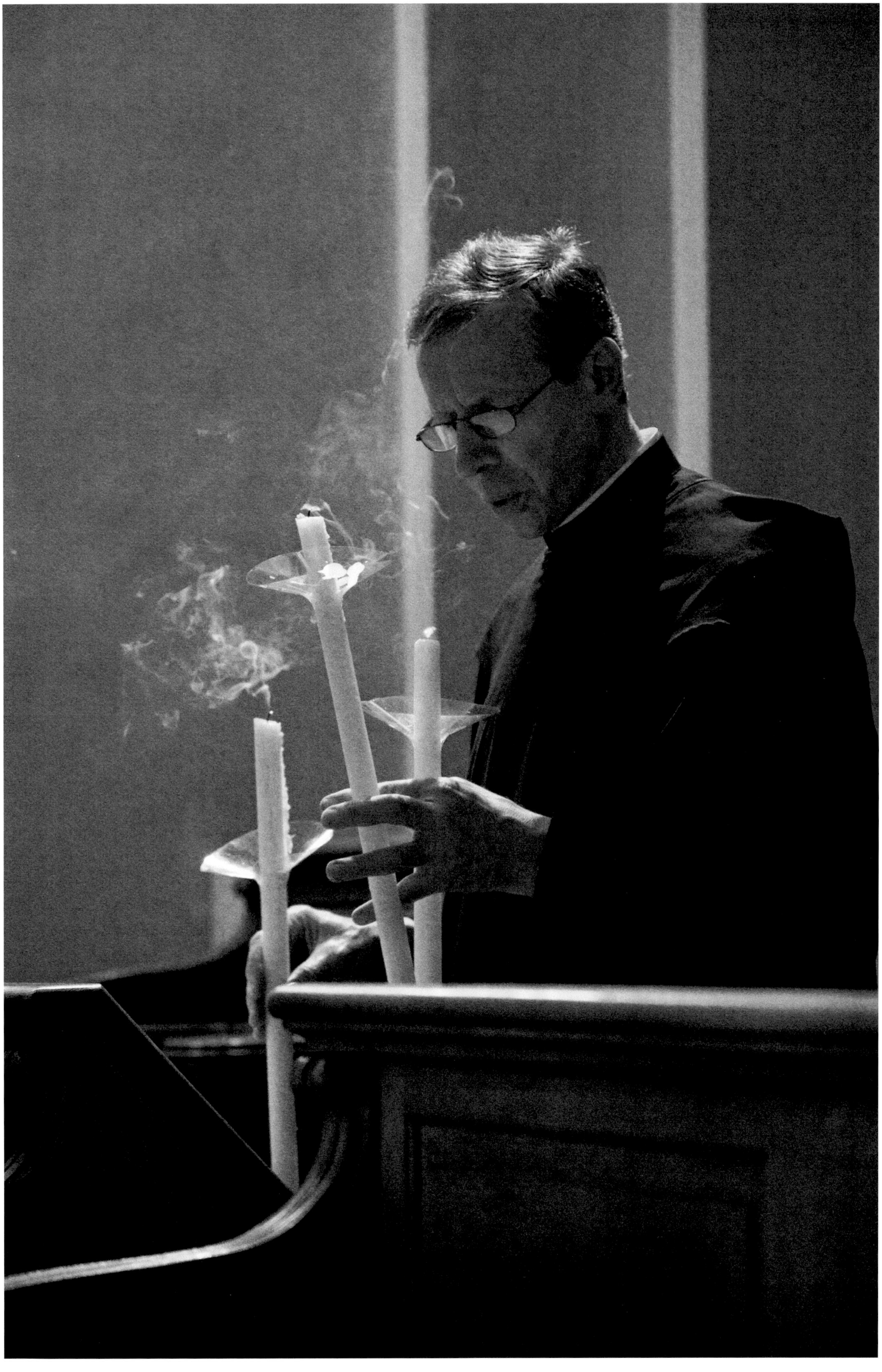

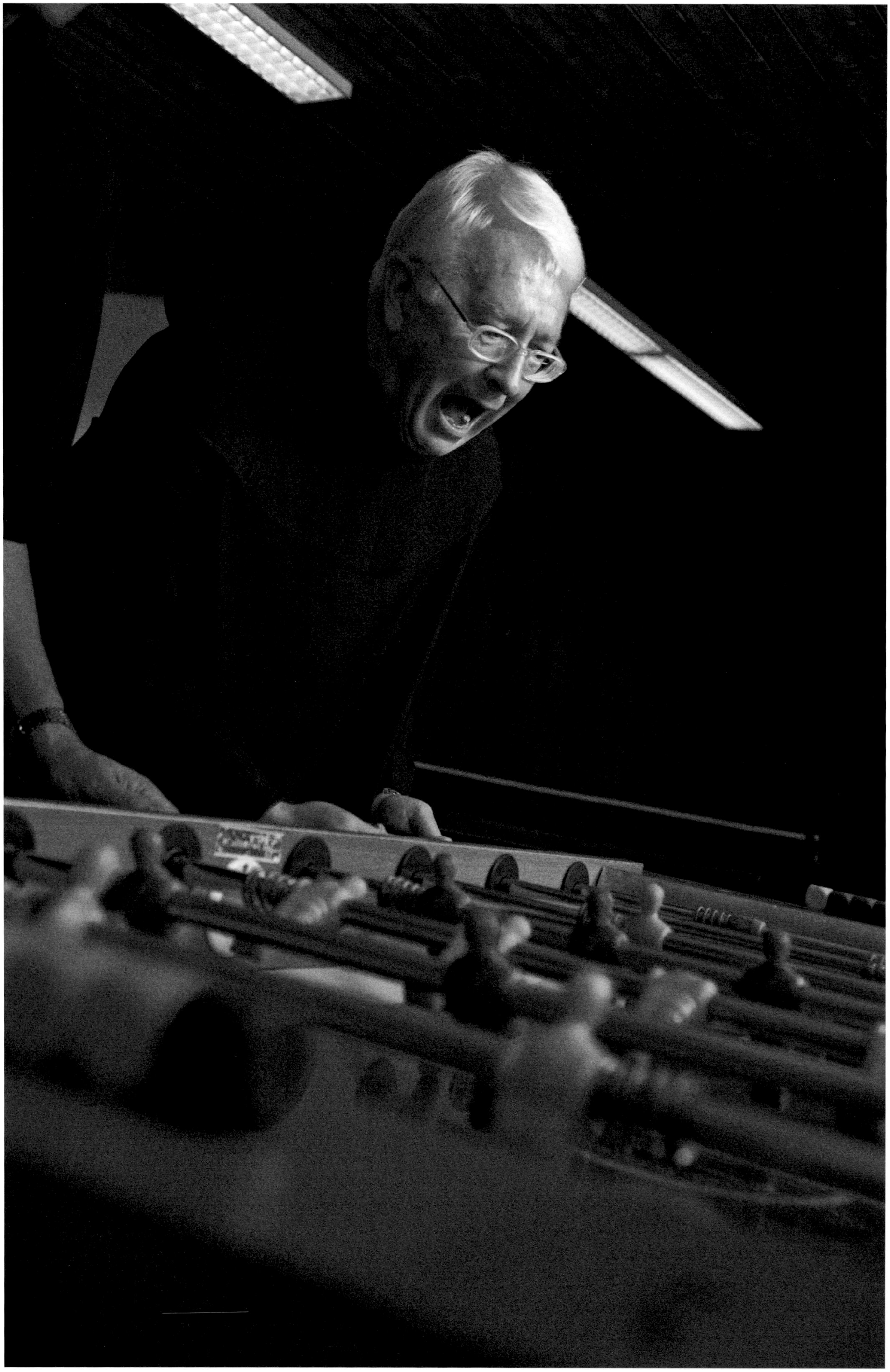

117

116 Pater Urban Affentranger
117 Fernsehraum

118 Nationalfeiertag
119 Junioratswoche in Maria Rickenbach
120 Benediktinerinnen und Benediktiner in der Junioratswoche

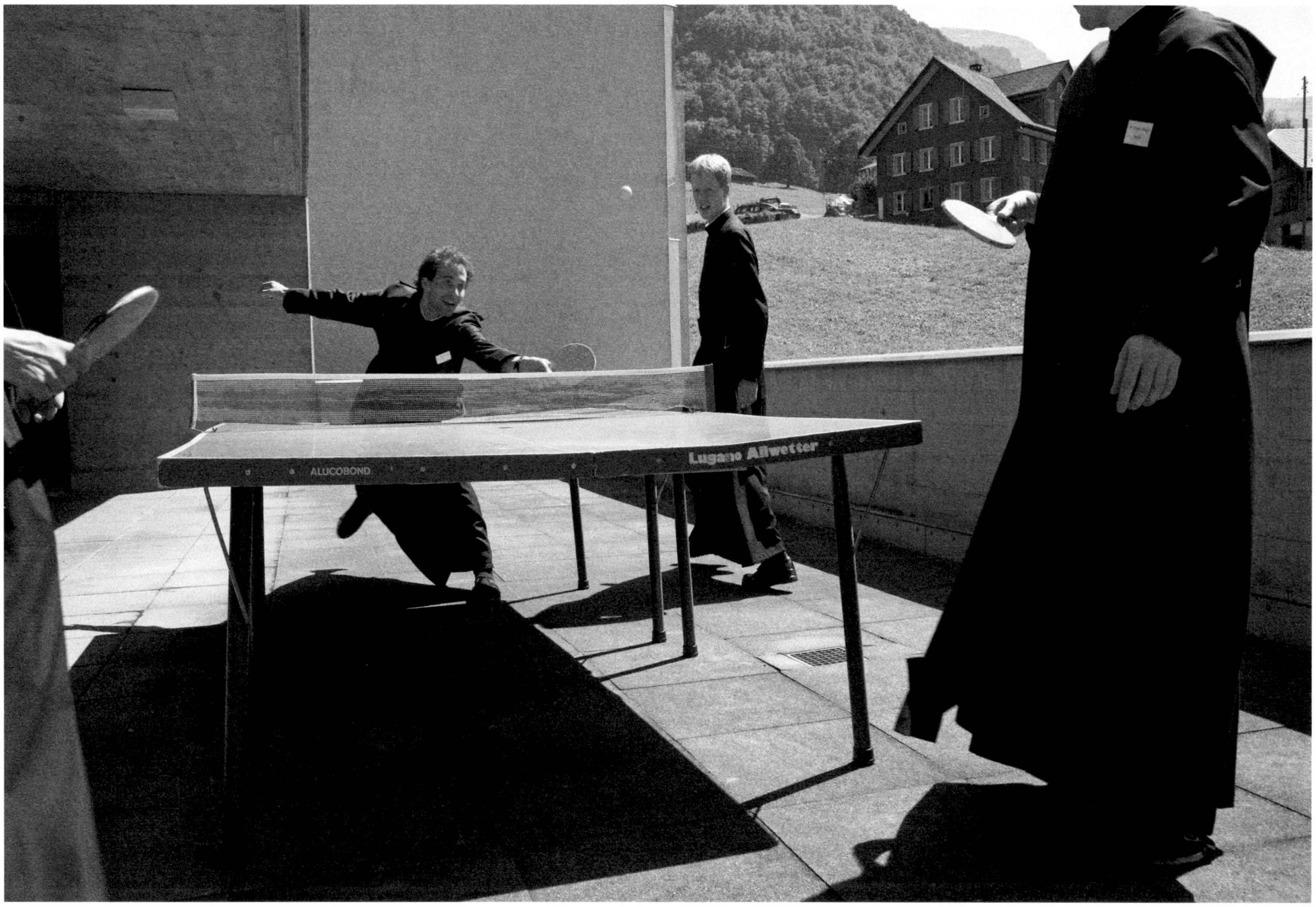
ALUCOBOND
Lugano Allwetter

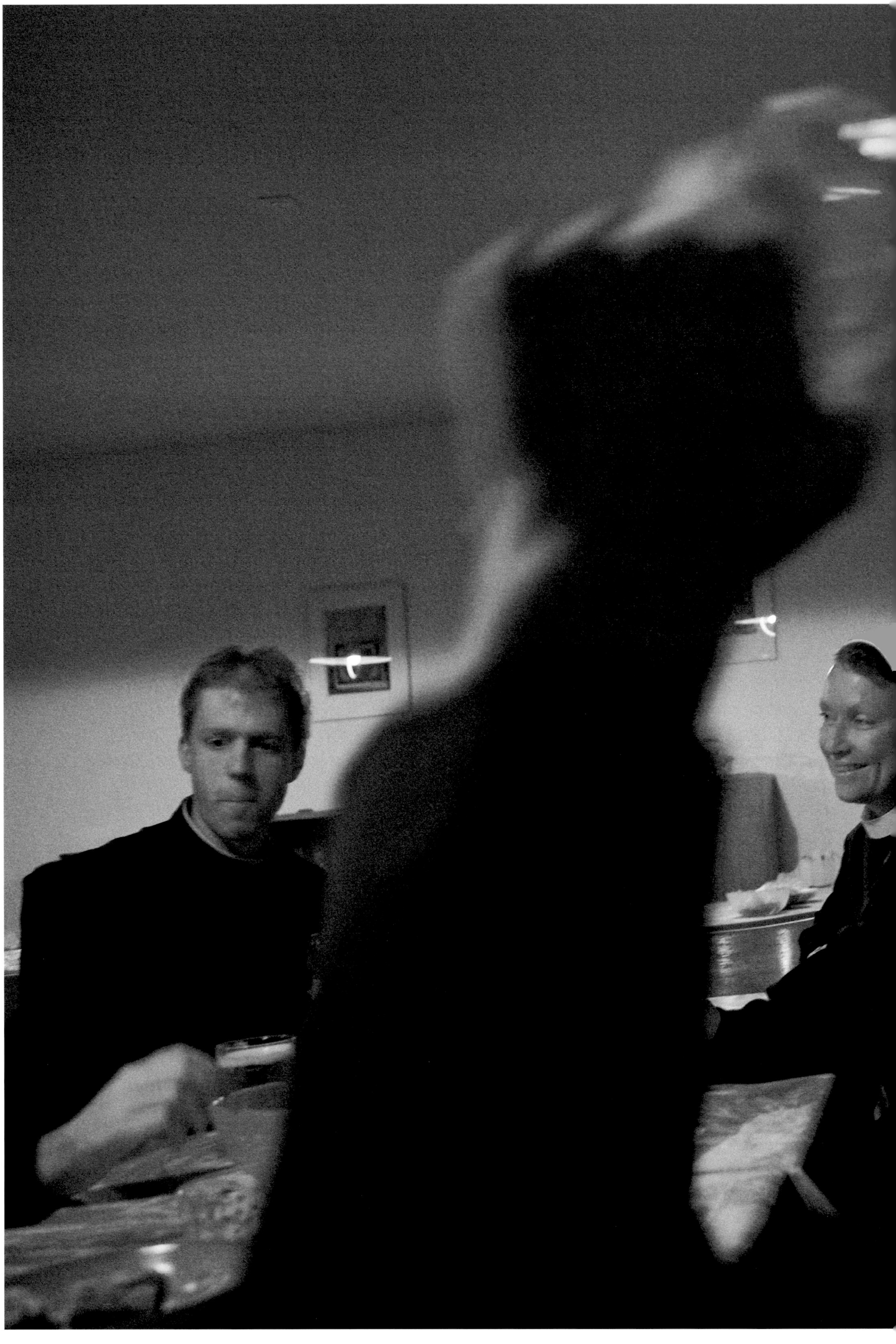

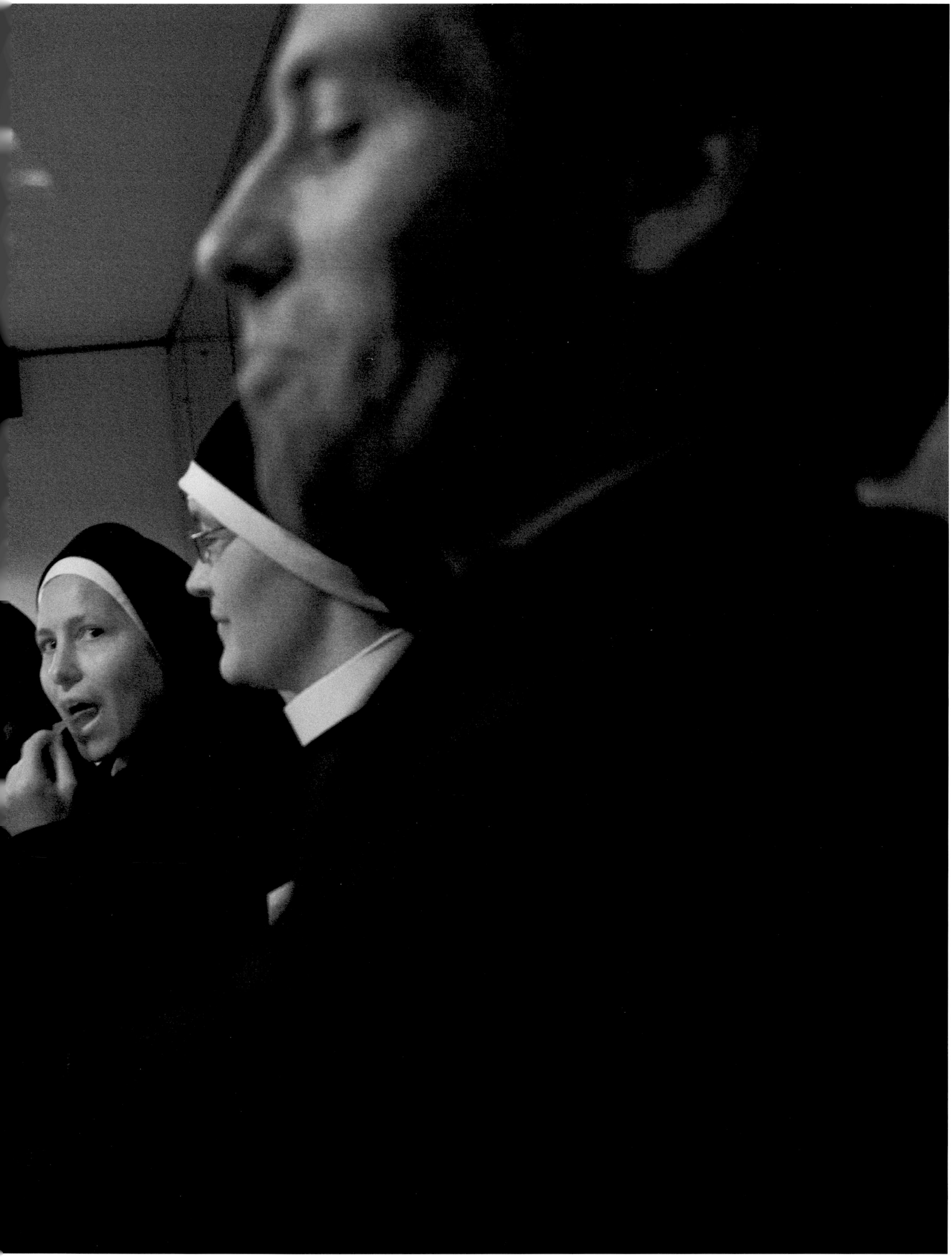

Was mich beschäftigt

—

Bruder Stefan Keusch, 51,
getauft auf den Namen Urs,
von Hermetschwil AG,
ausgebildeter Chemielaborant und Katechet,
heute Organist, Gastbruder und Aushilfspförtner,
im Kloster seit 22 Jahren

—

Vor sieben Jahren hatten wir hier eine Krise. Die war so heftig, dass der damalige Dekan, Pater Gregor, das Kloster verliess und nach Deutschland in ein anderes zog.
Seit dieser Krise hat sich hier etwas verändert.
Die Atmosphäre —
Zwar empfinden nicht alle so, aber ich meine, die Beziehungen, die wir hatten, sind nicht mehr die gleichen, die Unbekümmertheit im Umgang hat sich verloren. Man ist vorsichtig geworden.
Vielleicht auch misstrauisch.
Und das bedauere ich sehr.
Ich bedauere auch, dass sich jüngere Mitbrüder heute Dinge herausnehmen, die wir uns nie erlaubt hätten. Manche erscheinen zum gemeinsamen Gebet, wann es ihnen gerade passt. Oft fehlen viele, fast die Hälfte der Stühle im Chor bleibt leer.
Das ist nicht das, was ich mir unter Klosterleben vorstelle.
Ja, daran leide ich.
Wirkliche Freunde habe ich hier keine. Meine Probleme berede ich anderswo.
Und trotzdem weiss ich, dass ich hierher gehöre. Dieses Kloster ist der Schmelzpunkt meines Lebens. Und so Gott will, werde ich hier sterben.
Das Orgelspiel ist meine Passion. Das Orgelspiel bestätigt mich, es macht mich frei und ruhig, manchmal glücklich — mit der Nebenwirkung, dass man alles um sich herum vergisst. Manchmal allerdings, wenn Zeitnot herrscht, wird die Passion zur Hassliebe.
Die grosse Orgel in der Klosterkirche hat vierundsechzig Register und drei Manuale, die kleine im Chor dreiundzwanzig Register und zwei Manuale.
Ein Register ist eine Reihe von Pfeifen gleicher Klangfarbe, ein Manual ist eine Tastenreihe.
Mit dem Orgelspiel begann ich in Basel vor mehr als dreissig Jahren. Ich war Lehrling bei Roche, Chemielaborant, siebzehn, und zum ersten Mal fort von zu Hause, eine schwierige Zeit. Und ich muss wohl bereits geahnt haben, dass das Labor nie der endgültige Ort meiner

Bestimmung sein würde. Auf jeden Fall begann ich in Basel, abends nach der Arbeit, Orgelunterricht zu nehmen.

Basel war hart. Aber die Abschlussprüfung — und ich will damit nicht angeben — schaffte ich als Bester aller drei chemischen Betriebe, die es damals in der Stadt noch gab, mit 5,7. Völlig vergriffen hatte ich mich in meiner Berufswahl demnach nicht.

Danach zog ich zurück auf den Bauernhof meiner Eltern im Freiamt und nahm eine Stelle an beim Labor des Kantons Zürich, Abteilung Gewässerschutz. Nebenbei, durch die Orgel auf den Geschmack gebracht, besuchte ich jeden Samstagnachmittag die aargauische Kirchenmusikschule im ehemaligen Kloster Wettingen. Dort wurde ich zum nebenamtlichen Chorleiter und Organisten ausgebildet. Diese Samstagnachmittage waren Höhepunkte meines Lebens.

Durch die Kirchenmusik fand ich schliesslich zu den Benediktinern.

Irgendwann sass dieser Gedanke in mir, ich könnte Mönch werden.

Aber wie?

Aber wo?

Ich liess mich beraten von einem Benediktiner, der im Dorf meiner Eltern, Hermetschwil, Pfarrer war. Mehr oder weniger systematisch begann ich, verschiedene Klöster und verschiedene Orden aufzusuchen, von den Kapuzinern bis zu den Weissen Vätern, von Immensee bis Oberwil. Auch bei Benediktinern war ich, in Sarnen, Einsiedeln, Mariastein. Als ich von Mariastein nach Hause kam, sagte ich meinen Eltern, immerhin sei mir nun klar, dass ich nie zu den Benediktinern wolle.

In Wahrheit war ich überfordert.

Ziellos —

Ich besprach mich mit meinem Onkel, Pfarrer in Wettingen. Der empfahl mir einen Besuch in Disentis, dort sei der Sohn seiner Pfarreisekretärin, ein gewisser Bruder Urs.

Bruder Urs, unser Pförtner, ist heute gewissermassen mein Chef. Ich bin ja nicht nur Organist, sondern auch Aushilfspförtner, ich vertrete Bruder Urs, wenn der im Nebenzimmer am Computer sitzt und die Finanzen macht, die Adressen und so weiter.

Ich fuhr also nach Disentis, und der Ort war mir lieber als jeder andere zuvor. Die Berge, die Kirche mit den verschiedenen Altären, dem Hochalter, dem Placialtar, Benediktsaltar, Michaelsaltar, Katharinenaltar, Josephsaltar, Theophilaltar und so weiter — und die wunderbaren Orgeln!

Es war schliesslich ein ganzes Knäuel von Motiven, benennbare und unbekannte, rationale und emotionale, die mich zu einem Mönch der Benediktinerabtei Disentis werden liessen. Bevor ich Mitte September 1988 eintrat, bildete ich mich in Luzern und Chur zum Katecheten aus, meine Diplomarbeit schrieb ich zum Leitspruch aller Benediktiner, Ora et labora, Bete und arbeite.

Jetzt war ich also Kandidat, neunundzwanzigjährig, wurde Novize, dann Mönch.

An manchen Sonntagen spielte ich in drei Messen. Damit ich nicht immer das Gleiche spielte, musste ich mein Repertoire ständig erweitern. Ich tat es mit Leidenschaft. Ich begann auch, Religion zu unterrichten. Und dann war da noch die Frage, ob ich Priester werden sollte.

Lange war ich unentschlossen — und entschied mich dagegen.

Schliesslich war Benedikt auch kein Priester gewesen. In den Klöstern der damaligen Zeit waren Priester eine Seltenheit.

Ausserdem — wäre ich Priester, müsste ich predigen.

Das liegt mir nicht.

Man muss nicht Priester werden, um Mönch zu sein!

Auch Placidus war keiner.

Der heilige Placidus und der heilige Sigisbert sind die Begründer dieses Klosters. Um das Jahr 700 baute hier der fränkische Wandermönch Sigisbert eine Einsiedelei, unterstützt von einem Einheimischen namens Placidus, der wohl zu den Mächtigen und Reichen der Surselva gehörte. Das missfiel dem Landesherrn, Präses Victor zu Chur, er liess Placidus ermorden — die Geschichte des Klosters Disentis beginnt mit Neid und Totschlag.

Das Hochfest unserer Klostergründer ist der 11. Juli. Allerdings feiern wir bereits am Sonntag davor, Jahr für Jahr. Wenn es nicht schüttet oder hagelt, prozessieren wir, begleitet von Gästen, Pilgern und manchmal dem Bischof von Chur, in einem weiten Kreis feierlich und langsam um die Kirche, zwei Brüder tragen auf ihren Schultern ein Gestell, darauf die sogenannte Armreliquie des heiligen Placidus, zwei Pater tragen die Hauptreliquie. Ich war vor vielen Jahren an der Reihe, heute tun es Jüngere, ich spiele jeweils die Orgel, letztes Jahr die Grosse Messe in C von Josef Rheinberger.

Neben Organist, Orgellehrer und Aushilfspförtner bin ich auch Gastbruder — ich betreue unsere Gäste.

Gäste haben wir ständig, manche kommen immer wieder, manche sähe man gern nie wieder. Es ist wie überall auf der Welt.

Manche respektieren einen, manche missbrauchen dich.

Die meisten melden sich per E-Mail und fragen, ob sie einige Tage oder gar eine Woche oder zwei im Kloster verbringen dürfen.

Wir sind kein Hotel.

Aber als Gast kommt jeder in Frage.

Jeder, der hier Mönch ist, war einmal Gast.

Zurzeit haben wir neun Gästezimmer, zwei davon sind im Bereich der Klausur. Das gab und gibt im Konvent Anlass zur Diskussion, manchen Mitbrüdern geht das zu weit. Klausur ist der Bereich, der eigentlich den Mönchen vorbehalten ist.

Der Richtpreis für ein Zimmer mit Nasszelle ist achtzig Franken, Vollpension.

Junge, Arbeitslose, Arme laden wir ein, zu bezahlen, was sie bezahlen können. Oft ist das wenig, manchmal nichts. Rund ein Viertel der Gäste bezahlt nicht den vollen Preis. Viele stecken in einer Krise und leiden — man merkt es sofort. Die suchen Abstand, Ruhe, Einkehr, hie und da auch ein geistliches Gespräch mit dem Abt. Doch der ist nicht immer da. Manchmal nimmt Pater Bruno sich die Zeit, der Novizenmeister, oder Bruder Franz, der Krankenbruder, oder ich.

Die allermeisten, die uns besuchen, sind sehr anständige Menschen und teilen unseren Alltag, sie stören uns nicht, im Gegenteil. Manche machen sich sogar nützlich und führen unsere Ältesten spazieren.

Es gibt wenige, die wollen nicht mehr weg. Dann beginnt im Konvent das Gemurre, zuerst nur leise.

Meine Aufgabe ist es dann, dem Gast höflich zu bedeuten, er möge uns bitte verlassen.

Erst neulich war es wieder so weit. Da hatte mich ein Mann angerufen, er sei Arzt in Zürich, ungarischer Abstammung, ob er einige Tage mit uns verbringen dürfe. Er kam und sagte, an den Mahlzeiten nehme er nicht teil, er faste.

Komisch!

Ich sagte: Aber im Zimmer kochen, das dürfen Sie nicht.

Ich koche nicht im Zimmer, ich faste, sagte der Mann.

Dann sah ich ihn tagelang nicht mehr. Niemand sah ihn. Aber er war im Haus, schlich offenbar hie und da in den Coop und kaufte etwas ein.

Irgendwann wird man misstrauisch. Und im Konvent wurde es immer lauter.

Eine Woche!, zwei Wochen!

Plötzlich steht er vor mir und sagt, er möchte noch zehn, zwölf Tage bleiben.

Tut mir leid, mein Herr.

Und als er gegangen war und Bruder Urs, unser Schlaumeier, den Telefonauszug kontrollierte, merkten wir, dass der Fremde fast sämtliche Klöster der Schweiz angerufen hatte, um den Fortgang seiner Tournee minutiös zu planen.

Wie gesagt, das sind Ausnahmen.

Zweimal in der Woche, damit der Pförtner ruhig schlafen kann, liegt der Piepser auf meinem Tisch.

Aber die, die nachts anrufen und reden wollen, sind selten geworden.

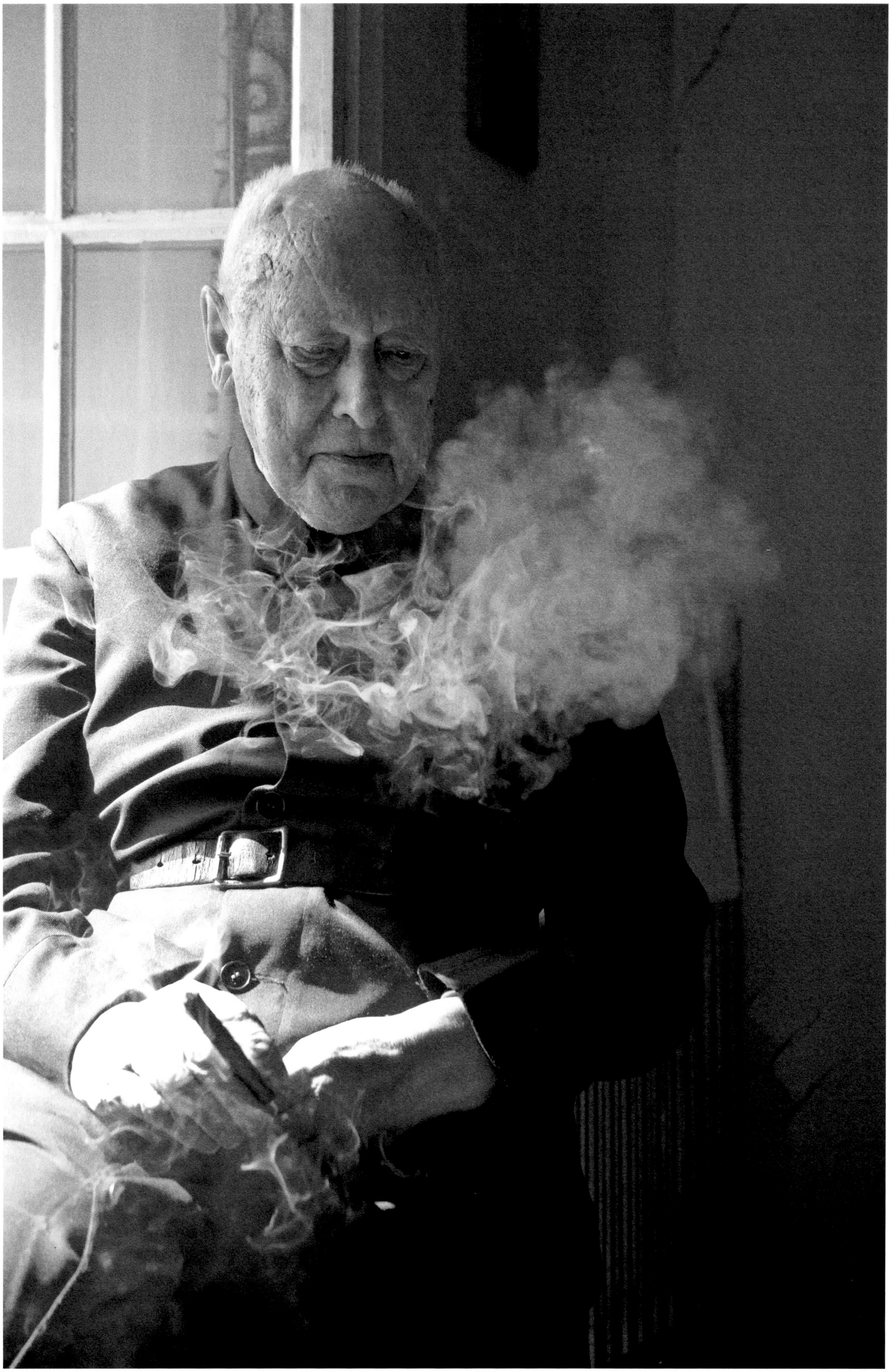

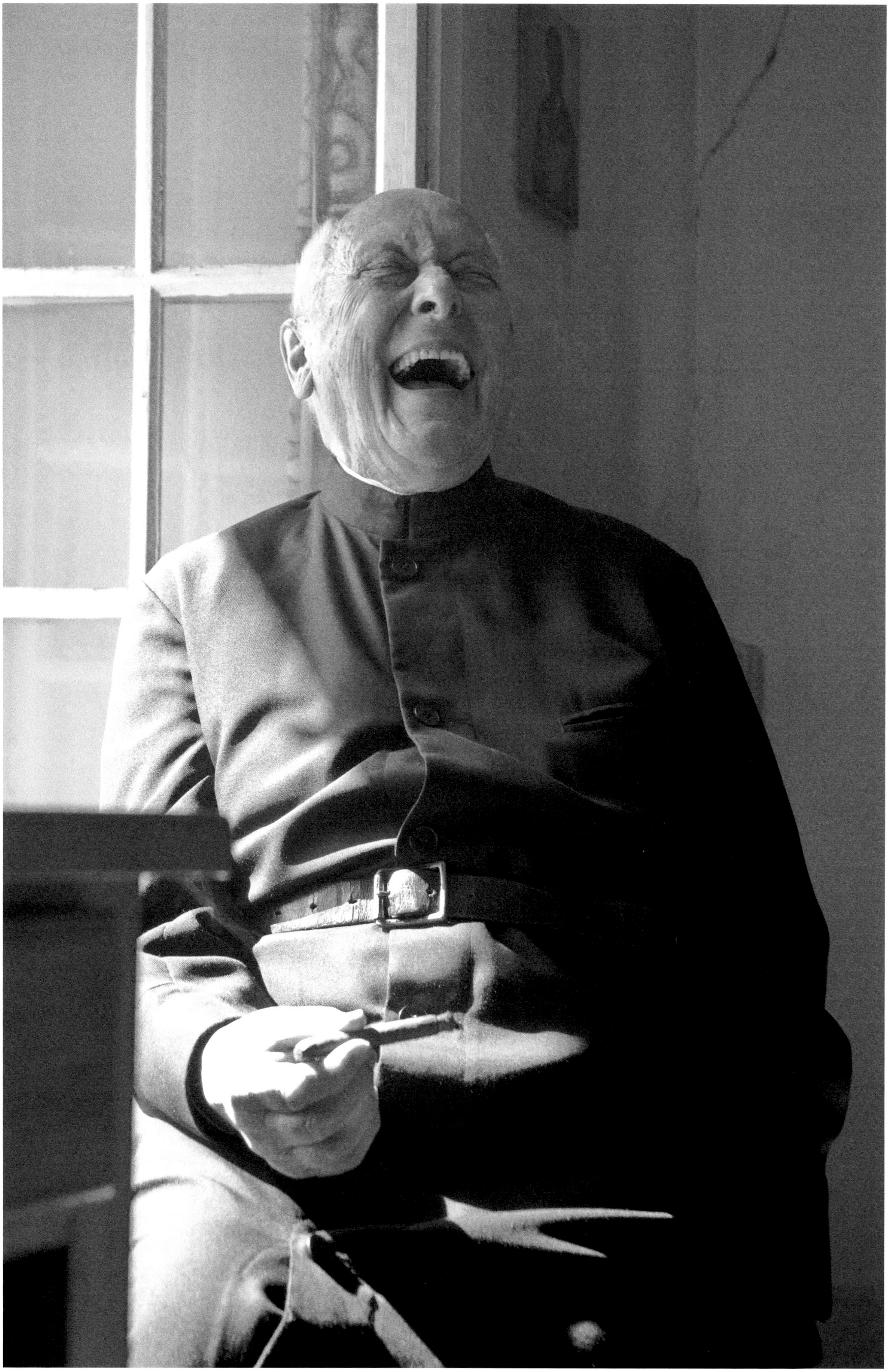

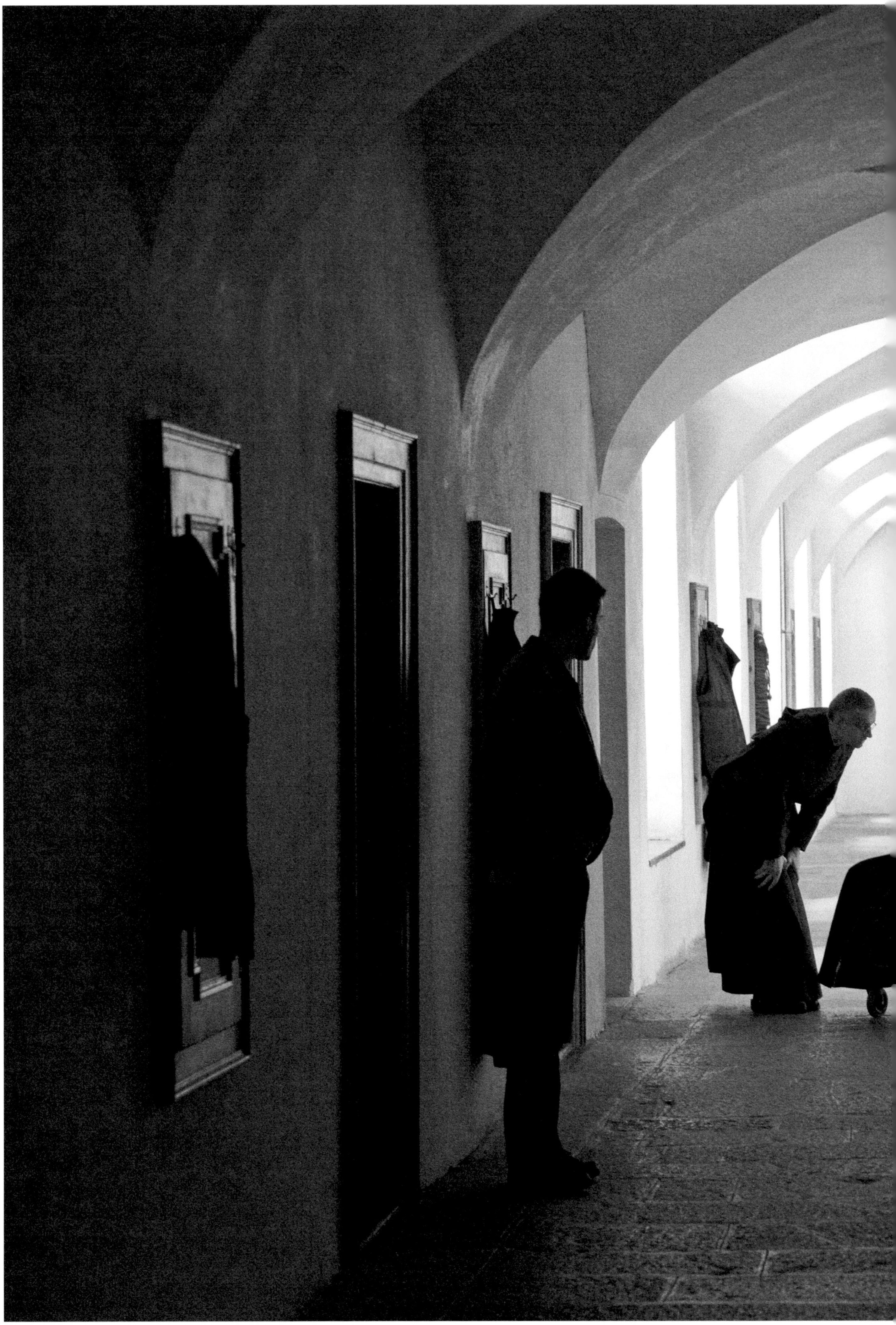

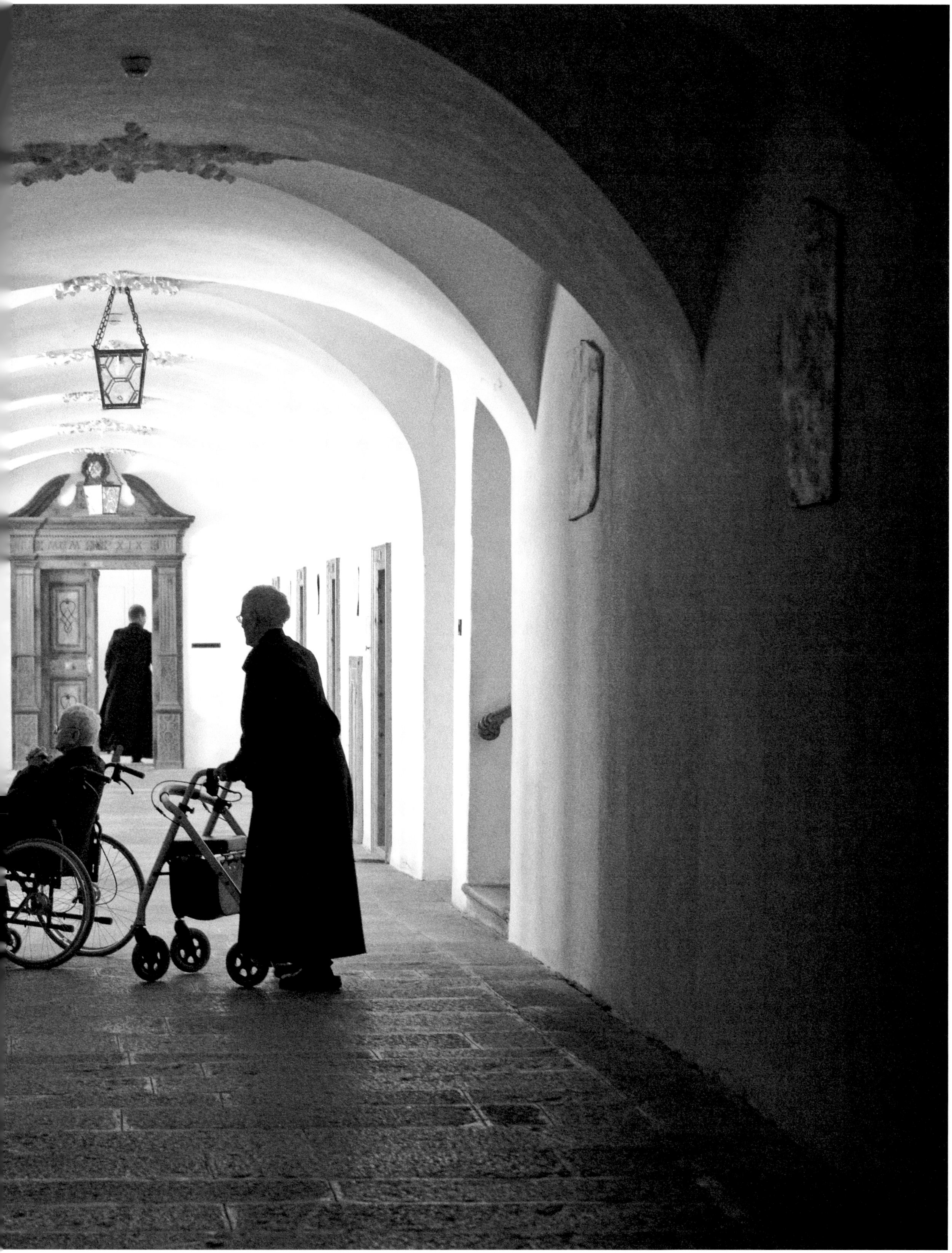

124

121 Bruder Lukas Heim in seiner Zelle
122 Bruder Lukas Heim
123 Klostersenioren
124 Bruder Jakob Löpfe
125 Pater Ambros Widmer beim Gute-Nacht-Segen

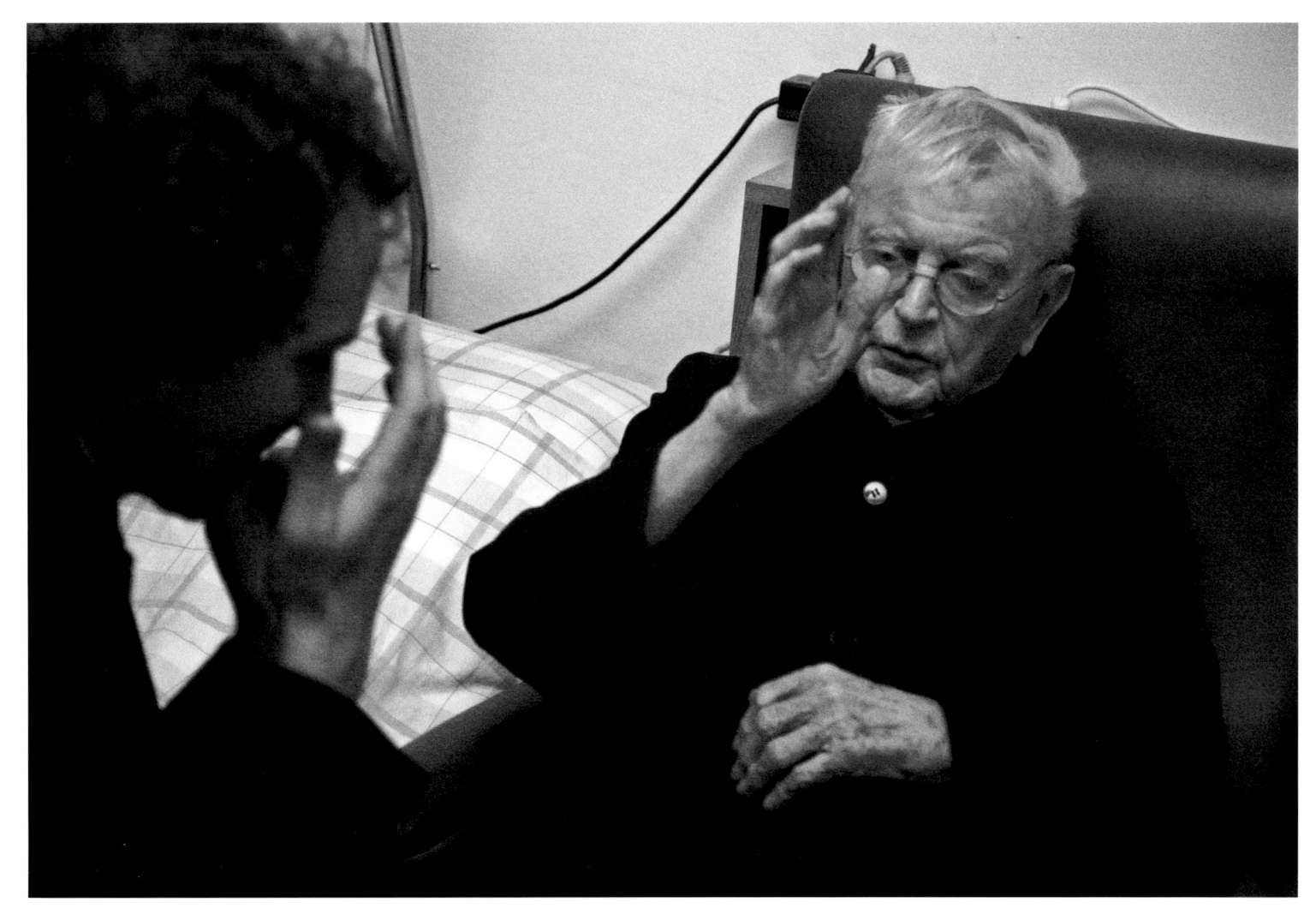

125

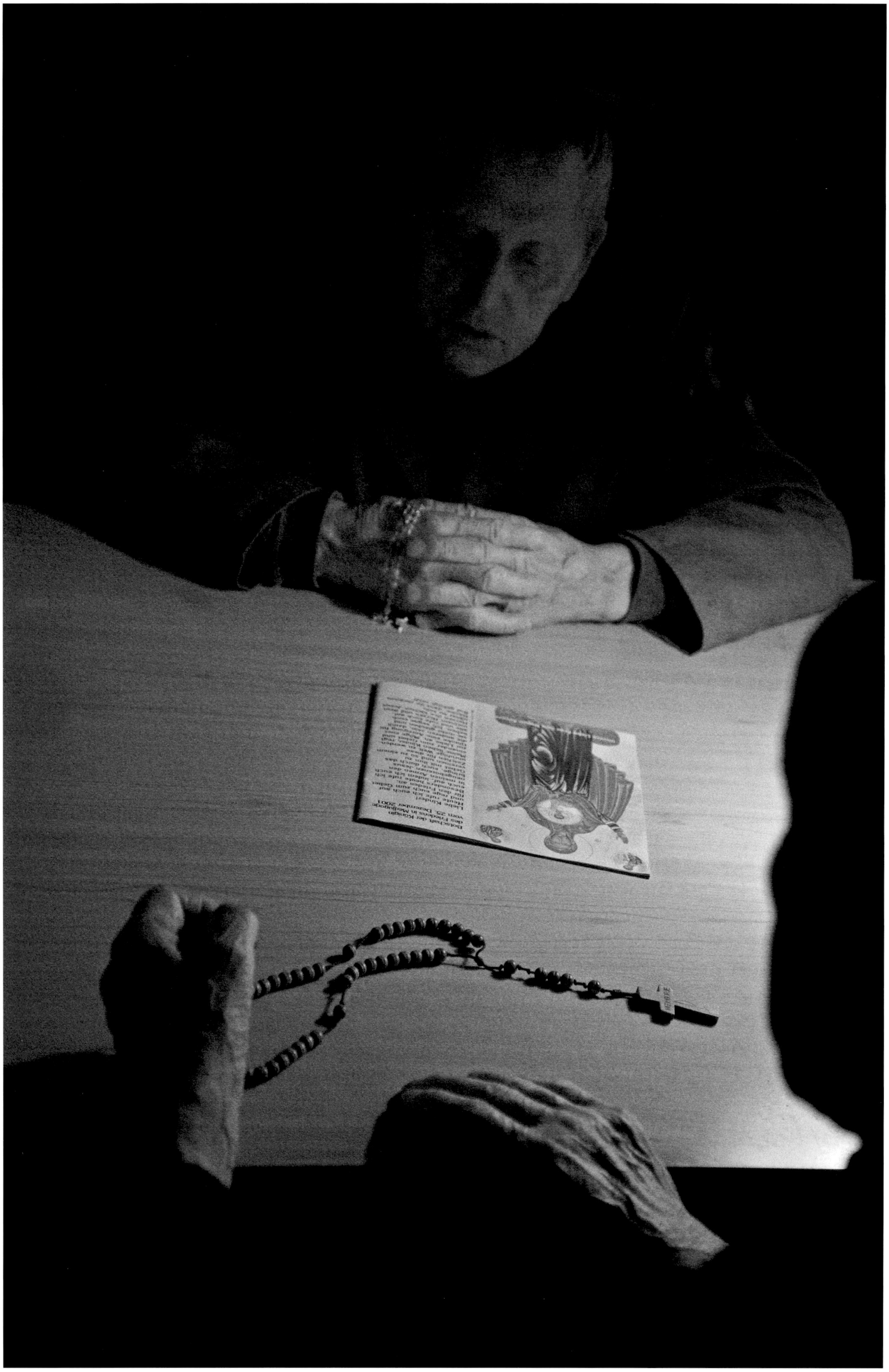

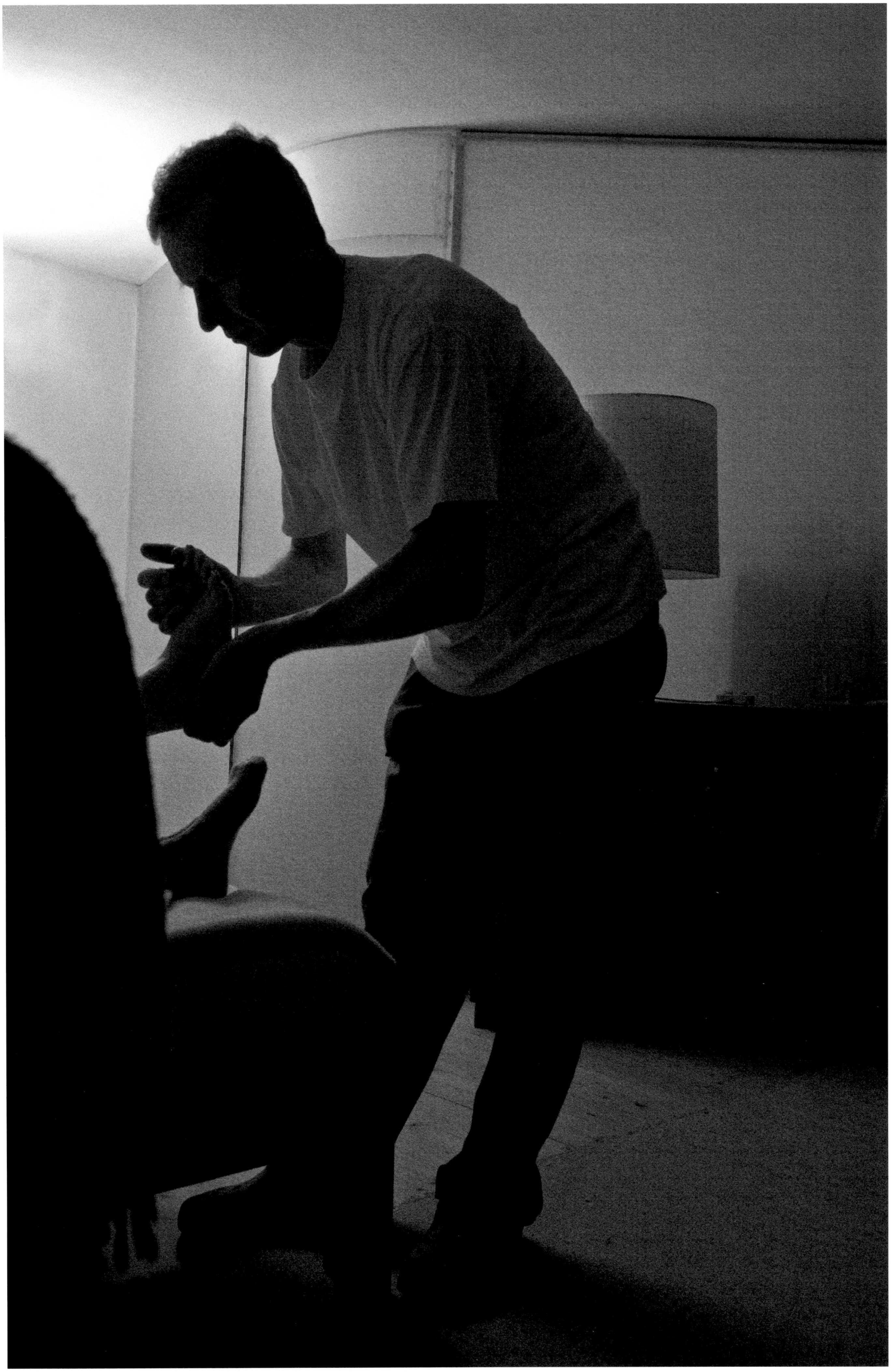

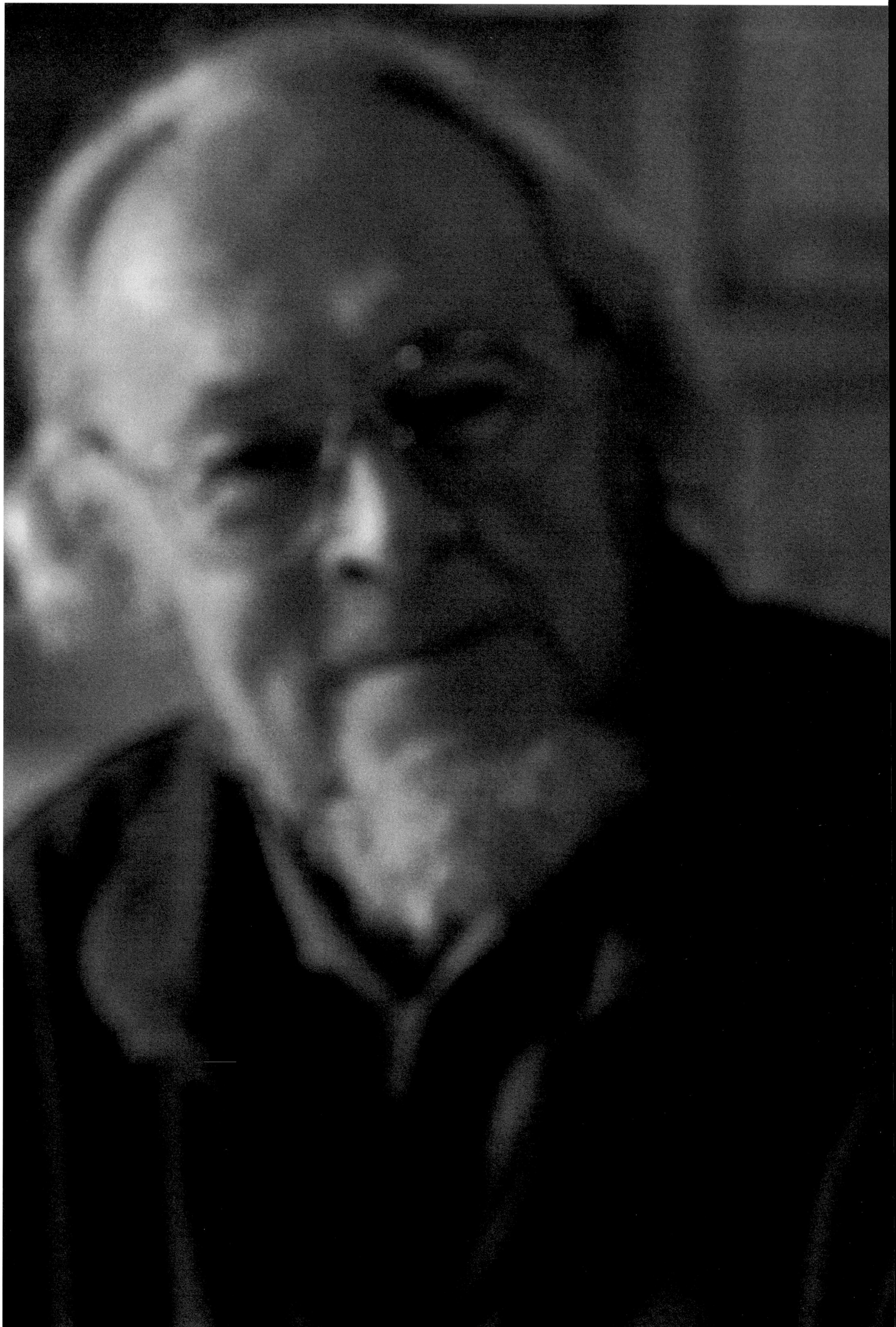

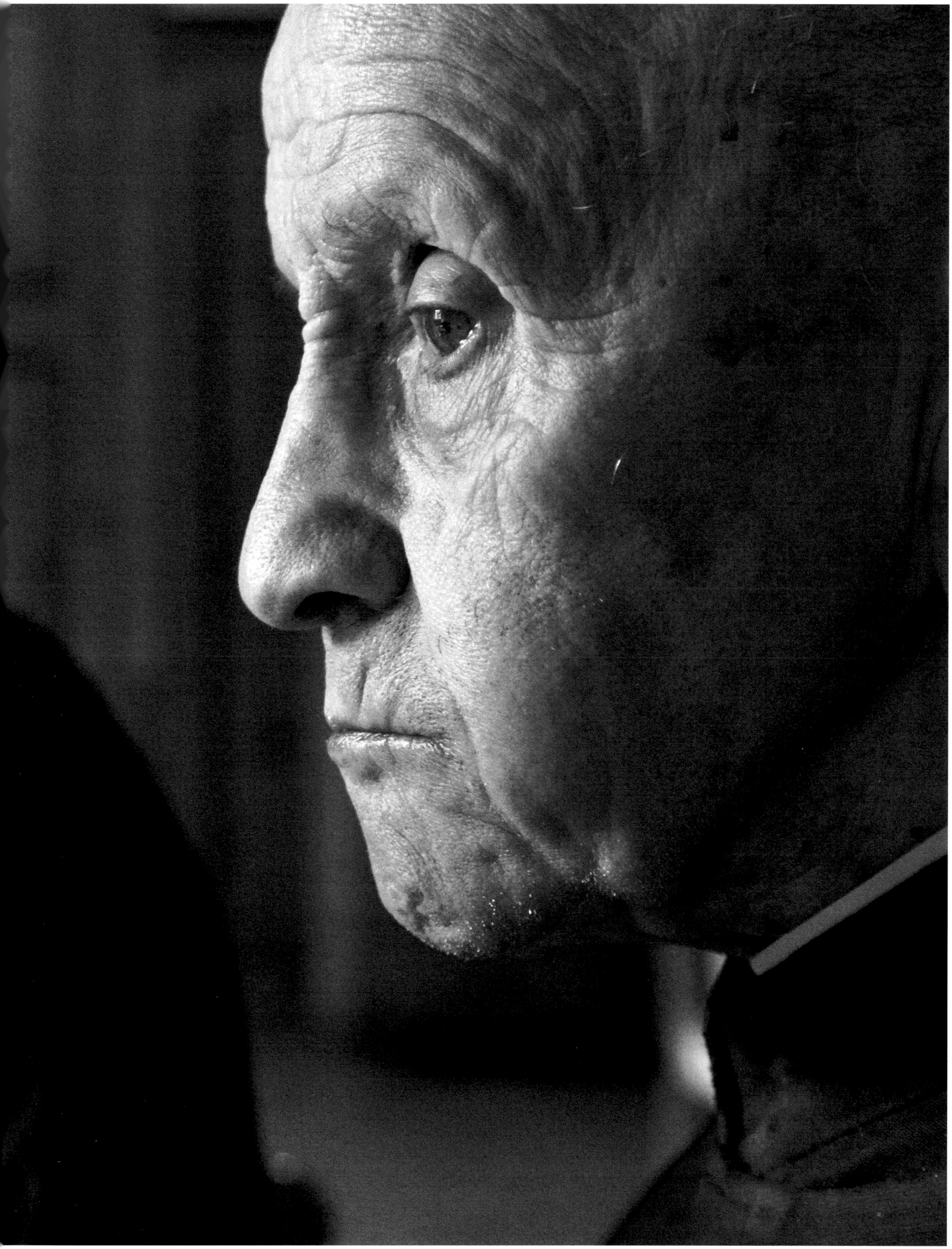

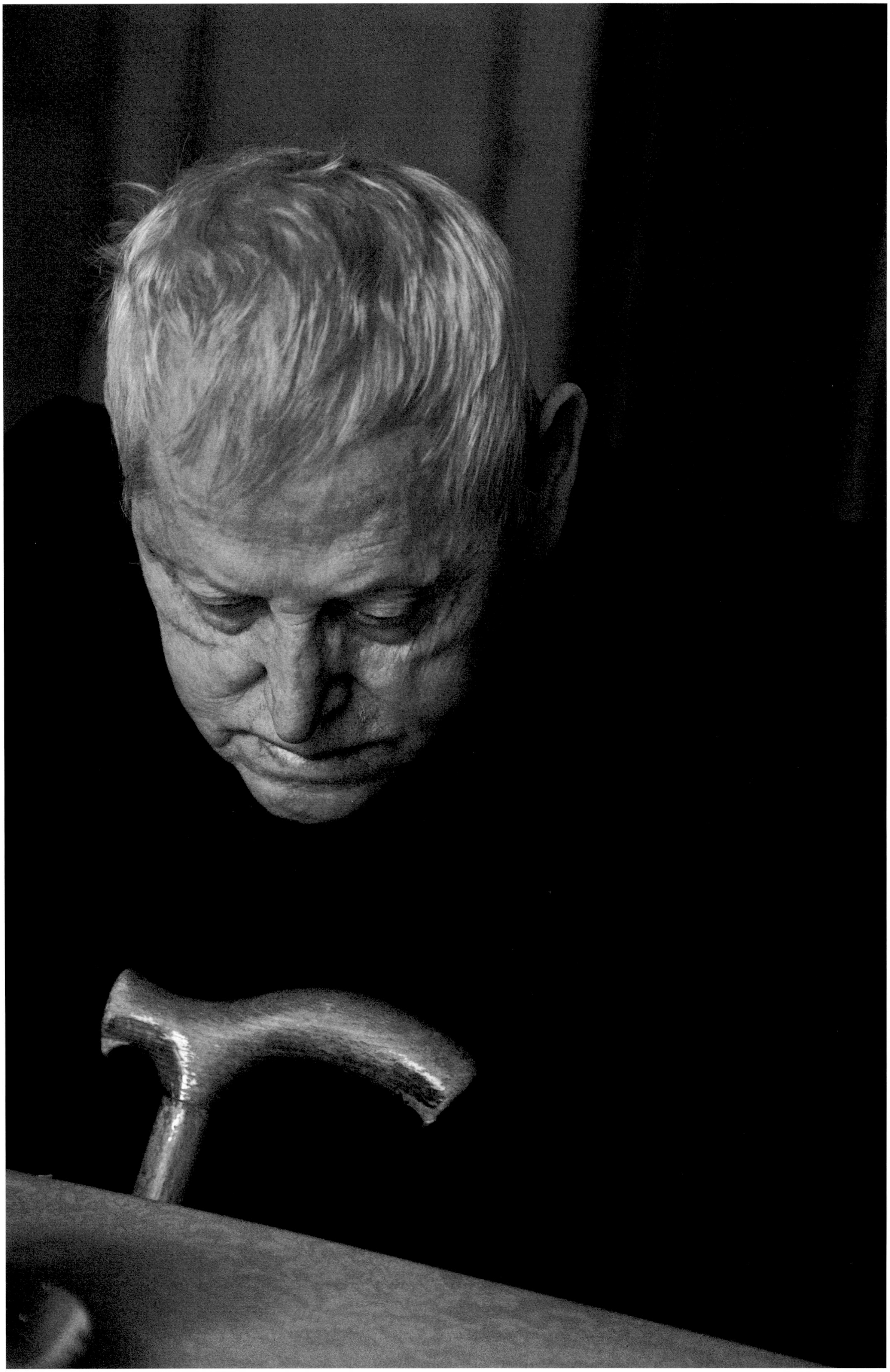

126 Gemeinsames Beten des Rosenkranzes
127 Bruder Franz Bommer bei einer Fussmassage
128 Bruder Jakob Löpfe mit Klostergast
129 Bruder Luci Cavegn
130 Bruder Giacomo Teigesser, Klaustraloblate

131

131 Altabt Pankraz Winiker im persönlichen Gebet
132 Bruder Martin Hieronymi und Bruder Luci Cavegn
133 Abt Daniel Schönbächler
134 Pater Urban Affentranger mit seiner Cousine
135 Bruder Thierry Bauer
136 Pater Bruno Rieder, Novizenmeister
137 Bruder Stefan Keusch im Klosterwäldchen
138 Bruder Niklaus Schwegler auf der Klosteralp Sogn Gall
139 Bruder Urs Probst auf Plaun Tir
140 Bruder Niklaus Schwegler
141 Bruder Stefan Keusch, meteorologischer Dienst
142 Frühstück im Refektorium
143 Pater Sigisbert Delalay
144 Der Konvent im Frühjahr 2009
145 Pater Bruno Rieder und Bruder Luci Cavegn

Was soll das eigentlich?
—
Pater Vigeli Monn, 45,
getauft auf den Namen Dietrich,
von Sedrun GR,
Mag. theol.,
Dekan, Bibliothekar der Biblioteca Romontscha
und Lehrer,
im Kloster seit 22 Jahren
—

Meine Krise war gross und lang, ich wünsche sie keinem.

Kaum zurück von Salzburg, wo ich achteinhalb Jahre lang gewesen war, um Theologie, Latein und Religionspädagogik zu studieren, wurde ich Statthalter der Abtei — und wusste nichts, verstand nichts.

Statthalter ist der Verwalter des Klosters, der Ökonom, zuständig für das Wirtschaftliche. Ökonomisch ist ein Kloster ein Betrieb wie jeder andere. Er muss leben und überleben. Es gibt Einnahmen und Ausgaben — vor allem letztere.

Im Februar 1999 kam ich von Salzburg zurück, begann hier sofort zu unterrichten, und an Pfingsten übernahm ich, vom Abt gewünscht, noch die Statthalterei. Drei Tage lang führte mein Vorgänger mich ins Amt ein, er zeigte mir, wo was ist, fertig — ich lief ins Messer.

Personalwesen, Versicherungswesen, Pensionskassen, Krankentaggeld, Unfallversicherung, all die Verträge mit unseren Pächtern, und dann die Sitzungen in den Kommissionen der Gemeinde — der Statthalter ist ja auch gewähltes Mitglied des Gemeindeparlaments —, die Sitzungen mit dem Kanton —

Ich war überfordert, heillos.

Und dann die Vorwürfe der Mitbrüder, heimlich oder offen: Du bist verantwortlich! Du bist schuld! Mach dies, mach das!

Dann war Krise, ein ganzes Jahr lang oder noch länger.

Dann hockst du in der Kirche, Mitbrüder links, Mitbrüder rechts, bewegst deinen Mund, brummelst mit und denkst: Was machst du hier? Was soll das eigentlich?

Es war grauenhaft — anders kann ich es nicht nennen.

Den Austritt aus dem Kloster überlegte ich mir ernsthaft nicht, aber die Möglichkeit, den Bettel hinzuschmeissen, andere arbeiten zu lassen und dafür vielleicht häufiger zu unterrichten.

Einige merkten, wie schlecht es mir ging, und sprachen mich an.

Aber am Ende und im Grunde bist du allein.

Zumindest ich war es.

Wahrscheinlich hätte es mir gutgetan, wenn ein Mitbruder mich umarmt hätte oder die Hand auf die Schulter gelegt.

Eine Berührung täte manchmal gut.

Umarmt zu werden, geküsst, an der Hand genommen — das fehlt im Leben des Mönchs. Die körperliche Nähe fehlt, und das ist, zumindest für mich, ein Problem. Mit den Mitbrüdern geht das nicht, höchstens mit Bruder Luci auf der Krankenstation, den kann man ein bisschen kitzeln und plagen.

Aber sonst —

Früher war es verpönt, nur schon jemandem die Hand auf die Schulter zu legen. Manche schrecken noch heute auf, wenn es ihnen geschieht. Andere haben es gern, das merkt man.

Doch grundsätzlich ist jede Berührung suspekt. Und das hat, glaube ich, meine Krise beschleunigt, damals.

Und schliesslich, weil mir schien, mein Leben sei im Begriff zu scheitern, rettete ich mich in die Bekanntschaft einer Frau.

Wirklich gerettet aber hat mich das Chorgebet, seine Regelmässigkeit, seine Unumstösslichkeit, dieses Hingehenmüssen und Mitmachenmüssen, Vigil und Laudes um halb sechs, die Messe um halb acht, Sext oder Non um Viertel vor zwölf, Vesper um sechs, Komplet um acht.

Jeden Tag.

Das hat mich gerettet.

Trotzdem — was mir persönlich im Kloster fehlt, ist die Unbekümmertheit des Körperlichen. Es geht nicht um Sexualität, im Gegenteil. Ab und zu fragen mich zwar die Schüler: Pater Vigeli, Sie sind doch ein Mann, was machen Sie mit Ihrer Sexualität?

Das ist ein Problem, antworte ich.

Und dann grinsen sie und sagen: Packen Sie ruhig aus!

Ich erkläre, dass man sich als Mönch durchaus die Frage stelle, immer wieder, ob man etwas verpasse, weil man Mönch sei, und ob das Leben an der Seite einer Frau nicht besser wäre. Aber letztlich begreifen die Schüler einen nicht. Und wahrscheinlich begreift es niemand. Auch Mönche haben ihre Sexualität und können sie nicht, als wären sie eine Maschine, von Fall zu Fall abstellen. Stossgebete zum Himmel sind schnell verbraucht.

Und dass sich entsprechende Fantasien herstellen — das ist, denke ich, unvermeidbar.

Das hört wohl nicht auf bis zuletzt.

Denn ein Mönch ist aus dem gleichen Stoff gebaut wie jeder andere Mann.

Ins Kloster wollte ich schon früh. Ich ging ja hier zur Schule, zwar als Externer, ich komme von Sedrun, mein Vater war Bauer, dann Magaziner in einem Laden. Nach der Matura, 1985, war ich plötzlich nicht mehr sicher — Mönch oder Arzt? Ging dann zwei Jahre nach Rom zur Schweizer Garde, dann nach England und Irland, um Englisch zu lernen, im September 1988 trat ich hier ein, zusammen mit Pater Bruno, der heute Novizenmeister ist. Und ein Jahr später, nach meiner einfachen Profess, zog ich nach Salzburg, war, allerdings mit Unterbrüchen, achteinhalb Jahre dort. Salzburg war eine lange Zeit, und eigentlich hätte ich gern auch in Rom studiert, aber dorthin liessen sie mich nicht, weil ich in Rom zu viele Leute kannte. Die Oberen meinten, dort triebe ich mich nur herum.

Und so kam ich 1999 zurück nach Disentis, wurde sofort Lehrer, dann Statthalter.

Das Kloster Disentis hat derzeit einunddreissig Mönche, siebzehn Patres und vierzehn Brüder.

Das Kloster finanzierte sich lange durch seine Schule, ein privates Gymnasium, von uns geführt, vom Kanton als Regionalschule anerkannt. Unsere Klosterschule ersetzt in der Surselva die Kantonsschule von Chur. Derzeit haben wir gut zweihundert Schüler, siebzig davon, Jugendliche aus der ganzen Schweiz, leben in unserem Internat, fünfundzwanzig davon sind Mädchen.

Wir sind zu wenige Mönche, um alle Klassen auf allen Stufen selbst zu unterrichten. Deshalb haben wir fünfundzwanzig Lehrerinnen und Lehrer angestellt, sogar die Rektorin, seit einem Jahr hier, kommt von aussen, zum ersten Mal in unserer Geschichte.

Fremde kosten.

Das ist unser grosses Problem — dass wir ständig weniger Mönche sind, die unterrichten könnten, und wir also Fremde anstellen müssen, die ihren Lohn verdienen. Und dass zudem die Schüler ständig weniger werden.

Der Kanton Graubünden erstattet der Schule für jeden Bündner Schüler rund zwanzigtausend Franken im Jahr. Die Schüler selbst bezahlen nur ein geringes Schulgeld, jene im Internat noch ein Internatsgeld.

Zum Einkommen zählen die Löhne jener Mitbrüder, die an der Schule unterrichten — für deren Arbeit setzt die Rektorin einen normalen Lohn ein, der aber nicht ihnen, den Mönchen, gehört, sondern dem Kloster. Verrechnet werden auch die Dienstleistungen der Hausverwaltung für Schule und Internat.

Dazu kommen ausserdem die Beiträge der AHV, die unsere älteren Mitbrüder zugut haben.

Dazu kommt, was wir auf andere Weise verdienen, zum Beispiel durch die Seminare oder Kurse, die Abt Daniel, Bruder Magnus und Pater Urban anbieten, wie auch durch den allgemeinen Gästebetrieb.

Die Pachtzinsen, die unsere Alpen und Höfe abwerfen, investieren wir laufend in Ställe und Wege. Kein Gewinn.

Und schliesslich gibt es Spenden. Darauf sind wir zunehmend angewiesen. In der Hoffnung, den Spendenfluss zu befördern — www.kloster-disentis.ch —, haben wir eine Stiftung gegründet, Pro Kloster Disentis.

Von der Kirchensteuer, die jeder Katholik bezahlt, bekommen wir gar nichts. Denn als Kloster sind wir autonom, wir sind nicht Teil des Bistums Chur, obwohl wir auch Pastorales tun, jeden Tag drei öffentliche Messen lesen — und zwar schön. Wir pflegen die gregorianische Liturgie mit lateinischen Gesängen, ziehen damit Menschen an und tun ihnen, hoffe ich, Gutes.

So viel zu unserem Einkommen —

Damit bezahlen wir die Löhne aller Angestellten. Derzeit sind es sechsundfünfzig, fast die Hälfte davon sind Lehrerinnen und Lehrer. Wir beschäftigen, weil die Gemeinschaft immer kleiner wird, mittlerweile auch Köche, Gärtner, Elektriker, einen Schreiner, einen Schneider, Wäscherinnen und andere mehr. Allein der Unterhalt der Gebäude kostet uns mehr als eine halbe Million Franken im Jahr, und demnächst steht die Renovation der Schulgebäude und der Klosterkirche an.

Kurz: Unsere wirtschaftliche Lage ist sehr angespannt.

Es geht, so lange es geht — ein billiger Trost.

Aber es gibt uns schon so lange, tausenddreihundert Jahre, dass so schnell uns nichts aus der Welt weht — hoffentlich.

2002 wurde ich auch noch Dekan —

Der Dekan ist der Stellvertreter des Abts. Ihm obliegt Organisatorisches im Haus — wer macht wann was, wer liest welche Messe, wer macht eine Woche lang die Tischlesung, wer ist Tischdiener. Ich koordiniere nach Möglichkeit die Ferien der Mitbrüder, damit das Kloster nicht plötzlich halbleer steht. Jeder Mönch hat das Recht auf drei Wochen Ferien im Jahr und auf zehn freie Tage. Früher war es einem nicht erlaubt, die Ferien bei der Familie seines Ursprungs zu verbringen — zu Hause. Heute ist das gestattet, und die meisten tun es. Manche reisen auch ins Ausland, und damit keiner diese Freiheit missbraucht, haben wir die Regel gesetzt, dass jeder Mitbruder, wenn er in den Urlaub fährt, die Schweiz und ihre angrenzenden Länder nur jedes dritte Jahr verlassen darf.

Das ist, glaube ich, für keinen hier ein Problem.

Wer ausser Haus übernachten will, muss den Abt fragen. Der Abt segnet jeden, der das Haus verlässt, und er segnet ihn, wenn er zurückkommt.

Wer Kleingeld will, holt es bei mir, dem Dekan. Ich gebe meinem Mitbruder, was er braucht — für Kleider, Schuhe, Alltägliches —, und nachher rechnet er ab, gibt zurück, was nicht verbraucht ist.

Wir sind die letzte Horde real existierender Kommunisten.

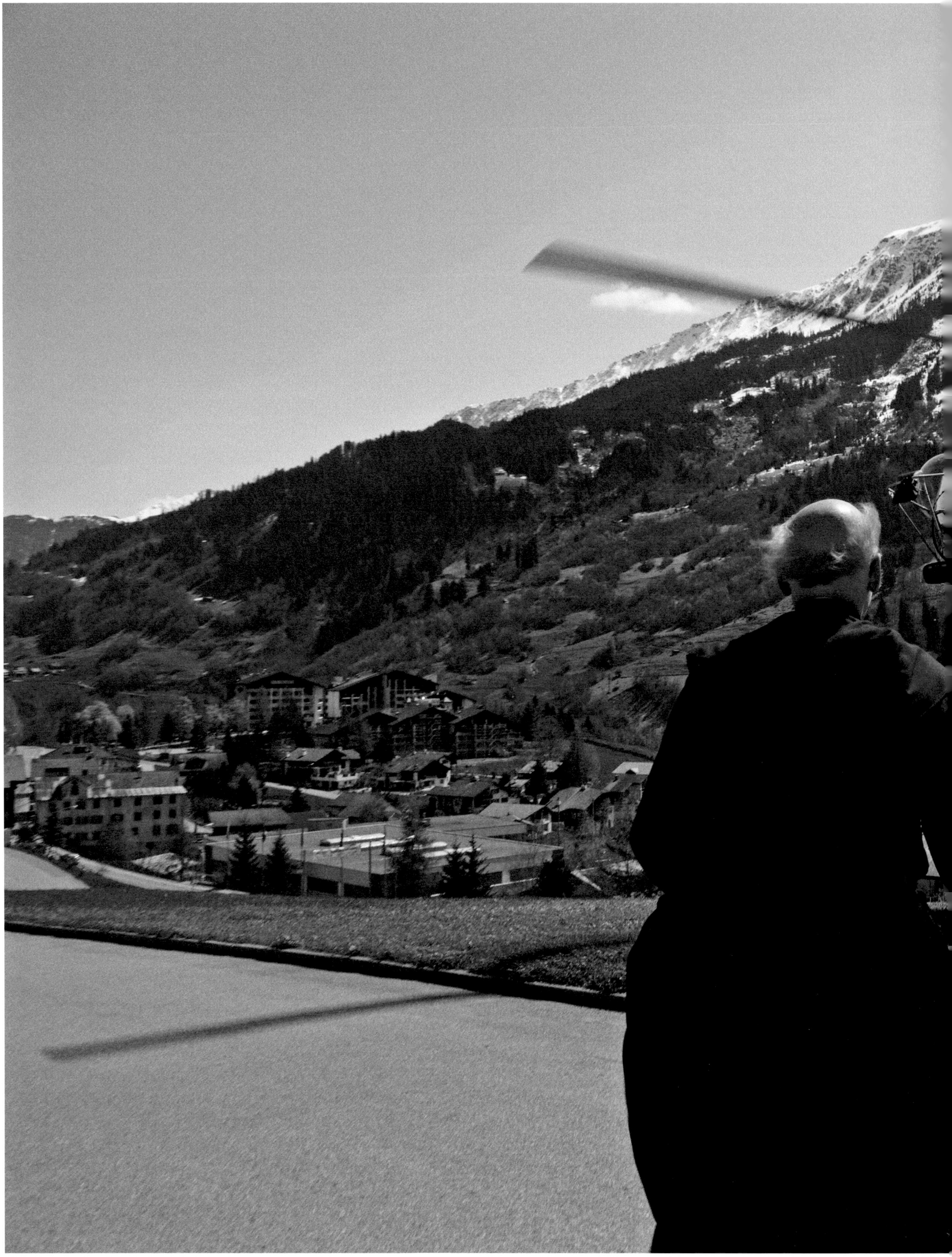

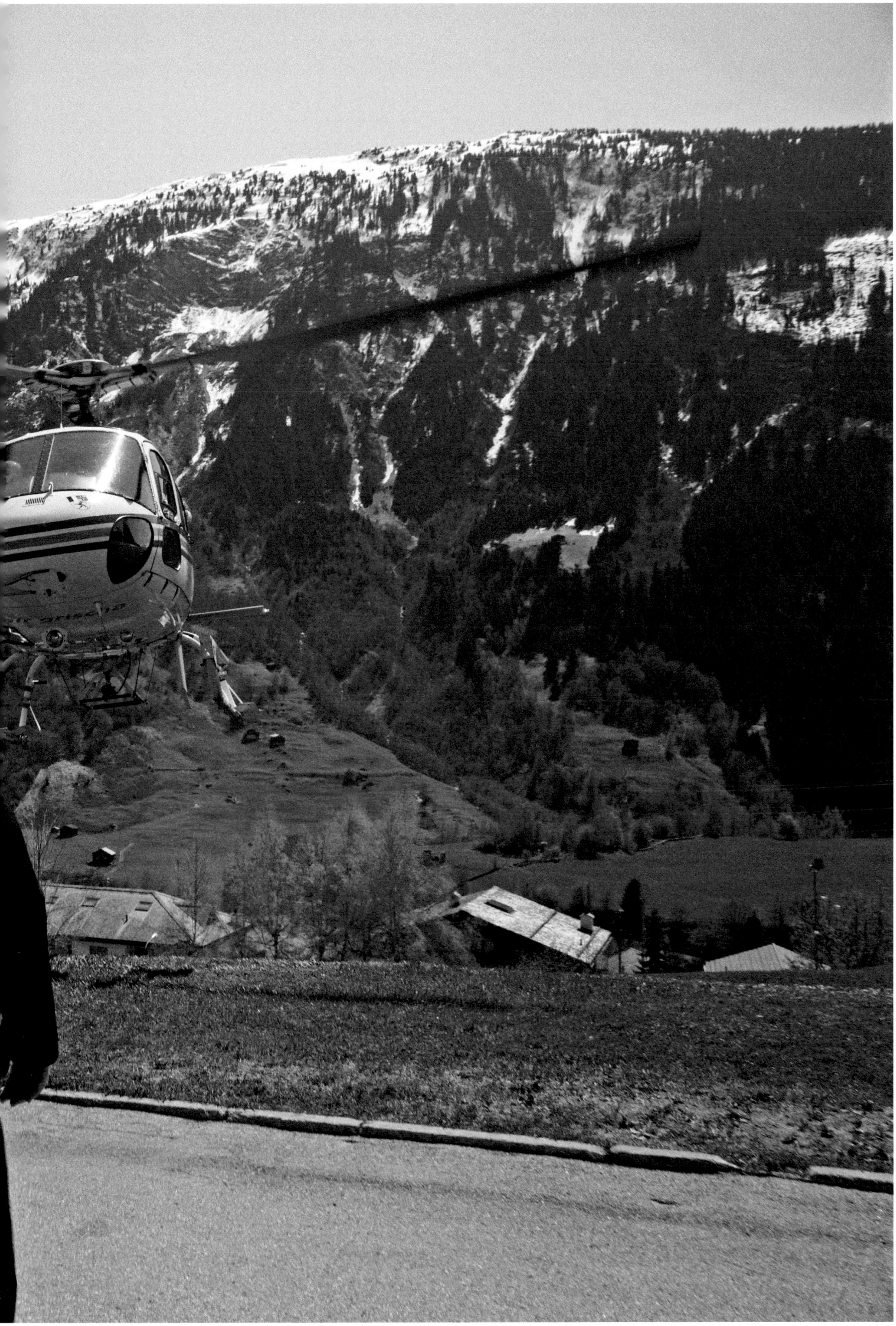

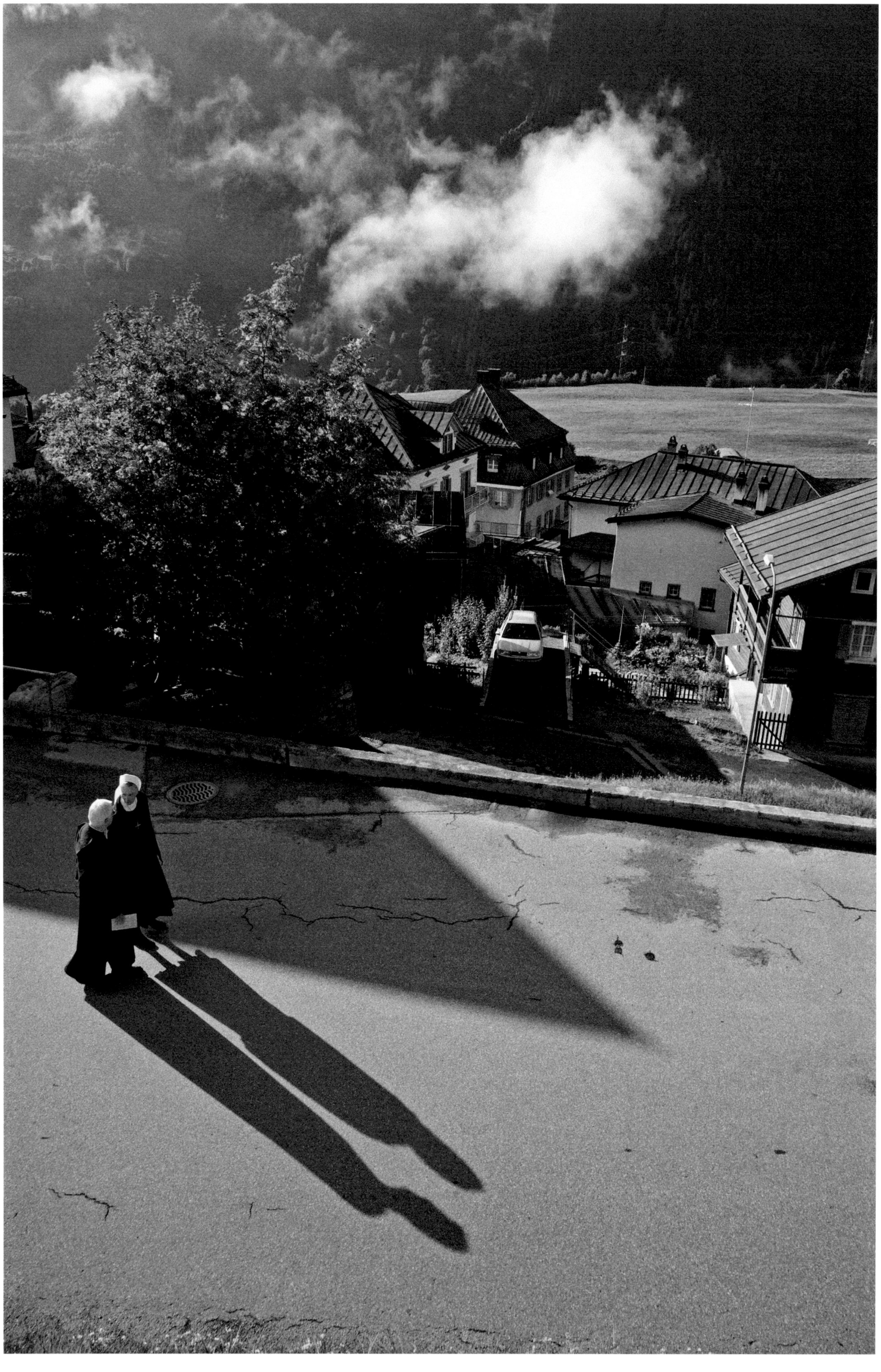

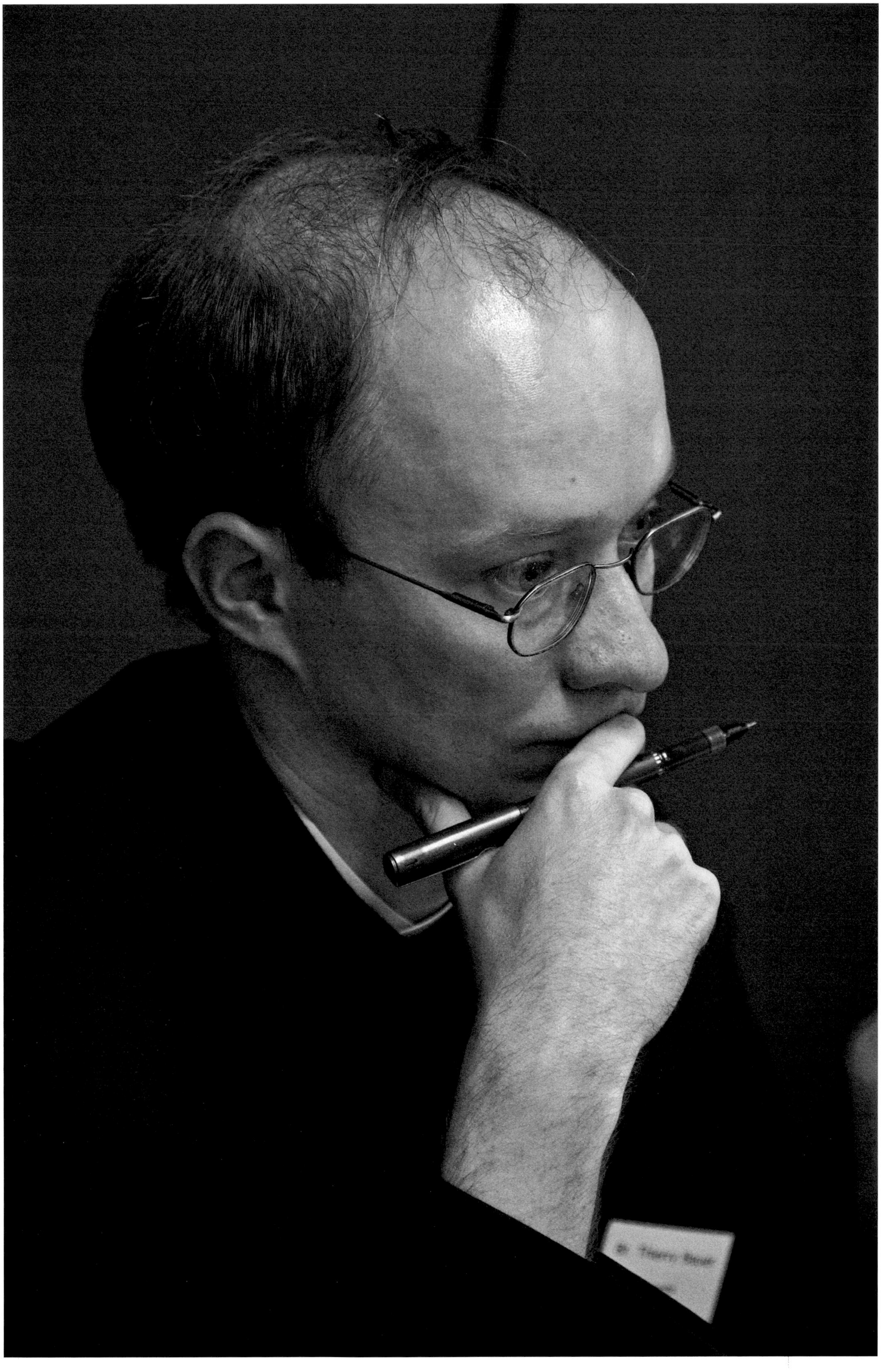

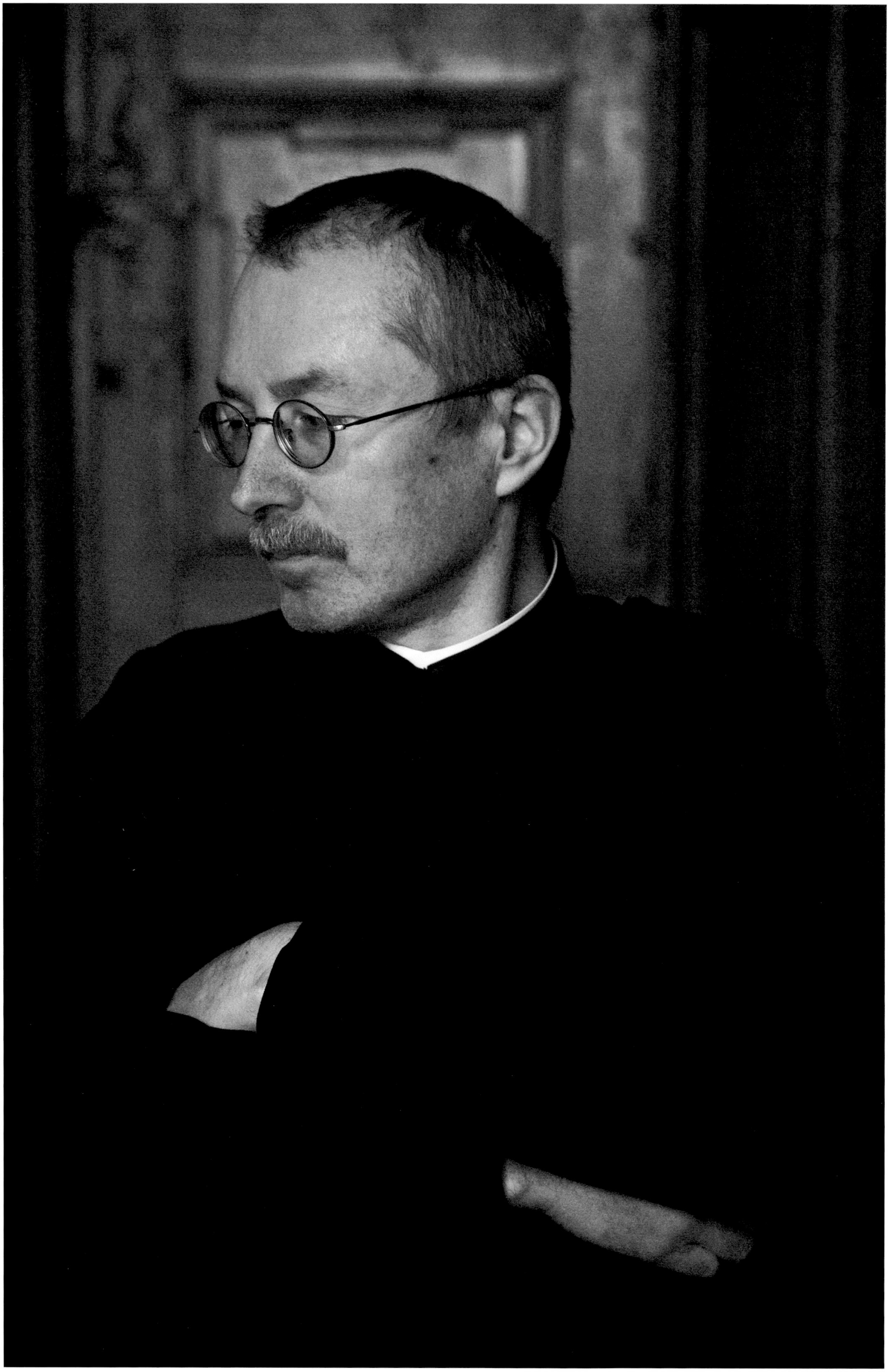

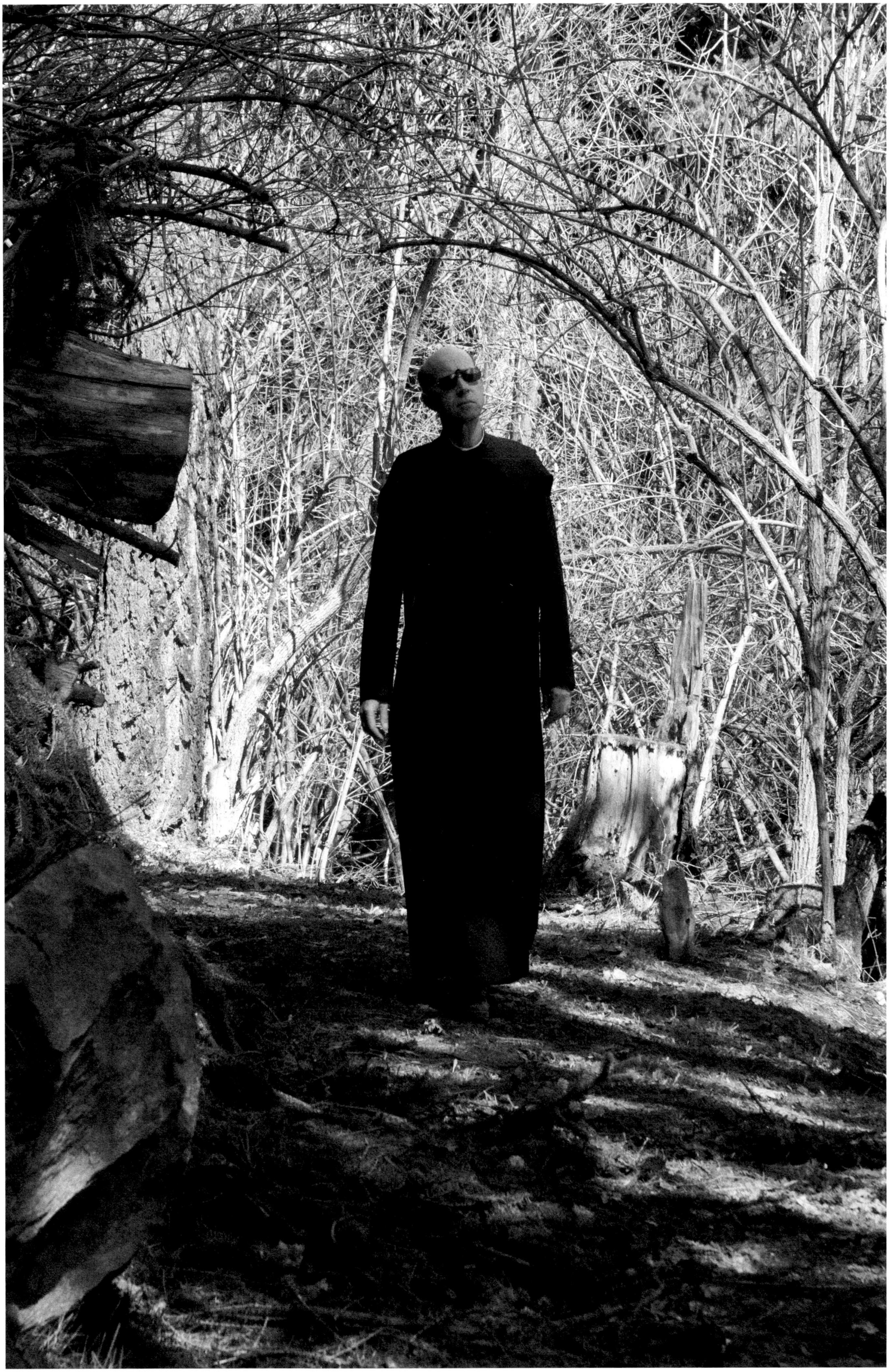

138

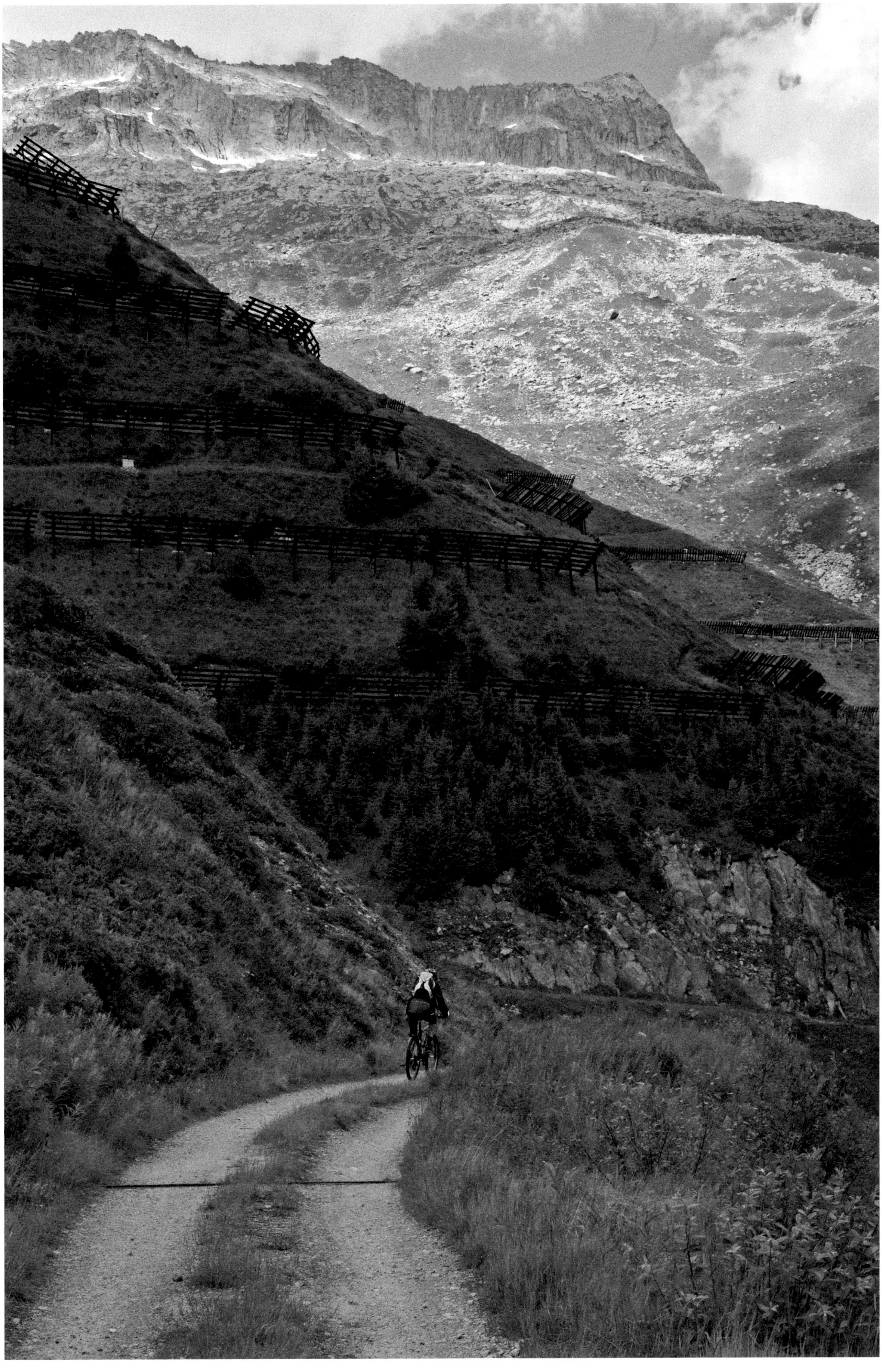

Ich kam blauäugig
—

**Bruder Niklaus Schwegler, 40,
getauft auf den Namen Bruno,
von Menznau LU,
ausgebildeter Möbelschreiner und Designer,
heute Statthalter,
im Kloster seit 13 Jahren**
—

Meine Zelle ist mein Nest, meine Höhle, mein Oratorium, da bin ich für mich allein.

In der Nacht vom Ostermontag 2006 lag ich im Bett und schlief. Es kann sein, dass ich kurz erwachte und seltsame Geräusche hörte. Aber wenn die nicht von meinem Piepser kommen, fühle ich mich nicht betroffen. Und plötzlich klopfte jemand an die Tür, Bruder Franz, Salaplauna brenne, unser Bauernhof am Dorfrand von Disentis —

Meine Zelle ist im vierten Stock, direkt über dem Rektor und dem Abt. Ich riss das Fenster auf, ein Zischen, ein Krachen, Rauch stieg aus dem Dach der Scheune.

Ich suchte die Baupläne von Salaplauna und rannte durchs Dorf, die Feuerwehr sollte wissen, wo sich das Heizöllager des Schweinestalls befindet, aber jetzt schossen Flammen bereits aus dem Dach, eine riesige Hitze in roter Nacht, ein Rind noch in der Glut.

Und dann brach Salaplauna zusammen.

Einige im Kloster weinten —

Ich nicht.

Obwohl ich schnell weine.

Ich bin — wenige trauen mir das zu — emotional gebaut. Ich weine schnell und oft. Zum letzten Mal vor zwei Tagen, in der Osternacht am Osterfeuer.

Manche hier im Kloster halten mich für einen kalten Manager. Manche haben fast Angst vor mir, weil ich ungeduldig und schnell bin, manchmal auch laut. Um es salopp zu sagen: Ich kenne nur den Vorwärtsgang. Und das macht nicht beliebt. Anders als in der Draussenwelt steigt im Kloster das Ansehen derer, die viel auf sich nehmen und erledigen, nur bedingt.

Aber das verfolgt mich nicht bis in meine Zelle, das plagt mich nicht. Jemand muss tun, was zu tun ist. Ein Kloster lebt nicht, nur weil es längst gegründet ist.

Ich bin Statthalter der Benediktinerabtei Disentis, zuständig für das Irdische.

Diesen Titel — ich übernahm das Amt von Pater Vigeli — habe ich erst seit Monaten. Für die Liegenschaften des Klosters war ich allerdings schon zuvor verantwortlich, ich bin dort, wo etwas nicht funktioniert.

Das ist meine Aufgabe hier — und manchmal zerbreche ich fast daran.

Es begann mit der Kaffeemaschine —

Eines Tages machte die Kaffeemaschine schlapp. Wenn etwas nicht funktioniert, was funktionieren müsste, werde ich nervös. Das ist meine Natur. Ich nahm mir also die Kaffeemaschine vor, obwohl ich technisch nicht begabt bin, ich war, bevor ich ins Kloster kam, Möbelschreiner, Design meine Leidenschaft.

Ich zerlegte die Maschine, setzte sie zusammen, und sie funktionierte immer noch nicht.

Also schlug ich sie.

Jetzt lief sie wieder.

Und seither — das geschah zur Zeit meines Noviziats, also vor rund zwölf Jahren — hält man mich hier für technisch begabt. In Wahrheit bin ich nur ungeduldig.

Und schon bald hiess es: Bring du mal die Heizung in Ordnung!

Etwas Maroderes als diese Heizung kann man sich kaum vorstellen. Obwohl sie sechsundzwanzig Regelgeräte besass, brauchte mein Vorgänger nicht mehr als zwei Stunden, um sie mir vorzustellen, dieses Unding.

So etwas ist nur im Kloster möglich.

Geh und mach!

Manchmal war nachts um zwei noch ein Monteur hier und versuchte, die Maschine zum Laufen zu bringen —

Die Gesamterneuerung der Heizung war vielleicht mein spannendstes Projekt, spannender noch als der Neubau des Klosterhofs Salaplauna. Wir reduzierten die zwei Heizzentralen auf eine, montierten aufs Dach der Klosterschule eine thermische Sonnenanlage, über hundertzwanzig Quadratmeter, kauften schliesslich, entwickelt von jungen Ingenieuren, eine moderne Steuerung, die selbst entscheidet, wann und wie sie den Brenner anfährt, ob kurzfristig mit hohen Temperaturen oder langfristig mit niedrigen, je nach Witterung, facility management, alles komplett gespeichert in einem Rechner.

Und seither sparen wir riesige Mengen Energie.

Im Grunde bin ich Liegenschaftsverwalter.

Wir hatten hier, als ich begann, einen grossen Stau von Unerledigtem. Weil alles so alt war und das Verständnis dafür, dass man erledigen muss, bevor man erledigt ist, kaum vorhanden.

Ich war der Erste, 1997, der einen Laptop ins Kloster brachte.

Anderthalb Jahre später bat ich den Abt um ein einfaches Faxgerät.

Meine Bitte wurde im Konsilium, dem Rat des Abtes, lange besprochen.

Abgelehnt! Brauchen wir nicht!

Heute stehen achtzig Rechner im Haus. Alle vernetzt mit der weiten Welt.

―――――――――――――――――――――――――

Das Kloster beschäftigt sechsundfünfzig Angestellte, Elektriker, Schreiner, Schneider, Wäscherinnen, Köche, Gärtner und so fort — und ständig ruft jemand an und will, dass ich entscheide. Ständig muss ich entscheiden, für andere und für mich. Die Menschen entscheiden nicht mehr selbst. Eine Krankheit, seit es Handys gibt. Man ruft, statt zu entscheiden, schnell an, damit ein anderer entscheidet.

In diesem Haus entkommst du nicht, du findest kaum Ruhe, kannst dich nicht distanzieren. Wenn eine Birne nicht glüht — übertrieben gesagt —, rufen sie dich, wenn ein Hahn tropft, rufen sie dich, wenn ein —

Manchmal explodiere ich —

Aber ich habe mir beigebracht, deswegen kein schlechtes Gewissen zu haben. Der Sprengstoff ist meine Energie. Und sie, meine ich, kommt dem Kloster durchaus zugute.

Ein schlechtes Gewissen verbiete ich mir. Punkt.

Es braucht jemanden, der den Karren zieht.

Das ist, 2010, vielleicht die grosse Schwierigkeit unseres Hauses: Dass einige am liebsten durch die breiten Gänge schweben und nicht begreifen, dass wir noch auf Erden sind.

Dass es hienieden kein Licht gibt ohne Draht.

Kein Wasser ohne Leitung.

Kein Orgelspiel ohne Strom.

Kein Leben ohne Geld.

Bin ich wütend, setze ich mich ins Büro und arbeite, oft bis spät in die Nacht.

Eine Form von Sublimation.

Aber letztlich nehme ich mich selbst an der Nase. Als ich vor dreizehn Jahren, mit siebenundzwanzig, hier eintrat, hätte ich wissen können, dass ein Kloster nicht nur aus Weihrauch und Psalmen besteht. Dass ein Kloster auch ein Betrieb ist, diesseitig und mühsam. Doch das hatte ich ausgeblendet, nicht bedacht.

Ich kam blauäugig hierher.

Ich suchte das berühmte andere Leben —

Und heute glaube ich, Ausblendung ist Teil der Berufung.

Wer ins Kloster geht, nimmt wahr, was er wahrnehmen will.

Oder wahrnehmen kann.

Genauso wie der, der eine Frau heiratet.

Vielleicht ist Liebe ohne Ausblendung nicht möglich.

Von Disentis hörte ich zum ersten Mal als Soldat der päpstlichen Schweizer Garde in Rom. Dort war ich, weil ich schon während meiner Lehre geahnt hatte, dass ich Möbelschreiner nie sein würde. In Rom stand irgendwann der Tag der Vereidigung an, ich sollte schwören, mein Leben hinzugeben für den Papst und den Kommandanten der Garde. Für den Papst hätte ich es vielleicht getan. Ich beschloss, den Eid nicht zu leisten. Man drohte, mich nach

Hause zu schicken. Auch ein anderer hatte Mühe, sich zu vereidigen, einer, der hier in der Klosterschule gewesen war und von Disentis erzählte. Wir wurden Freunde und besprachen uns mit dem Kaplan der Garde, wir diskutierten hin und her, und schliesslich leisteten wir den Eid doch.

Nach den zwei Jahren in Rom war ich wieder Möbelschreiner und bildete mich weiter, Richtung Design und Planung, ich hatte eine Wohnung, eine Freundin, ich fuhr ein Auto, ein Motorrad — und wusste, das war es nicht.

Etwas fehlte.

Ich wechselte die Stelle.

Und irgendwann, von ganz weit weg, kam mir der Gedanke, ich könnte ins Kloster Disentis. Ein anderes kannte ich nicht.

Endlich kam ich hierher, eine Woche lang, in der frohen Erwartung, die Flausen, die sich in meinem Kopf abgesetzt hatten, würden sich danach verlieren. Denn zum Mönch taugst du nicht, du bist zu laut, zu schnell, dachte ich.

Dies alles wollte ich mir bestätigen.

Aber es kam anders —

Das Haus gefiel mir, es ist alt und karg, zweckmässig und schlicht, nicht zu barock, nicht zu wuchtig.

Selbst die Mauern, die man sich zur Heimat nimmt, sind Teil der Berufung.

Ein halbes Jahr später versprach ich einigen Kollegen, sie nach Medjugorje zu begleiten, Bosnien-Herzegowina, wo die Muttergottes angeblich erschienen war, eine Jugendwallfahrt. Drei Tage vor der Reise sagte ich ab: Ist nicht mein Ding! Stattdessen ging ich nach Disentis, diesmal zwei Wochen, Weihnachten —

Es nahm mir den Ärmel rein —

Ich ging nach Hause im Luzernischen, brach die Ausbildung ab, kündigte Job und Wohnung, verkaufte Auto und Motorrad — letzteres schweren Herzens, eine speziell kräftige Vespa, die ich aus Rom mitgebracht hatte, bestens geeignet, auf einer Passfahrt die Hundertfünfundzwanziger zu ärgern, wenn die einen überholen wollten und plötzlich merkten, dass meine Vespa mindestens so stark war wie ihre Honda oder Suzuki.

Seit März 1997 bin ich nun hier, seit November 2008 Statthalter.

Unser jüngstes Projekt, kurz vor dem Abschluss, ist der Neubau des Klosterhofs Salaplauna. Das sind wir der oberen Surselva schuldig. Wir bauen ihn nicht, nur um einem Landwirt ein Auskommen zu ermöglichen. Salaplauna, gezeichnet vom bekannten Architekten Gion Caminada, soll Mut machen, hier zu bleiben, hier zu leben. Unser Hof, den wir verpachtet haben, ist gebaut aus heimischem Holz — mit Leimbindern aus Österreich oder Systembauteilen aus Deutschland wäre alles viel billiger geworden. In der Scheune, siebenhundert Quadratmeter Solarzellen auf dem Dach, leben Kühe, die noch Hörner haben, sie bewegen sich frei, und der Stall ist so weit, dass die hierarchisch Schwachen sich neben den Starken nicht schwach vorkommen. Das Futter, das sie fressen, stammt nicht aus dem Silo, Salaplauna geschieht biologisch, die Scheune steht offen, jede und jeder ist willkommen.

Kein Schmus — Salaplauna bauten wir nicht für uns, sondern für die Region, in der wir leben seit mehr als tausenddreihundert Jahren.

Obwohl wir im Grunde kein Geld haben —

Und jetzt steht die Renovation des Schulgebäudes an, bald die Renovation der Klosterkirche —

An dem Leben, das ich führe, ist niemand schuld ausser ich selbst.

Ich wollte hierher. Und nun bin ich es.

Meine Arbeit frisst mich, weil ich mich von ihr fressen lasse.

Manchmal zerreisst es mich, wenn ich erkenne, wie weit ich abgekommen bin von dem Ideal, das mich nach Disentis trieb. Das Klösterliche kommt zu kurz. Oft fehle ich im Chor und sitze stattdessen am Telefon, rede mit Handwerkern, stehe auf der Baustelle, renne hin, renne her.

Renne zurück ins Kloster, wo alles langsam ist und feierlich.

Dieser Switch ist manchmal kaum möglich —

Doch mein Dienst, tröste ich mich, ist auch eine Form von Gebet oder Gottesdienst.

Im Gebet der Mitbrüder, denke ich, bin ich gehalten und getragen.

Aber eigentliche Freunde habe ich im Kloster nicht. Freunde zu haben entspricht nicht dem monastischen Gedanken. Wir sind nicht Freunde, sondern eine Gemeinschaft.

Nachts, bevor ich in meine Zelle steige, in mein Nest, das nur mir gehört, gehe ich oft ums Haus, um Abstand zu gewinnen, das Hirn zu fluten.

Und merke an jeder Ecke, was alles noch zu tun ist.

Dann hoffe ich, das Leben verlaufe in Phasen —

Irgendwann, spätestens im Rollstuhl, werde ich geniessen.

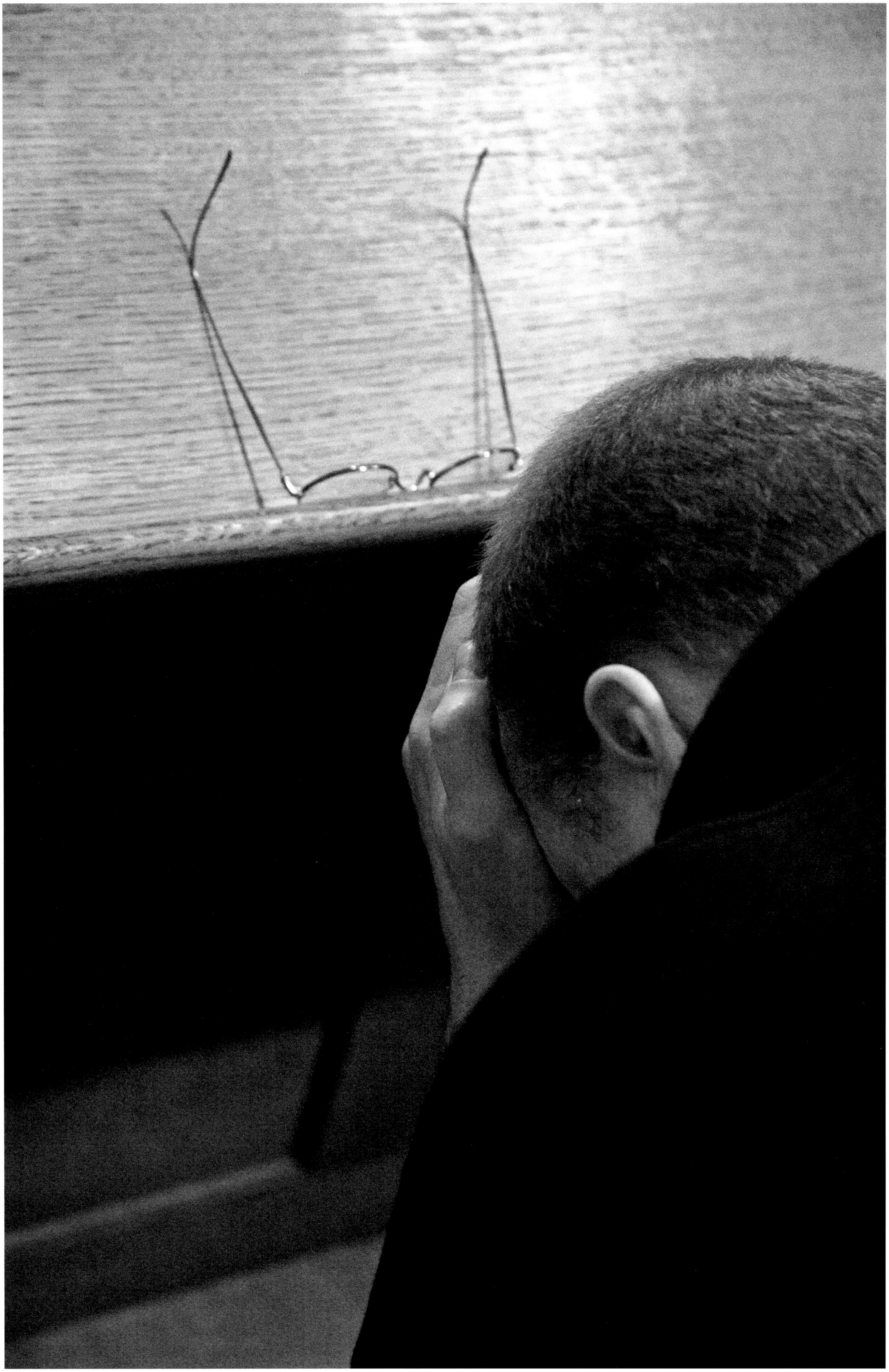

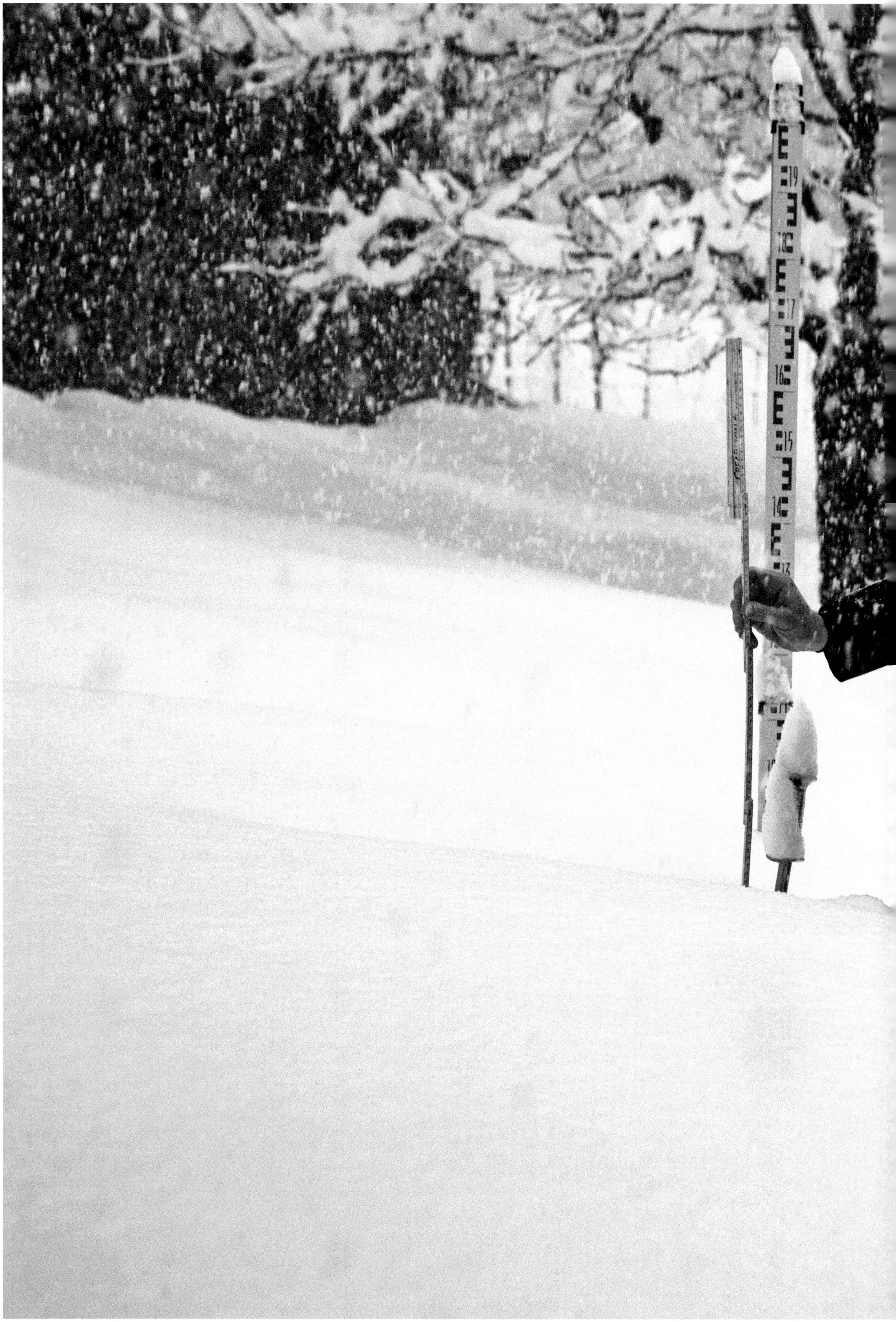
19
18
17
16
15
14
13

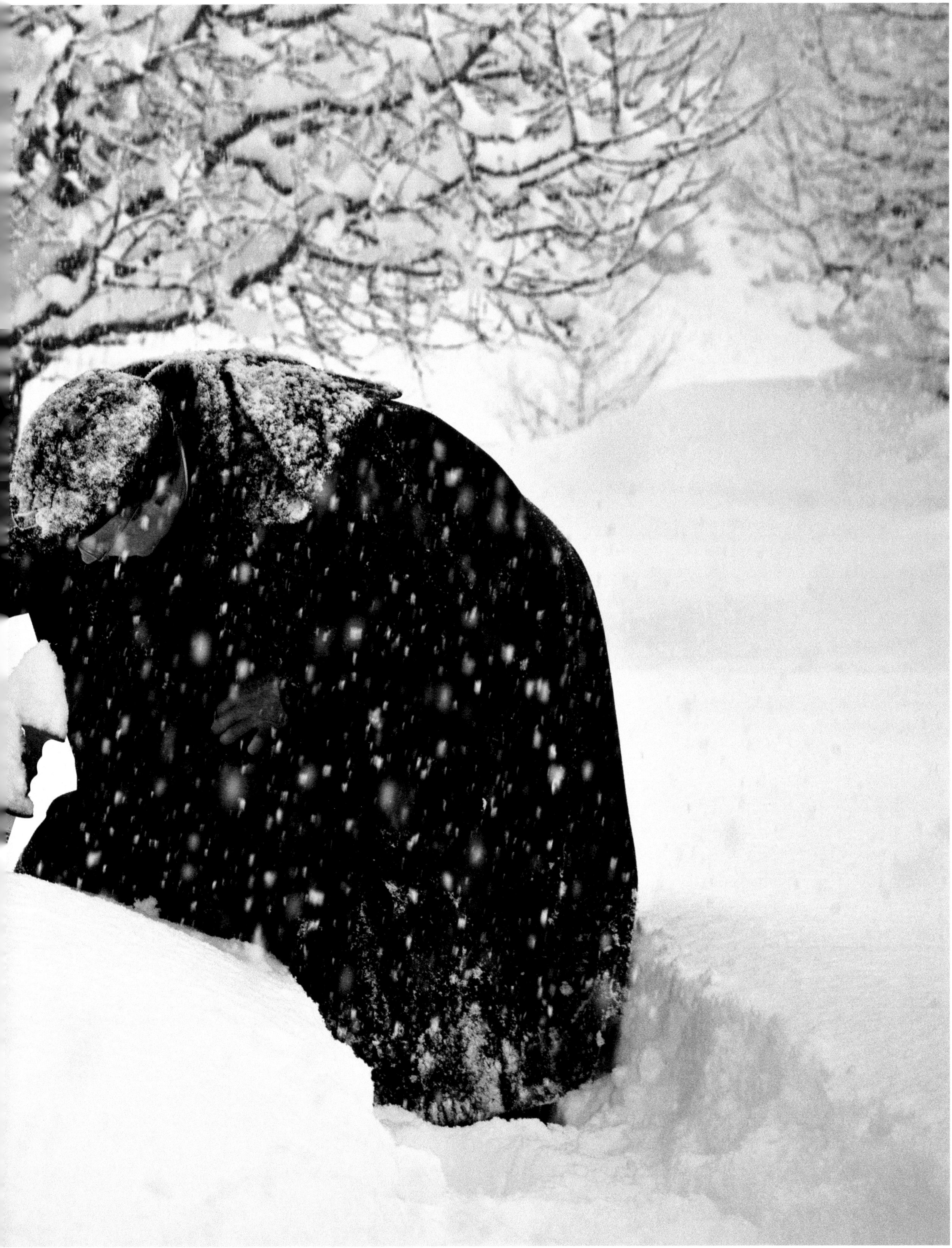

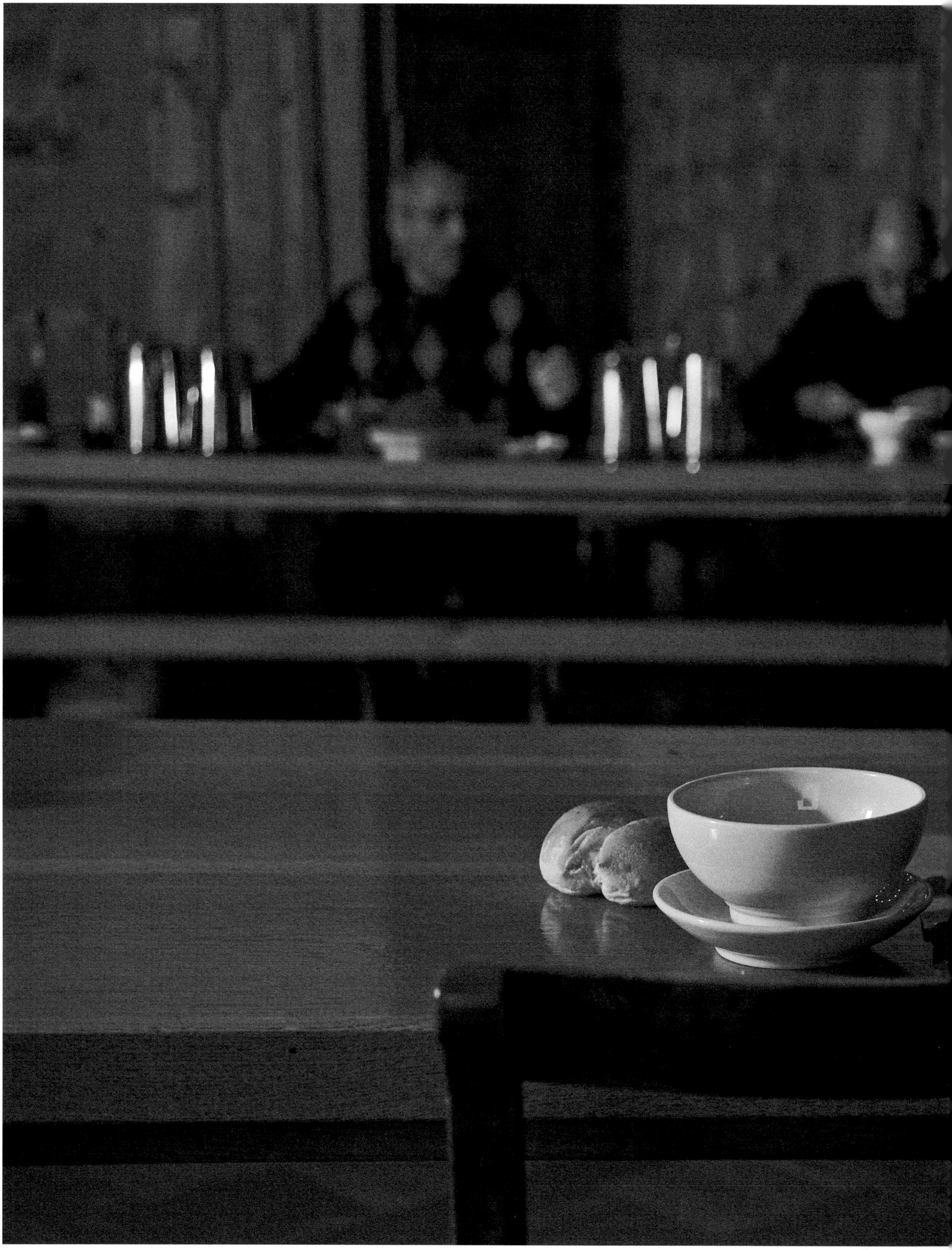

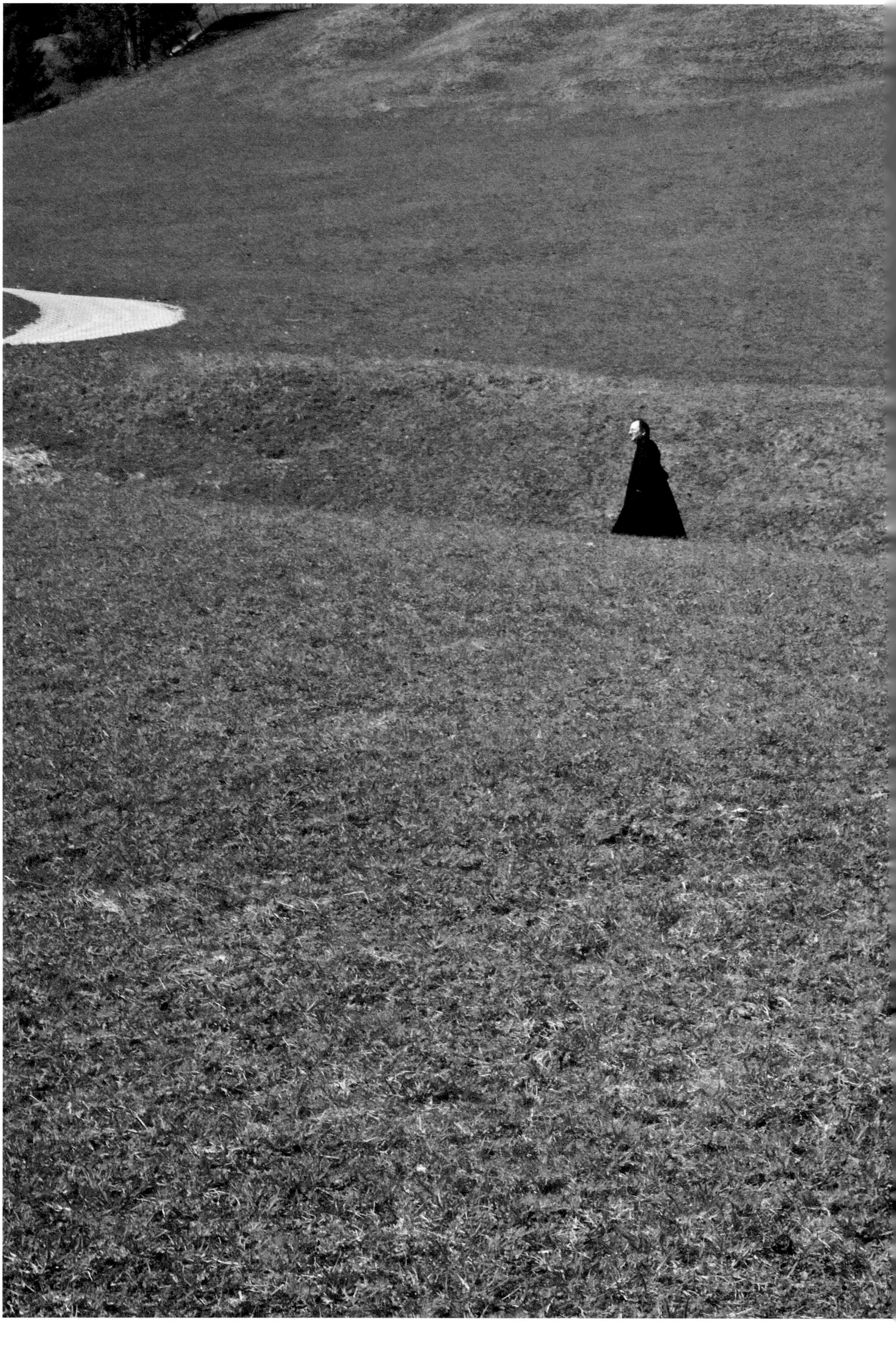

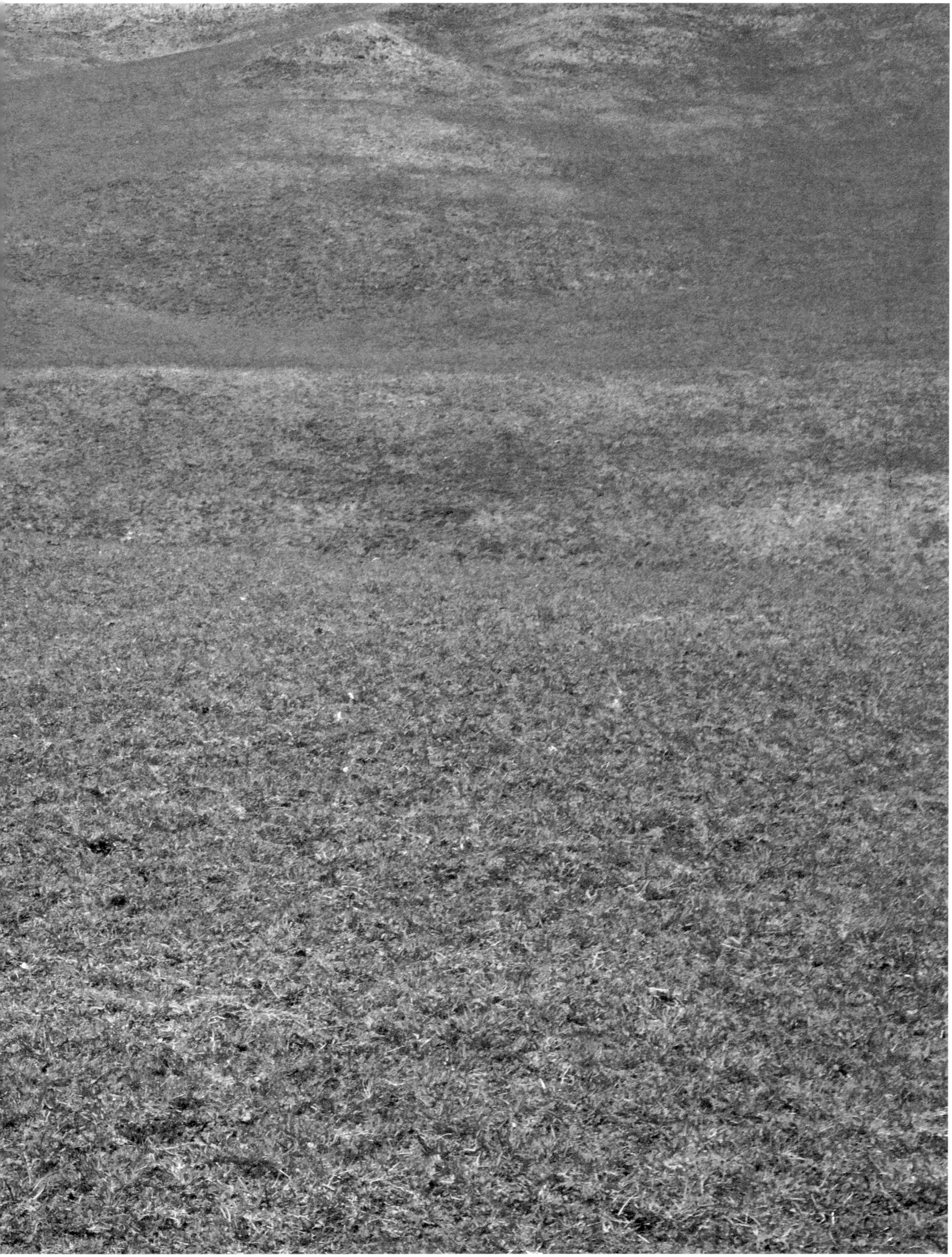

Von Zeit zu Zeit

—

Eine Chronik des Klosters Disentis

—

Um **480** kommt im italienischen Nursia, heute Norcia, Benedikt zur Welt. Enttäuscht von der Sittenlosigkeit der Zeit, zieht er sich in die Berge von Subiaco zurück, betet, arbeitet und schweigt. Anhänger suchen seine Nähe. Als Benedikt die Leitung des nahen Klosters Vicovaro übernimmt, stösst er auf den Widerstand der Mönche, sie wollen ihn vergiften. Benedikt kehrt zurück ins Tal von Subiaco und errichtet schliesslich zwölf kleine Klöster, in jedem zwölf Mönche.

Um **529** gründet Benedikt auf dem Monte Cassino das Mutterkloster der Benediktiner. Er steht der Gemeinschaft vor und verfasst die berühmte Regula Benedicti, die Benediktsregel, ein Konzept von Mass und Zucht. In 72 Kapiteln regelt sie den Umgang der Mönche untereinander, sie verlangt ein Leben der Gottsuche, eine einfache Ernährung, und sie schreibt feste Zeiten für Gebet, Lesung, Arbeit und Schlaf vor. Zum Modell des klösterlichen Lebens nimmt Benedikt die Familie — der Abt als Vater und die Mönche als Brüder.

Ein Benediktinermönch legt im Laufe seines Ordenslebens drei Gelübde ab: Gehorsam, Beständigkeit in der Gemeinschaft und klösterlicher Lebenswandel. Die tiefe Ehrfurcht vor Gott und jedem Mitmenschen soll einen Benediktinermönch besonders auszeichnen, auch seine moderatio, Mässigung, die Extreme meidet, sowie die discretio oder Unterscheidung der Geister, die ihn befähigt, das Wichtigere vom weniger Wichtigen zu trennen.

Am 21. März **547** stirbt Benedikt in Monte Cassino, der Legende nach stehend am Altar der Klosterkirche, von Mönchen gestützt, die sehen, wie Engel seine Seele in den Himmel begleiten.

Ums Jahr **700** baut der fränkische Wandermönch Sigisbert in der unwirtlichen Gegend der Desertina im oberen Vorderrheintal eine Einsiedelei. Seine Klause weiht er dem heiligen Martin. Sigisbert wird von einem vermögenden Einheimischen unterstützt, Placidus. Aus Sorge um seine Macht lässt der Landesherr, Präses Victor in Chur, Placidus ermorden.

Unter Abt Ursicin entsteht in der Folge in Disentis ein eigentliches Kloster nach der Regel des heiligen Benedikt. Neben dem Kloster gedeiht ein Dorf, Disentis genannt oder rätoromanisch Mustér, hergeleitet vom lateinischen desertina, die Unwirtliche, oder monasterium, das Kloster.

Im sogenannten Tellotestament vom 15. Dezember **765** beschenkt der Churer Bischof Tello das junge Kloster — zur Sühne für die Bluttat seines Vaters Victor, der Placidus umbringen liess. Das Kloster blüht auf und führt vermutlich bereits eine Schule.

810 leben in der Benediktinerabtei zum heiligen Martin in Disentis 71 Mönche mit rätischen, alemannischen, fränkischen und langobardischen Namen. Mit der Martinskirche, der Marienkirche und der Petruskapelle umfasst die Klosteranlage in 1160 Metern Höhe eine sogenannte Kirchenfamilie. Seine Besitztümer, zumeist geschenkte Ländereien, macht das Kloster urbar.

940 rauben Sarazenen die Abtei Disentis aus und brennen sie nieder, die Mönche fliehen mit 51 Kisten und Paketen rheinabwärts nach Chur, dann weiter nach Zürich, wo sie im Grossmünster unterkommen. Später bauen sie das Kloster neu auf.

Die Abtei am Fuss des Lukmanierpasses weckt die Gelüste der deutschen Kaiser. Otto I. und Friedrich I. Barbarossa spannen Disentis für ihre Zwecke ein und schenken dem Kloster Gebiete bis in die Lombardei.

1020 vermacht der Sachsenkaiser Heinrich II. das Kloster dem Brixener Reichsbischof. Disentis ist zum Spielball der Mächtigen geworden.

Das Wormser Konkordat von **1122** befreit die Kirche und damit das Kloster Disentis vorerst von weltlichen Ansprüchen.

Die Äbte von Disentis sind nun ihrerseits Fürsten, sie bestimmen die Politik im Tal, errichten am Lukmanier eigene Hospize, gründen Pfarreien mit eigenen Kirchen und reden mit beim Zusammenschluss der rätischen Dynastien. Die Äbte richten über Leib und Leben der Gotteshausleute, sie haben das Recht auf den Markt.

In ihrer Schule, **1285** erstmals nachweisbar, unterrichten die Mönche die sieben freien Künste: Grammatik, Rhetorik, Dialektik, Arithmetik, Astronomie, Geometrie und Musik.

1348/49, nach einer Phase des Niedergangs, leben im Kloster Disentis noch fünf Mönche. Drei davon sterben an der Pest.

1387 brennt das Kloster teilweise ab.

1477, nachdem der Einfluss des Klosters auf die sogenannte Cadi, den politischen Kreis Disentis, ständig schwächer geworden ist, erzwingt sich die Gemeinde ein Einspracherecht bei der Aufnahme neuer Novizen.

1497 fördert das Kloster die politische Annäherung der Region an den unmittelbaren Nachbar im Norden. Der Graue Bund wird zugewandter Ort der Eidgenossenschaft.

Die Wahlkapitulation von **1512** — es ist die Zeit der Reformation — macht den Abt abhängig vom Disentiser Magistrat. Immer häufiger verweigern Untertanen dem Kloster Abgaben.

Einmal mehr droht die Abtei zu scheitern.

1514 brennt das Kloster ein weiteres Mal.

1536 treten Abt Martin Winkler, verliebt in eine Frau, und drei Mönche zum evangelischen Glauben über. Die Disentiser Obrigkeit bemüht sich um Ersatz und scheut sich fortan nicht, vom Kloster Zahlungen zu verlangen.

1581, im Zug der Gegenreformation, besucht der Mailänder Erzbischof Kardinal Carlo Borromeo Dorf und Kloster Disentis.

1587 bis **1596** betreibt die Abtei eine Schule für Priesterkandidaten. Untergebracht sind die 25 Studenten bei Familien im Dorf.

1602 entsteht auf Druck des Vatikans die Schweizerische Benediktinerkongregation, ein Zusammenschluss der Benediktinerklöster in der Schweiz, welcher der gewählte Abtpräses vorsteht. Heute existieren weltweit 21 Kongregationen, die ihrerseits eine Konföderation bilden, geleitet vom Abtprimas. Dieser residiert in Sant'Anselmo auf dem Aventin in Rom und ist zugleich Abt der dortigen Klostergemeinschaft und Gross-kanzler der Päpstlichen Hochschule. Gewählt wird der Abtprimas, der mehr als 800 Abteien mit rund 25'000 Mönchen vertritt, alle vier Jahre vom Äbtekongress.

1621 flieht Abt Sebastian von Castelberg mit seinen Mönchen vor den Truppen von Jürg Jenatsch über den Lukmanierpass nach Biasca. Das Kloster brennt.

Im Jahre **1623** erlangt die Abtei wieder ihre Selbständigkeit und kann den Abt frei wählen.

Im Gegenzug überlässt sie ab **1648** der politischen Gemeinde die gesamte richterliche Justiz.

Hungersnöte, Pest und Hexenverfolgungen suchen die Surselva heim.

1685 beginnt das Kloster mit dem Bau eines neuen barocken Klostergebäudes.

Am 11. September **1712** weiht der päpstliche Nuntius Giacomo Caraccioli die neue barocke Klosterkirche mit zehn Altären ein.

Herausragender Mönch in der zweiten Hälfte des 18. Jahrhunderts ist Pater Placi a Spescha, ein universaler und unbequemer Geist, der Aufklärung verpflichtet, von der Nachwelt zum Mythos erhoben.

Am 6. Mai **1799** stecken französische Truppen Dorf und Kloster in Brand, zwanzig Menschen kommen um. Archiv und Bibliothek werden zerstört, Kunstschätze und Geld beschlagnahmt. Die Abtei verliert ihre Besitztümer im Veltlin und beinahe die Hälfte ihres Vermögens.

Von **1833** bis **1842** betreibt das Kloster die katholische Kantonsschule. Latein, Griechisch, Deutsch und Mathematik sind die Hauptfächer. Wer romanisch spricht, wird bestraft, er soll jetzt Deutsch lernen.

1846 steht die Abtei wieder in Flammen, Brandstiftung. Anders als so manches Kloster in der Schweiz entgeht Disentis dem behördlichen Verbot — es ist die Zeit der sogenannten Säkularisation —, aber die klösterliche Verwaltung wird **1859** der staatlichen Kontrolle unterstellt, und das Klostergesetz des Kantons Graubünden von **1861** verhindert weitgehend die Aufnahme von Novizen.

Wieder steht das Kloster am Rand des Untergangs.

Im Jahr **1880**, nach einem Stimmungswechsel in Volk und Regierung, erlebt die Benediktinerabtei Disentis einen eigentlichen Neubeginn, die Restauration. Mit Hilfe der Schweizerischen Benediktinerkongregation, vor allem der Abtei Muri-Gries, die mehrere Mönche, darunter den späteren Abt Benedikt Prevost, ins Bündner Oberland schickt, erholt sich Disentis und blüht auf.

Das Kloster eröffnet eine Lateinschule.

1914/1924 erneuert das Kloster Disentis den Altarraum und den Chor, nach dem Ersten Weltkrieg auch das Schiff der Klosterkirche.

1933/1934 leistet sich der Konvent eine grosse Orgel für die Klosterkirche. Die Orgel verfügt über 64 Register und drei Manuale.

1936 nimmt die Klosterschule erstmals eidgenössisch anerkannte Maturitätsprüfungen ab.

1937 beginnt das Kloster mit dem Bau eines Internats.

In den **1960**er-Jahren leben in der Abtei zum heiligen Martin in Disentis sechzig Mönche, so viele, wie seit den Anfängen nicht mehr. Das Kloster ist ein geistliches und kulturelles Zentrum.

Dorf und Kloster, während 1200 Jahren gemeinsam gewachsen, bedingen sich wirtschaftlich, kulturell, religiös. Diese enge Verbindung zieht sich bis in die Redewendungen der Einheimischen. Trifft ein Schütze oder ein Fussballspieler schlecht, entschuldigt er sich mit dem Spruch: Heute würde ich nicht einmal das Kloster treffen. Singt einer falsch oder misslingt ihm eine Arbeit, erwartet ihn der Spott: Das ist nicht gerade Kloster.

Von **1969** bis **1973** entsteht neben dem Kloster ein neues Schulgebäude.

Seit **1971** nimmt die Klosterschule auch Mädchen auf.

2002 baut das Kloster Disentis ein neues Mädcheninternat. Der Bau, entworfen von Gion A. Caminada, wird **2003** mit dem Architekturpreis Neues Bauen in den Alpen ausgezeichnet.

Am Ostermontag **2006** brennt der klösterliche Landwirtschaftsbetrieb Salaplauna ab. Die Abtei beschliesst den Wiederaufbau ihres Hofes, Architekt ist wieder Gion A. Caminada. Hauptmotiv des Neubaus, der nach biologischen Kriterien betrieben wird, ist ein Beitrag zur Entwicklung der Region Surselva.

2007 nimmt das Kloster den neuen Peter-Kaiser-Saal, möglich geworden durch einen namhaften Beitrag der Liechtensteiner Gedächtnisstiftung Peter Kaiser (**1793–1864**), in Betrieb.

2008 steht erstmals in der Geschichte des Klosters kein Mönch an der Spitze der Schule, sondern eine weltliche Person, eine Frau. Die Klosterschule ist das Gymnasium der Region Surselva und gleichzeitig eine überregionale Internatsschule. Neben Mönchen unterrichten 25 weltliche Lehrpersonen. Die Klosterschule Disentis bietet Schülerinnen und Schülern das Langzeitgymnasium über sechs Jahre und das Kurzzeitgymnasium über vier Jahre — mit vier verschiedenen Profilen: sprachlich, mathematisch-naturwissenschaftlich, wirtschaftlich und musisch. Abschluss ist die eidgenössisch anerkannte Matura. Gefördert wird auch die romanische Sprache. Zwei Drittel der rund 200 Schülerinnen und Schüler stammen aus der Surselva, ein Drittel aus anderen Regionen der Schweiz und des nahen Auslands, ein Drittel wohnt im Internat. Das Kloster beschäftigt 56 Angestellte und ist damit einer der grössten Arbeitgeber im Bündner Oberland.

2009 leben im Kloster Disentis dreissig Mönche, geführt von Abt Daniel Schönbächler. Sein Wahlspruch heisst: Unitas in diversitate, Einheit in Vielfalt.

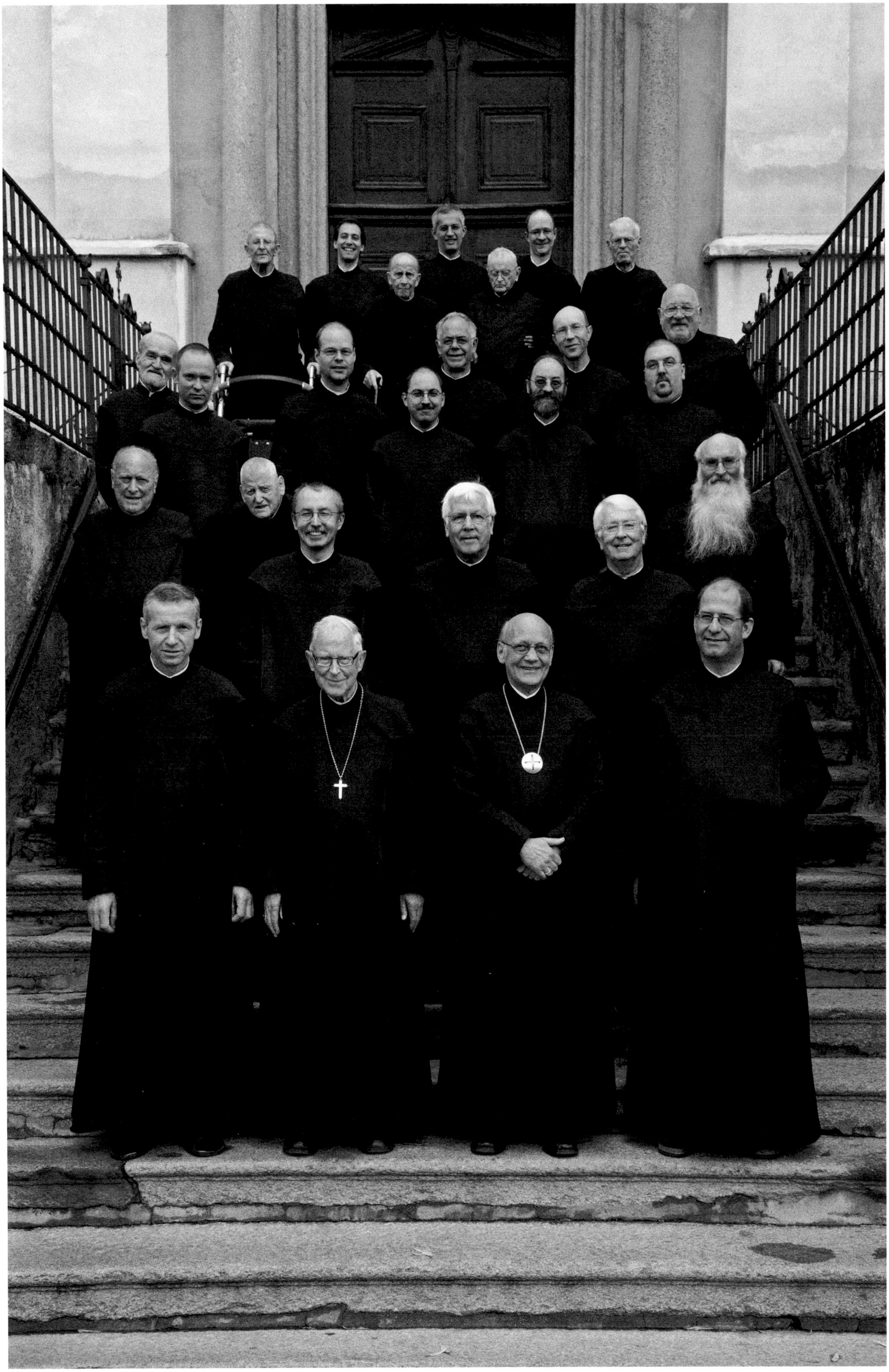

Textabfolge

I Bruder Urs
Das ewig Gleiche setzt dir Flügel

II Abt Daniel
Ich bin nicht das Kloster

III Bruder Gerhard
Warum nicht?, sagte ich

IV Pater Bernhard
Es war halt so

V Bruder Franz
Benedikt bestraft das Murren

VI Bruder Martin
Wohin ich gehöre

VII Pater Pirmin
Karfreitag und Ostern

VIII Bruder Magnus
Do it. Just do it!

IX Pater Bruno
Mönch sein fordert heraus

X Bruder Stefan
Was mich beschäftigt

XI Pater Vigeli
Was soll das eigentlich?

XII Bruder Niklaus
Ich kam blauäugig

Für Vera, Cäcilia, Nando und Giulio.
Giorgio

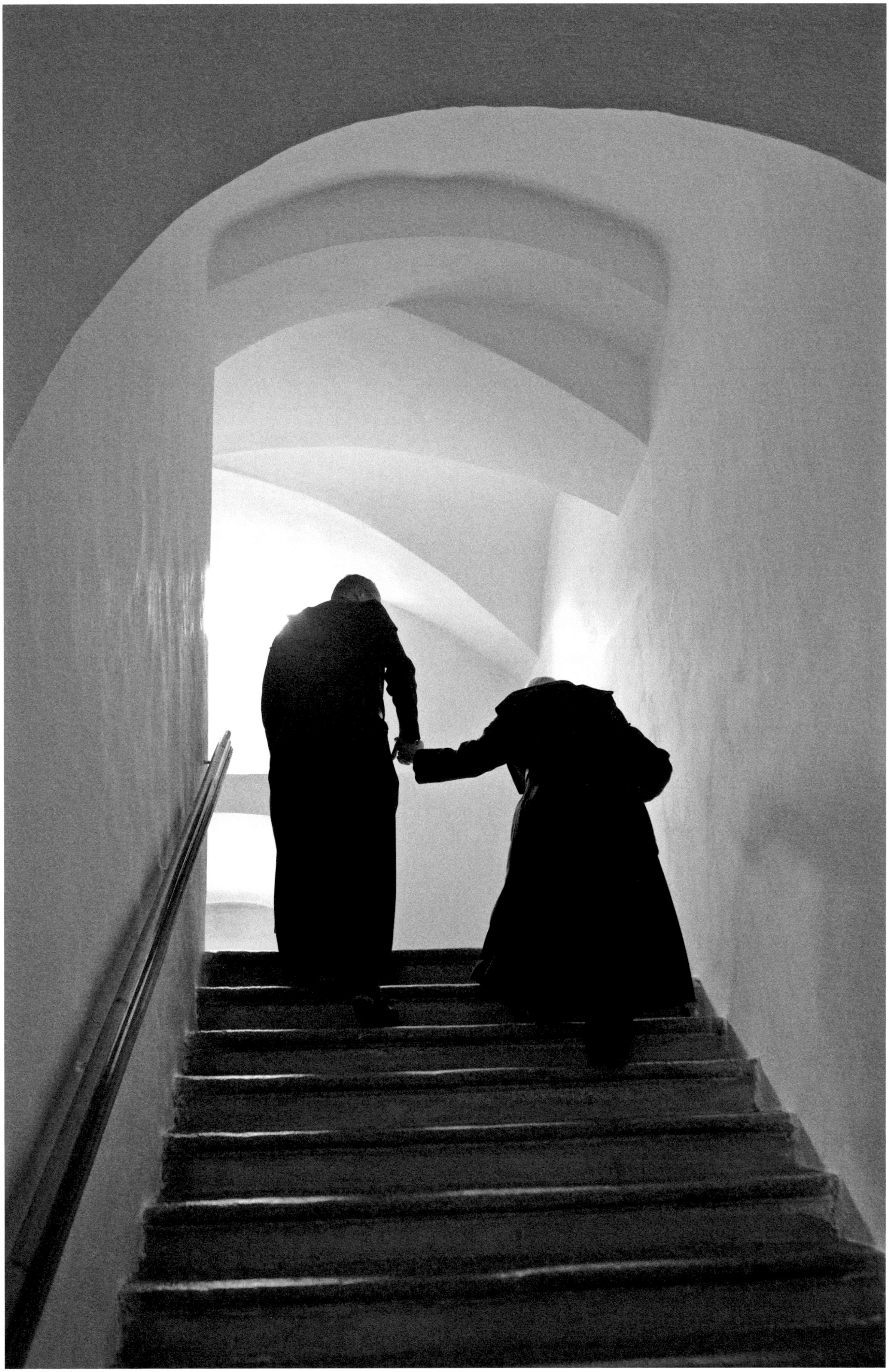

© 2010 Benteli Verlags AG, Bern
© Texte bei Erwin Koch
© Fotografien bei Giorgio von Arb

Projektleitung:
Peter Zehnder, Zürich

Lektorat und Korrektorat:
Cornelia Mechler, Miriam Waldvogel,
Benteli Verlags AG, Sulgen

Gestaltung:
2xGoldstein, Karlsruhe (D)

Fotolithografie:
Heer Druck AG, Sulgen

Druck & Bindung:
Kösel GmbH & Co. KG,
Altusried / Krugzell (D)

ISBN 978-3-7165-1599-0

BENTELI Verlags AG
Bern – Sulgen – Zürich
www.benteli.ch

Dank an folgende private Förderer:

Abt Daniel Schönbächler, Disentis
Bischof Dr. Vitus Huonder, Chur
Marc Blöchlinger, Ennetbürgen
Dr. Roman W. Brüschweiler, Widen
Marian von Castelberg, Zürich
Dr. Hans Jörg Keel, Walenstadt
Caroline Kuhn, Luzern
Filippo Leutenegger, Zürich
Karl Mätzler, Sargans
Dr. Theo Maissen, Sevgein
Dr. Kurt Meyer, Luzern
Dr. Giusep Nay, Valbella
Prof. Dr. em. Peter Rieder, Greifensee
Dr. Robert Rohner, Buchs †
Dr. Judith Stamm, Luzern
Dres. Pia und Dominik Suter-Deplazes,
Küssnacht
Dieter Utz, Männedorf
Dr. Ernst Vogel, Ruswil

Dank an folgende Gemeinden,
Unternehmen und Stiftungen:

Bata Westhold AG, Zürich
Schweizer Bischofskonferenz, Fribourg
Ernst Göhner Stiftung, Zug
Gemeinde Disentis / Mustér
Gemeinde Mauren
Dr. Guido A. Zäch Stiftung, Zofingen
Katholische Landeskirche von Graubünden
Kulturstiftung Liechtenstein, Vaduz
Novartis International AG, Basel
Regiun Surselva, Ilanz / Glion
Stiftung Dr. M. O. Winterhalter, Chur
Stiftung Jacques Bischofberger, Chur
Victorinox AG, Ibach-Schwyz
Walter Haefner Stiftung, Zürich

KULTURFÖRDERUNG KANTON GRAUBÜNDEN

Graubündner Kantonalbank

MIGROS kulturprozent

prohelvetia